株式交換
株式移転
の税務 Q&A

税理士法人トーマツ
M&Aトランザクションサービス
遠藤 敏史【著】

清文社

は し が き

　株式交換・移転税制が平成18年度の税制改正において改正されてから約3年が経過しようとしています。その改正前後にはMBOによるゴーイング・プライベートといった案件等が新旧株式交換税制を利用して遂行される機会が多くありましたが、税制改正後の株式交換・移転税制は組織再編税制の1つに分類され、非適格株式交換の場合には時価評価課税の適用を受けるため、改正前の株式交換税制の税務実務とは全く異なる観点からストラクチャリングを組成する必要がありました。その後、会社法の対価の柔軟化が解禁され三角型の吸収型組織再編成が可能となり、外資系企業が三角株式交換により非課税で日系企業の買収を実行することが可能とされ外資企業によるM&Aが増加するといわれました。株式交換税制は合併と異なり段階的に異なる文化の企業を統合化することが可能な手法の1つであるため、大企業や外資系企業のみならず中小企業のM&Aにおいても幅広く活用されています。一方、株式移転税制は企業統合においてホールディングカンパニーを設立する際に利用されますが、一昨年あたりから日本の様々な産業界において経営統合が行われ、ホールディングカンパニー制による経営統合案件が増加しています。特に昨年の金融危機以降は主に水平統合型の株式移転を使った経営統合が増えてきていると感じています。

　本書は「企業再編／法律・会計・税務と評価」（清文社）において株式交換・移転税制を担当した筆者が、より詳細な税務実務の取扱いについてQ&A方式でできるだけ平易に解説を行う目的で執筆したものです。M&Aに携わる税務・法律専門家のみならず企業で経営戦略を立案されている方々が株式交換・移転税制を使ったM&Aを検討する際に本書を手に取っていただき少しでも参考になれば幸いです。

間もなく平成21年度の税制改正が行われる時期を迎えます。本書では執筆時点で有効な税法令及び取扱解釈に基づき解説を行っていますので、将来の税制改正や税務当局から新たな解釈が公表された際には、本書で解説した内容とは異なる取扱いとなる可能性が含まれています。さらに、本書で記載された内容は私見であり所属する団体の見解とは一切関係ありません。

　最後にこの本を執筆する機会を与えてくださった田島龍一氏に心から感謝するとともに、企業再編及び本書の企画から構成まで長期間にわたって担当いただいた清文社の橋詰守氏にお礼申し上げます。

　平成21年2月

遠藤　敏史

目 次

はじめに

I 株式交換

1――株式交換税制の概要

Q I-1 株式交換の概要 …………………………………………3
Q I-2 株式交換税制の概要 ……………………………………4
Q I-3 旧株式交換税制の概要 …………………………………6
Q I-4 現行の株式交換税制の概要 ……………………………7
Q I-5 平成19年度の税制改正における改正点 ………………9
Q I-6 平成20年度の税制改正における改正点 ………………10
Q I-7 株式交換と現物出資 ……………………………………11
Q I-8 株式交換と全部取得条項付種類株式 …………………14
Q I-9 完全子法人が有する自己株式に割り当てられた完全親法人株式 …………………………………………………20

2――適格要件と完全子法人の課税関係

2-1 適格株式交換

Q I-10 適格株式交換要件（100％） …………………………23
Q I-11 適格交付資産について …………………………………26
Q I-12 適格株式交換の要件（50％超100％未満） …………28
Q I-13 適格株式交換の要件（共同事業要件） ………………33
Q I-14 共同事業要件の詳細1―事業関連性 …………………35
Q I-15 共同事業要件の詳細2―従業者の引継要件 …………40
Q I-16 共同事業要件の詳細3―事業継続要件 ………………41
Q I-17 共同事業要件の詳細4―事業規模要件または経営参画要件 ……42
Q I-18 共同事業要件の詳細5―株主の継続保有要件 ………43

- QⅠ-19　共同事業要件の詳細6──完全支配関係の継続要件 ……………48
- QⅠ-20　2次再編が予定されている場合（100％グループ）……………49
- QⅠ-21　2次再編が予定されている場合（50％超100％未満グループ）…54
- QⅠ-22　2次再編が予定されている場合（共同事業要件）……………62

2-2　非適格株式交換

- QⅠ-23　非適格株式交換の取扱い（概要）……………………………………70
- QⅠ-24　非適格株式交換──時価の意義について ………………………75
- QⅠ-25　非適格株式交換──時価評価の時期………………………………81
- QⅠ-26　非適格株式交換──時価評価後の取扱い1（減価償却資産）……82
- QⅠ-27　非適格株式交換──時価評価後の取扱い2（棚卸資産）…………84
- QⅠ-28　非適格株式交換──時価評価後の取扱い3（繰延資産）…………86
- QⅠ-29　非適格株式交換──時価評価後の取扱い4（有価証券）…………90
- QⅠ-30　非適格株式交換──時価評価後の取扱い5（外貨建資産等）……91
- QⅠ-31　非適格株式交換──時価評価後の取扱い6（特定資産の譲渡等損失額）………………………………………………………………93
- QⅠ-32　非適格株式交換──営業権の時価評価 ……………………………102

2-3　三角株式交換

- QⅠ-33　三角株式交換──制度の概要 …………………………………108
- QⅠ-34　三角株式交換──完全支配親法人株式 ……………………………109
- QⅠ-35　三角株式交換──1株に満たない端数の取扱い……………………113
- QⅠ-36　三角株式交換──国際的租税回避防止規定（適格性の否認規定）…………………………………………………………………116
- QⅠ-37　三角株式交換──国際的租税回避防止規定（株主課税の特例）…121

3──完全子法人株主の税金

- QⅠ-38　完全子法人となる法人の株主の取扱い ………………………123
- QⅠ-39　非居住者等へ外国親法人株式が交付される場合の取扱い ……125
- QⅠ-40　恒久的施設を有する非居住者等の例外 ………………………127
- QⅠ-41　国内事業管理親法人株式の書類手続（非居住者株主）…………129

Q I -42　国内事業管理親法人株式の書類手続（外国法人株主）……………131
Q I -43　コーポレート・インバージョン対策合算課税………………………134
Q I -44　完全親法人株式の取得価額（個人株主の場合）…………………136
Q I -45　株式交換により取得する株式の取得価額（法人株主）…………138
Q I -46　株式交換における消費税の取扱い …………………………………140

4 ── 完全親法人の税務
Q I -47　完全子法人株式の取得価額 ………………………………………142
Q I -48　完全親法人の資本金等の額の計算 ………………………………144
Q I -49　株式交換により交付する自己株式の消費税の取扱い …………146
Q I -50　適格ストックオプションの承継について ……………………………147
Q I -51　完全子法人から配当金と所得税額控除の取扱い ………………151

5 ── 株式交換と連結納税制度
Q I -52　連結納税制度と株式交換─連結納税制度の適用開始時 ………155
Q I -53　連結納税制度と株式交換─連結納税制度の加入時 ……………163
Q I -54　連結納税制度と旧税制の株式交換 ………………………………167
Q I -55　連結法人間取引と非適格株式交換 ………………………………173

II　株式移転

1 ── 株式移転税制の概要
Q II - 1 　株式移転の概要 …………………………………………………………177
Q II - 2 　株式移転税制の概要……………………………………………………179
Q II - 3 　旧株式移転税制の概要 …………………………………………………181
Q II - 4 　現行の株式移転税制の概要 ……………………………………………183
Q II - 5 　平成19年度の税制改正における改正点 ……………………………184
Q II - 6 　平成20年度の税制改正における改正点 ……………………………185

2 ── 適格要件と完全子法人の課税関係
2 - 1 　適格株式移転

QⅡ-7	適格株式移転の要件（100%）	186
QⅡ-8	適格交付資産について	188
QⅡ-9	適格株式移転の要件（50%超100未満）	190
QⅡ-10	適格株式移転の要件（共同事業要件）	195
QⅡ-11	共同事業要件の詳細1─事業関連性	197
QⅡ-12	共同事業要件の詳細2─従業員の引継要件	201
QⅡ-13	共同事業要件の詳細3─事業継続要件	202
QⅡ-14	共同事業要件の詳細4─事業規模要件または経営参画要件	203
QⅡ-15	共同事業要件の詳細5─株主の継続保有要件	205
QⅡ-16	共同事業要件の詳細6─完全支配関係の継続用件	208
QⅡ-17	2次再編が予定されている場合（100%グループ）	209
QⅡ-18	2次再編が予定されている場合(50%超100%未満グループ)	216
QⅡ-19	2次再編が予定されている場合（共同事業要件）	225

2-2　非適格株式移転

QⅡ-20	非適格株式移転の取扱い（概要）	232

3──完全子法人株主の税務

QⅡ-21	完全子法人となる法人の株主の課税関係1	234
QⅡ-22	完全子法人となる法人の株主の課税関係2	235
QⅡ-23	株式移転における消費税の取扱い	236

4──完全親法人の税務

QⅡ-24	完全子法人株式の取得価額	238
QⅡ-25	完全親法人の資本金等の額の計算	239
QⅡ-26	適格ストックオプションの承継について	242
QⅡ-27	完全子法人からの配当金の益金不算入と所得税額控除の取扱い	245
QⅡ-28	親法人の登録免許税	247

5──株式移転と連結納税制度

QⅡ-29	連結納税制度と株式移転─連結納税制度の適用開始時	250

QⅡ-30　連結納税制度と株式移転─みなし欠損金の引き継ぎ　………253

【法令等凡例】

法法	法人税法
法令	法人税法施行令
法規	法人税法施行規則
法基通	法人税基本通達
所法	所得税法
所令	所得税法施行令
措法	租税特別措置法
措令	租税特別措置法施行令
措規	租税特別措置法施行規則
消法	消費税法
消令	消費税法施行令
消基通	消費税法基本通達
地法	地方税法
会	会社法
整備	会社法の施行に伴う関係法律の整備等に関する法律
産活法	産業活力再生特別措置法
企業結合会計意見書	企業結合に係る会計基準の設定に関する意見書

Ⅰ
株式交換

1——株式交換税制の概要

I-1【株式交換の概要】

株式交換制度の概要を教えてください。

A　株式交換とは、既存会社同士が100％の親子会社になる会社法上の手続です（会2三十一、767）。会社法上、100％の親子関係になる会社をそれぞれ株式交換完全親会社、株式交換完全子会社と称しています（会767、768①一）。旧商法では、株式交換制度は、株式会社のみに認められており、合名会社・合資会社・有限会社及び外国法人は対象外とされていました。会社法では、完全親会社は株式会社に加えて合同会社もなることができますが、完全子会社は株式会社に限定されています。また、株式会社のうち特例有限会社は株式交換を行うことはできません（整備38）[1]。なお、合名会社・合資会社が株式交換における完全親会社となることができない理由としては、これらの会社が完全親会社となる実益が特にないからといわれています。株式以外にも子会社が発行している新株予約権を消滅させて、親会社の新株予約権を交付することも可能です（会768①四、769④）。社債付新株予約権、すなわち新株予約権付社債についても、同様であり、この場合には社債を承継します（会768①四ハ、769⑤）。

完全子会社の株主は、効力発生日において、株式交換契約の定めに従い交換対価の交付を受けますが、完全子会社の株主に完全親会社となる会社がいる場合には、その株式に対しては交換対価は交付されませんが、完全子会社が有す

---

[1] 米国法人が日本に有限会社を設立し、Check the box ruleにより、その有限会社を米国税法上、支店として取り扱っている場合において、当該有限会社を完全子法人とする株式交換を行う場合には、特例有限会社から株式会社へ組織変更をする必要が生じる。この場合、米国において現物出資に関係する課税関係が生じるため留意が必要である。

4　Ⅰ　株式交換

る自己株式（買取請求の対象となった株式を含む）に対しては交換対価が交付されます（会768①三）。結果として、完全子会社が完全親会社株式を取得することになりますので、交換効力の発生と同時に、自己株式を事前に消却することが考えられます。なお、税務上、自己株式は平成18年度の税制改正において、会社法制定に伴う整備の１つとして、資本金等の額から減算することとされており（法法２二十一、法令８①二十）。自己株式の税務上の帳簿価額は零となっています。株式交換によって、自己株式の交換対価として完全親会社株式を取得した場合であっても、その株式の税務上の帳簿価額は零となります。詳細についてはＱⅠ-9を参照ください。

【株式交換の概要図】

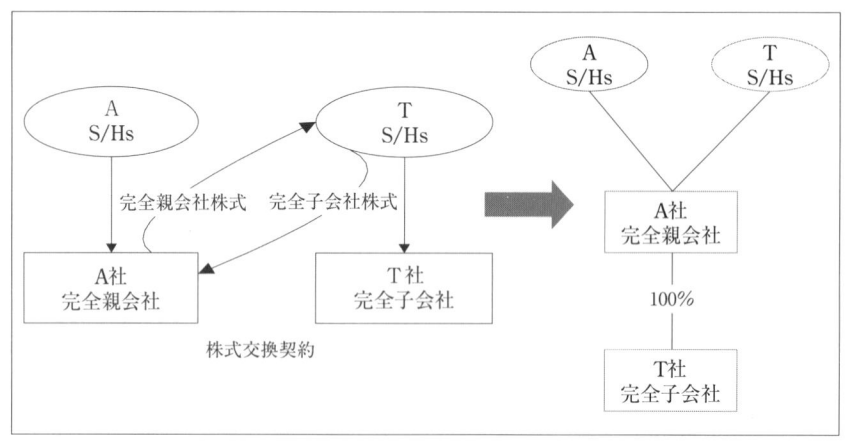

QⅠ-2【株式交換税制の概要】

株式交換税制の概要について教えてください。

 　株式交換税制は、平成18年度の税制改正によって租税特別措置法の規定から、合併や分割などと同様に組織再編税制の１つとして法人税

法に規定されることになりました。この改正によって、平成18年10月1日以降に実施する株式交換を非課税組織再編として行うためには、他の再編同様に組織再編税制における適格要件を充足する必要があります（法法2十二の十六、法令4の2⑭、⑮、⑯、平成18年改正法附則24①、④）。適格要件を満たさない場合には、非適格組織再編として取り扱われ、株式交換の場合には完全子法人となる法人へ時価評価課税が適用されます（法法62の9）。

　時価評価課税は、株式交換は親子関係を創設する組織法上の行為として位置づけられることから、株式交換に対する課税を合併や分割等に係る課税関係と整合性のある制度にする目的で導入されたものです。しかしながら、合併や分割のように実際に資産及び負債の移転は行われないため、時価評価課税を通じて同様の効果が生じる課税関係として整理されました。時価評価の対象は、連結納税制度の時価評価資産と同様に、株式交換直前の時において有する固定資産・土地（土地の上に存する権利を含み、固定資産に該当するものを除く）・有価証券・金銭債権及び繰延資産といった資産に限定されており、負債については時価評価は行われません。また、株式交換に係る税制が租税特別措置法から法人税法に規定される組織再編税制へ本則化されたことに伴い、組織再編成に係る行為または計算の否認の規定の対象に含まれています（法法132の2）[2]。

---

[2]（組織再編成に係る行為又は計算の否認）
　　第132条の2　税務署長は、合併、分割、現物出資若しくは事後設立（第2条第12号の6（定義）に規定する事後設立をいう。）又は株式交換若しくは株式移転（以下この条において「合併等」という。）に係る次に掲げる法人の法人税につき更正又は決定をする場合において、その法人の行為又は計算で、これを容認した場合には、合併等により移転する資産及び負債の譲渡に係る利益の額の減少又は損失の額の増加、法人税の額から控除する金額の増加、第1号又は第2号に掲げる法人の株式（出資を含む。第2号において同じ。）の譲渡に係る利益の額の減少又は損失の額の増加、みなし配当金額（第24条第1項（配当等の額とみなす金額）の規定により第23条第1項第1号（受取配当等の益金不算入）に掲げる金額とみなされる金額をいう。）の減少その他の事由により法人税の負担を不当に減少させる結果となると認められるものがあるときは、その行為又は計算にかかわらず、税務署長の認めるところにより、その法人に係る法人税の課税標準若しくは欠損金額又は法人税の額を計算することができる。
　　一　合併等をした一方の法人又は他方の法人
　　二　合併等により交付された株式を発行した法人（前号に掲げる法人を除く。）
　　三　前2号に掲げる法人の株主等である法人（前2号に掲げる法人を除く。）

Q I-3【旧株式交換税制の概要】

旧株式交換税制の概要及びその特徴について教えてください。

　旧税制における株式交換は租税特別措置法に規定されており（旧措法67の9）、平成11年10月1日に施行され平成18年9月30日まで適用されていました。旧株式交換税制の特徴は、特定子会社となる法人の株主の課税繰延要件を規定していたもので、現行法とは異なり、完全子法人となる法人に対する時価評価課税の規定はありませんでした。

　特定子会社となる法人（株式交換により旧商法第352条第1項の完全子会社となる法人をいう）の株主の課税または非課税の取扱いは、株式交換により特定子会社の株式を取得する特定親法人（株式交換により旧商法第352条第1項の完全親法人となる法人をいう）側の税務処理により決定されていました。これは、株式交換が株主の意思によるのではなく、株式交換を行う特定親会社側にその主体があったためと思われます。特定親法人側の税務処理は、特定子会社となる法人の株主数によって、課税繰延べの要件が区分され、株主数が50人未満の場合には特定親会社が旧株主の特定子会社株式の帳簿価額以下で特定子会社株式の受入処理をすることで課税繰延べが可能となり、株主数が50人以上の場合には特定子会社の税務上の簿価純資産価額以下で特定子会社株式の受入処理をすることで特定子会社となる法人の株主の課税繰延べが可能となる制度でした。また、現行の適格組織再編税制では認められていない交換交付金の交付がある場合でも、交付株式の時価と交付金銭等の合計の5％未満の金銭等の交付までは課税繰延べが認められていました。さらに、現行税制と異なり、旧税制の株式交換において特定子会社となる法人の株主の課税繰延べが認められなかった場合に、特定子会社となる法人への時価評価課税が適用されることはありませんでした。

1──株式交換税制の概要　7

【旧法の課税繰延要件の概要】

特定子会社となる会社の株主数	特定親会社の特定子会社株式の受入価額	備　考	法　令
50人未満	特定子会社の旧株主の直前の旧株の簿価（税務上の簿価）	株主が個人の場合は取得価額	旧措法37の14，67の9 旧措令25の13，39の30
50人以上	特定子会社の税務上の簿価純資産価額	同　上	

Q I-4【現行の株式交換税制の概要】

現行の株式交換税制の概要及びその特徴について教えてください。

　　前述のとおり、平成18年度の税制改正によって株式交換税制は租税特別措置法の規定から、合併や分割税制と同様に法人税法に規定される組織再編税制の1つとして位置づけられています。この改正によって、平成18年10月1日以降に実施する株式交換が適格株式交換または非適格株式交換として取り扱われるかは、組織再編税制における適格要件に基づき判断されることになります（法法2十二の十六、法令4の2⑭、⑮、⑯）。

　法人税法では、完全親法人とは株式交換により他の法人の株式を取得したことによって、法人の発行済株式の全部を有することになった法人をいい（法法2十二の六の四）、完全子法人とは株式交換により、自社の株主の株式を他の法人に取得させた法人をいいます（法法2十二の六の三）。また、株式交換完全支配親法人株式とは、交換の直前に完全親法人となる法人の発行済株式等の全部を直接保有しており、株式交換後もその全部を直接保有する関係が株式交換時において見込まれている法人の株式をいいます（法令4の2⑭）。

　現行の株式交換税制における適格要件の概要は次のとおりです。

I 株式交換

【適格要件の概要】

グループ内要件		共同事業要件
100％関係 （完全支配関係）	50％超～100％未満 （支配関係）	0％～50％以下
1．完全親法人株式または、完全支配親法人株式のみが交付されること 2．株式交換後、100％の完全支配関係が継続する見込みであること	1．完全親法人株式または、完全支配親法人株式のみが交付されること 2．完全子法人の主要な事業の継続が見込まれること 3．完全子法人の従業者の概ね80％以上が引き続き業務に従事する見込みがあること 4．株式交換後、50％超の支配関係が継続する見込みであること	1．完全親法人株式または、完全支配親法人株式のみが交付されること 2．完全子法人の主要な事業と親法人の事業が相互に関連すること 3．完全親法人と完全子法人となる法人の規模が概ね1：5の範囲内にあること。または、事業規模に代えて、完全子法人の常務以上の役員が1人も役員を退任しないこと 4．完全子法人の主要な事業の継続が見込まれること 5．完全子法人の従業者の概ね80％以上が引き続き業務に従事する見込みがあること 6．株式の継続保有が見込まれること（株主が50人以上の場合は不要） 7．株式交換後に100％の完全支配関係が継続する見込みであること

　なお、グループ法人間の株式交換で軽課税国にある実体のない外国親法人株式を使った三角株式交換の場合には適格要件が否認される取扱いがあります。詳細はＱⅠ-**36**及びＱⅠ-**37**を参照ください。

1――株式交換税制の概要　9

　非適格株式交換の場合には、株式交換直前の時において有する固定資産・土地（土地の上に存する権利を含み、固定資産に該当するものを除く）・有価証券・金銭債権及び繰延資産について、株式交換直前の時価と帳簿価額を比較して、評価益または評価損を認識させて非適格株式交換の日の属する事業年度の所得の金額の計算上、益金または損金の額に算入することになります（法法62の9）。詳細については、非適格株式交換の詳細（QⅠ-23～QⅠ-32）を参照ください。

Ⅰ-5【平成19年度の税制改正における改正点】

株式交換税制に関係する平成19年度の改正点について教えてください。

　平成19年度の株式交換税制に関係する改正事項は次のとおりです。
　　① 対価の柔軟化関連
・適格交付資産に100％親法人株式が追加（QⅠ-33、QⅠ-34参照）
・共同事業要件における事業性・事業関連性要件の明確化（QⅠ-14参照）
・事業譲渡類似株式等の譲渡益課税の適用（QⅠ-39、QⅠ-40参照）
・国境を超えた組織再編成に伴う租税回避行為の防止（QⅠ-36、QⅠ-37、QⅠ-40、QⅠ-43参照）
・連結納税開始・加入に伴う時価評価への対応（QⅠ-52、QⅠ-53参照）
② 100％孫会社を子会社化する場合の適格株式交換の明確化（QⅠ-10参照）
③ 50％超グループ法人の適格株式交換後の2次再編の要件緩和（QⅠ-21参照）
④ 完全親法人の増加する資本金等の額から新株予約権に対応する債権を取得する場合の取扱い整備（QⅠ-48参照）

　会社法の合併等対価の柔軟化の解禁を受け、適格株式交換の適格交付資産（詳

細はQⅠ-11参照）の範囲に株式交換完全支配親法人株式が追加されました（法法2二十の十六）。この株式交換完全支配親法人株式とは、株式交換により完全親法人となる法人の発行済株式等の全部を株式交換前に直接保有している法人の株式で、株式交換後もその直接保有関係が継続することが見込まれている法人の株式をいいます（法令4の2⑭）。この改正によって、三角株式交換が適格組織再編の1つとして実行可能となり、日本に拠点がない外資系企業が自社株式を利用して、日本企業を非課税で買収することが可能となりました。三角株式交換の外にも吸収合併や吸収分割についても適格交付資産の範囲に完全支配親法人株式が追加されており、適格三角合併や適格三角分割といった適格組織再編が可能となっています。この改正は会社法の対価の柔軟化の施行日である平成19年5月1日以降に行われる三角型組織再編から適用されています。対価の柔軟化以外の改正事項としては、上記②及び③に関する改正となりますが、それぞれの詳細については、個別のQ&Aを参照ください。

QⅠ-6【平成20年度の税制改正における改正点】

株式交換税制に関係する平成20年度の改正点について教えてください。

平成20年度の株式交換税制に関連する改正事項は次のとおりです。
1．三角株式交換において1に満たない端数が生じる場合の取扱いの整備（QⅠ-35参照）
2．共同事業を営む適格株式交換に関する株式の継続保有要件の改正（QⅠ-18参照）
3．株式交換により増加する資本金等の額の計算の整備（QⅠ-48参照）

平成20年度の税制改正では、三角株式交換において株式交換完全支配親法人株式又は親法人の株式の数に1に満たない端数が生じる場合において、その端

数に応じて金銭が交付されるときは、その端数に相当する部分は、株式交換完全支配親法人株式または親法人の株式に含まれるものとして、完全親法人、完全子法人及びその株主の各事業年度の所得の金額を計算するという改正がされています（法令139の3の2③）。

また、共同で事業を営むための適格株式交換の要件のうち、株式の継続保有要件について改正が行われています。この要件では、完全子法人となる法人の株主が50人未満の場合には、株式交換により交付を受ける完全親法人の株式または完全支配親法人株式（いずれも議決権のない株式を除く）の継続保有要件を満たす必要がありますが、改正では完全親法人となる法人及び完全支配親法人が保有する完全子法人となる法人の株式は、その分子の計算において含まれるように改正されています。

そのほか、株式交換により増加する資本金等の額の計算に際しては、完全子法人の株式の取得価額に取得に要する費用の額が含まれているときは、その費用の額を控除した金額により、完全親法人の資本金等の額の計算の基礎とすることが明確化されています。

QⅠ-7【株式交換と現物出資】

株式交換と現物出資の税制上の違いについて教えてください。

　現物出資は適格組織再編税制の1つですが、株式交換同様に適格要件を満たすことで非課税で現物出資を行うことが可能です。発行済株式の100%を保有する子会社株式を現物出資することで株式交換と同様の効果を得ることが可能となりますが、この現物出資の場合には、現物出資法人が被現物出資法人の発行済株式の100%を保有している場合で、現物出資後もその関係の継続が見込まれている場合に限って、非課税で現物出資が可能となり、それ以外の場合には課税取引として取り扱われることになります（法法2二十

の十四イ)。従って、適格株式交換と比較すると非課税で行える場合が限定的と言えます。

現物出資について

　現物出資とは金銭以外の財産である動産、不動産、債権、有価証券、無形財産権、営業の全部または一部等をもってする出資です。現物出資は、分社型分割と同様の適格要件並びに経済的実態となりますが、会社法上、現物出資の場合には一定の例外を除き検査役の調査を経なければできません（会207①）。なお、次の場合には、検査役の調査は不要となります。（会207⑨）。

① 現物出資者に対して発行する株式の総数が発行済株式の総数の10分の1を超えない場合
② 現物出資財産について定められた価格が500万円を超えない場合
③ 市場価格のある有価証券について市場価格を超えない場合
④ 現物出資財産の価格が相当であることについて弁護士、弁護士法人、公認会計士、監査法人、税理士または税理士法人の証明（現物出資財産が不動産である場合には、不動産鑑定士の鑑定評価及び当該証明）がある場合
⑤ 現物出資財産が株式会社に対する金銭債権であって、当該金銭債権が弁済期が到来しているものであって、当該金銭債権について募集事項として定められた金額が当該金銭債権に係る負債の帳簿価額を超えない場合[3]

適格現物出資について

　適格現物出資とは他の適格組織再編税制同様に企業グループ内の現物出資（100％の完全支配関係がある法人間で行う現物出資と50％超100％未満の支配関係がある法人間で行う現物出資）と共同事業を営むための現物出資のいずれかに該当する現物出資で、現物出資法人に被現物出資法人の株式のみ[4]が交付されるも

---

[3] Debt Equity Swap（DES）に関する検査役の調査の例外であるが、弁済期の到来の要件については、債務者である株式会社において、期限の利益を放棄することでこの要件を満たすことができるとされている。

のをいいます（法法２十二の十四）。適格現物出資における適格要件の詳細については割愛しますが、株式のみを現物出資財産とする場合には、企業グループ内の現物出資で100％の完全支配関係がある法人間で行う場合のみが適格現物出資として取り扱われることになります。

適格株式交換と非適格現物出資について

　日本法人が外国法人の日本子会社の株式を買収するストラクチャーを検討するにあたって、買収者である日本法人が自社株式を使って買収する際、株式交換による買収方法と現物出資による買収方法を比較し、検討する場合があります。株式交換の場合には、共同事業を目的とする適格株式交換に該当する場合には、完全親法人となる日本法人は非課税で外国法人の日本子会社を買収することが可能となります。ただし、その完全子法人の株式時価とその外国法人の子会社株式の税務簿価に著しい差（含み益）がある場合には、その含み益相当を完全親法人である日本法人は引き継ぐことになるため、その点について事前に検討する必要があります[5]（完全親法人が取得する完全子法人株式の税務簿価はＱⅠ-47参照）。一方、外国法人については、その外国法人の居住地国と日本との間で締結している租税条約によって、日本における株式譲渡益課税が免税となる場合があります。さらに、その外国法人の現地の税制上、完全親法人となる日本法人から株式のみが交付される場合で、現地の株式譲渡益課税を繰り延べる規定があるときは、株式交換により株式を取得する方法とその子法人株式

---

[4] 現物出資の場合には、適格交付資産としては被現物出資法人の株式のみが交付されることが要件とされており、例えば、会社分割の場合の適格交付資産の定義のように分割承継法人株式以外の資産が交付されないといった要件とは異なっている。これは現物出資が会社法上、株式を引き受ける者の募集であり、組織再編行為とは異なるためと考える。従って、海外の100％子会社へ25％以上保有する海外子会社株式を適格現物出資にて現物出資する場合に、被現物出資法人が所在する国の会社法上、被現物出資法人が株式の交付を省略することが可能とされ出資手続が簡略化される場合であっても、日本の適格現物出資の適格要件を充足するためには被現物出資法人から株式の交付を受ける必要がある。

[5] 当該完全親法人が連結納税制度を採用している場合には、適格株式交換とすることで、連結納税制度の加入において時価評価課税の適用が免除される（詳細はＱⅠ-53参照）。

を日本法人へ現物出資を行い日本法人の株式を取得する方法のいずれの場合であっても同じ課税関係となります。このように国境を超える相手とのM&Aにおいては、当事会社の所在国において異なる税制が適用されるケースがあり、再編後は同じ形態となるものの、選択する手法次第で異なる税務上の効果が生じる場合があります。

Q I-8【株式交換と全部取得条項付種類株式】

株式交換と全部取得条項付種類株式を利用する場合の税制上の違いについて教えてください。

株式交換に代えて全部取得条項付種類株式を利用することで、法人の発行済株式の全部を取得し、完全子会社化することが可能です。つまり、株式交換を行う場合と類似の結果を生じさせることができます。全部取得条項付種類株式は会社法の組織再編に係る規定は適用されず、開示や完全親会社となる会社における法的手続もありません。税法も同様に組織再編税制の範疇ではありませんので、完全子法人となる法人の課税を繰り延べるための適格要件は必要ありません。株主に対する課税は全部取得条項付種類株式の場合には、その取得決議の取得の対価として、その取得する法人の株式以外の資産が交付されない場合には、その全部取得条項付種類株式の譲渡は、その種類株式の直前の帳簿価額で譲渡したものとして取り扱われるため、譲渡損益は認識されず、課税が繰延べられます。ただし、一部の株主に対して株式以外の資産が交付される場合には、他のすべての株主について譲渡損益を認識する必要がありました（法法61の2⑭、法令119①十七、十八）。平成20年度の税制改正では全部取得条項付種類株式の譲渡損益の計上が繰り延べられる取得決議の範囲に、その取得の価格の決定の申立て基づいて交付される金銭その他の資産については、株式以外の資産が交付される場合から除かれる改正が行われています

(法法61の2⑭三)。

公開買付後の全部取得条項付種類株式による完全子会社化

　全部取得条項付種類株式とは、種類株式発行会社において、特定の種類の株式の全部を株主総会の特別決議によって取得することができる旨、定款に定めがある種類の株式をいいます（会171、108①七）。この全部取得条項付種類株式を利用して、公開買付によって、公開買付の対象となった法人（以下「対象会社」という）の発行済株式の3分の2を超える株式を取得したものの全発行済株式を取得することができなかった場合にその対象会社を完全子会社化する一連の手続として、全部取得条項付種類株式により完全子会社化を行う場合があります（Squeeze Out）。具体的には、公開買付の成立後、速やかに、公開買付者は、(1)定款の一部を変更して対象会社を会社法の規定する種類株式発行会社とし、(2)定款の一部を変更して対象会社の発行するすべての普通株式に全部取得条項を付し、(3)対象会社の株式の全部取得と引き換え別個の種類の株式を交付することを付議議案に含む臨時株主総会等の開催を対象会社に要請、という手続を行います。臨時株主総会の開催にあたって、公開買付者は上記の(1)ないし(3)を同一の臨時株主総会に付議することを要請する意向を表し、(1)が承認されると、対象会社は会社法の規定する種類株式発行会社となり、上記(2)については、会社法第111条第2項第1号に基づき、臨時株主総会の決議に加えて、株式の内容として全部取得条項が付される普通株式を所有する株主を構成員とする種類株主総会の決議が必要となります。公開買付者は公開買付が成立した場合、対象会社の総議決権の3分の2を超える株式を有するため、臨時株主総会及び種類株主総会において、それぞれの議案に賛同し、これらの確定手続が実行された場合には、対象会社の発行するすべての普通株式には全部取得条項が付されることになり、対象会社によりすべて取得され、株主には取得の対価として種類株式が交付されます。ここで、交付されるべき種類株式の数が1株に満たない端数となる場合には、法令の手続に従い、当該端数の合計数（合計した数に端数がある場合には当該端数は切り捨てられる）を売却すること等によっ

て得られる金銭が交付されることになります。これらの手続を経たのちに、公開買付において取得できなかった株主に対しては、1株に満たない端数の合計数（合計した数に端数がある場合には当該端数は切り捨てられる）を売却すること等によって得られる金銭が交付され、最終的には公開買付者のみが対象会社の株式を保有することになります（全部取得条項付種類株式を利用した株式交換類似行為）。なお、この一連の手続において、株主保護の制度として以下のものがあります。

① 既存の株式に全部取得条項を付与する定款変更を行う場合において、反対株主（会116②）に株式買取請求権が認められる（会116①二）。

② 全部取得条項付種類株式の取得の決議をする株主総会において定められた対価に対し、不服のある株主は、裁判所に対して価格決定の申立てをすることができる（会172）[6]。

全部取得条項付種類株式の税務上の取扱い

法人が全部取得条項付種類株式を取得決議により譲渡し、その取得決議により取得する法人の株式または新株予約権の交付を受けた場合（その交付を受けた株式または新株予約権の価額がその譲渡をした全部取得条項付種類株式の価額を概ね同額と認められない場合を除く）には、その法人のその全部取得条項付種類株式の譲渡損益の計上を繰り延べます（法法61の2⑭、法令119①十七、十八）。ただし、この制度の対象となる取得決議は、その取得決議によりその取得の対価として取得される株主等に取得法人の株式のみが交付される場合、または株式及び新株予約権のみが交付される場合に限定されています。それ以外の場合には、法人の株主等はその法人の自己株式の取得（金融証券取引所の開設する市場における購入による取得等一定の事由によるもの及び譲渡損益の計上が繰り延べられるものを除く）等の事由により金銭その他の資産の交付を受けたものとして、その金銭の額及び金銭以外の資産の価額の合計額がその法人の資本金等の

---

[6] ただし、価格の決定の申立てに基づき裁判所が行う決定は、その申立てをした株主についてのみの決定であり、他の株主について影響を及ぼすものではない。

額のうち、その交付の基因となったその法人の株式または出資に対応する部分の金額を超えるときは、その超える部分の金額は、みなし配当として取り扱われます（法法24①、法令23①）。

1株に満たない端数の取扱い

上記の公開買付の一連の流れで説明しましたように、公開買付において売却していない株主に対して1株に満たない端数の合計数（合計した数に端数がある場合には当該端数は切り捨てられる）を売却すること等によって得られる金銭が交付される場合は、組織再編税制における金銭交付とみなさない取扱いと同様に、1株未満の端数が生じたためにその1株未満の株式の合計数に相当する数の株式を譲渡し、または買い取った代金として交付されるものであるときは、その株主に対して1株未満の株式に相当する株式を交付したものとみなし、株式を取得した株主（公開買付者）に対する譲渡損益の課税は繰り延べられることになります。また、1株未満の株式に相当する金銭の交付を受けた株主は、みなし配当の基因となる金銭交付からは除かれます（法令23③九）が、金銭の交付を受けていますので株式の譲渡損益を認識することになります。ただし、この1株に満たない端数により交付される金銭が、実質的にその株主に対して支払う取得条項付株式の取得の対価であると認められるときは、その取得の対価として金銭が交付されたものとして取り扱うこととされています[7]。

---

[7] （取得条項付株式の取得等に際し1株未満の株式の代金を株主等に交付した場合の取扱い）

 2-3-1 法第61条の2第14項第2号（有価証券の譲渡益又は譲渡損の益金又は損金算入）に規定する取得条項付株式に係る取得事由の発生によりその取得条項付株式を有する株主等に金銭が交付される場合において、その金銭が、その取得の対価として交付すべき当該取得をする法人の株式（出資を含む。以下2-3-1において同じ。）に1株未満の端数が生じたためにその1株未満の株式の合計数に相当する数の株式を譲渡し、又は買い取った代金として交付されたものであるときは、当該株主等に対してその1株未満の株式に相当する株式を交付したこととなることに留意する。ただし、その交付された金銭が、その取得の状況その他の事由を総合的に勘案して実質的に当該株主等に対して支払う当該取得条項付株式の取得の対価であると認められるときは、当該取得の対価として金銭が交付されたものとして取り扱う。

 同項第3号又は第5号に規定する全部取得条項付種類株式又は取得条項付新株予約権に係る株式に1株未満の端数が生じた場合についても、同様とする。

会社法第172条との関係

　平成20年度の税制改正において、会社法第172条の規定により全部取得条項付種類株式の取得決議をする株主総会において定められた対価に対し不服のある株主が、裁判所に対して価格決定の申立てをした場合に交付される金銭その他の資産については、全部取得条項付種類株式の譲渡損益の繰延べが認められない金銭その他の資産の交付から除かれることになりました(法法61の2⑭三)。従って、取得の価格の決定の申立てをしなかった株主はその全部取得条項付種類株式の譲渡損益の計上が繰り延べられ、取得の価格の決定の申立てをした株主は、全部取得条項付種類株式の取得の対価として金銭の交付を受け、全部取得条項付種類株式に係る譲渡損益を認識するという取扱いが明確になりました。

取得の価格の決定の申立てと会社法第234条との関係

　全部取得条項付種類株式の取得の価格の決定の申立てをした株主には、会社法第234条の規定が適用されず、その交付を受ける金銭についてみなし配当が生じるのか明確ではありませんでしたが、平成20年度の税制改正により、その取得の対価として、株主に発行法人の株式（これと併せて交付される発行法人の新株予約権を含む）以外の資産（その取得の価格の決定の申立てについて基づいて交付される金銭その他の資産を除く）が交付されない場合で、申立てをしていないときは、その取得の対価として発行法人の株式の数が1に満たない端数となるもの（その対価である発行法人の株式の価額がその全部取得条項付種類株式の価額とおおむね同額となっていないと認められるものを除く）に該当する場合（法令23③十）は、みなし配当が生じる自己株式の取得から除外されました。従って、当該株主については、申立てをした場合も、しない場合も、みなし配当は生じないことになります（下記図を参照）。

1──株式交換税制の概要　19

【全部取得条項付種類株式の取得決議による取得】

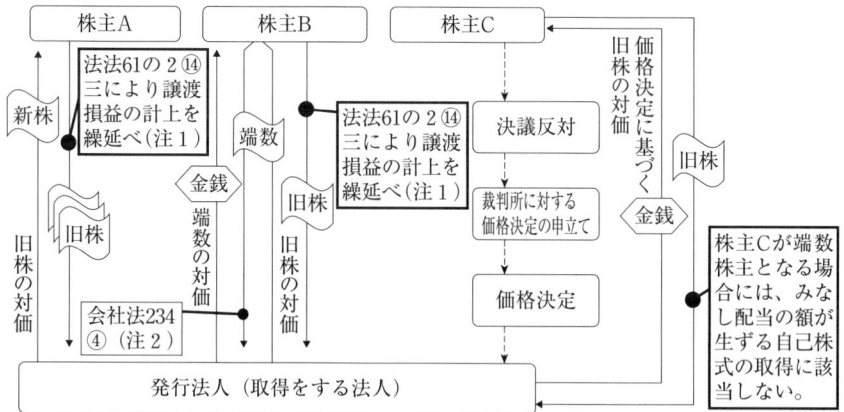

（注1）　法法24①四の規定により、みなし配当の額が生ずる自己株式の取得に該当しない。
（注2）　法令23③九の規定により、みなし配当の額が生ずる自己株式の取得に該当しない。
出所：財団法人大蔵財務協会「平成20年　改正税法のすべて」p.341

取得する有価証券の取得価額

　上記の取得決議により発行法人の株式の交付を受けた株主のその株式の取得価額は、その全部取得条項付種類株式のその取得決議の直前の帳簿価額に相当する金額（その交付を受けるために要した費用の額がある場合には、その費用の額を加算した金額）となります（法令119①十七、十八）。

Q I-9 完全子法人が有する自己株式に割り当てられた完全親法人株式

株式交換において完全子法人となる法人が自己株式を有している場合の取扱いについて教えてください。

 株式交換において完全子法人となる法人が自己株式（買取請求の対象となった株式を含む）を有している場合には、その自己株式に対して株式交換対価が交付され、完全子法人となる法人は完全親法人株式を取得します（会768①三）。税務上は、完全子法人となる法人が有している自己株式については簿価が零となっていますので、交換対価として完全親法人株式を取得した場合の税務簿価も零となります。なお、株式移転の場合も同様の取扱いとなります。

自己株式の税務上の取扱い

従来の法人税法では金庫株の解禁に対応した平成13年度の税制改正以来、自己株式（出資を含む。以下同じ）を取得及び処分の場面では資本等取引に準じて取り扱い、保有の場面では資産として取り扱うという二面性を有していましたが、新株の発行と金庫株の処分の手続が募集株式の発行等と一体化されるなど新株と金庫株の相対的な差異が縮小された会社法の制定を契機として、自己株式をその保有の場面においても資産として取り扱わないことによって、取得及び処分との整合性を図る改正が平成18年度の税制改正で行われました。これにより、平成18年4月1日以降、法人が自己株式の取得等をした場合には、資産に計上せず、取得等をした株式に対応する資本金等の額（以下「取得資本金額」という）を、取得等の時に資本金等の額から減算することとされました（法法2二十一、法令8①二十）。なお、対価の額から取得資本金額を控除した金額は減少する利益積立金額となります（法令9①八）。ただし、上場株式の市場における取得など、みなし配当の額が生じる事由に該当しない自己株式の取得の

場合には、その取得の対価の全額が減少する資本金等の額となり、利益積立金額は減少しないことになります（法令8①二十一）。この改正により、自己株式を取得した場合の付随費用は、損金の額に算入され、平成18年4月1日前に資産処理されていた自己株式については、平成18年4月1日に税務上の自己株式の帳簿価額（自己株式を取得するための付随費用を含む）を資本金等の額から減額することになります（平成18改正法令附則4①）。

改正後、法人が自己の株式を取得した場合には、その法人の税務上の貸借対照表上は下図のように自己株式がないこととなり、あたかも取得直後に消却したかのような状態となります。しかし、自己株式の存在自体が否定されるものではなく、税法上の「発行済株式」という概念には、私法と同様、特に自己株式を除く規定がなければ自己株式が含まれることとなります。

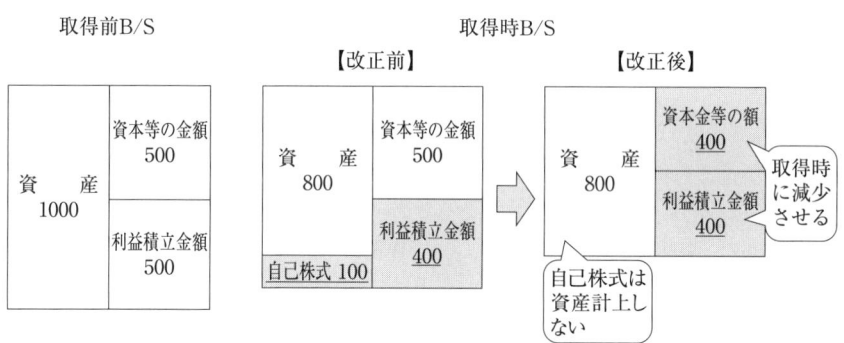

出所：財団法人日本税務協会「平成18年　改正税法のすべて」p.249

自己株式との交換で取得した完全親法人株式の税務簿価

自己株式を消却しない状態で、株式交換が実施された場合には、その自己株式に対して完全親法人またはその親法人となる法人の株式が割り当てられることになりますが、完全子法人となる法人の株主の完全親法人またはその親法人株式の取得価額は、完全親法人またはその親法人の株式以外の資産の交付を受けなかったときは、完全子法人となる法人の株式の帳簿価額により譲渡を行っ

たものとして譲渡損益の計上が繰り延べられ（法法61の2⑪）、交付を受ける完全親法人またはその親法人株式の取得価額はその旧株の交換直前の帳簿価額（付随費用があるときはその費用を加算した金額）となる（法令119①十）ことや、完全子法人が有していた自己株式は法人税法第61条の2第9項[8]に規定する株式交換により完全親法人に取得された場合に増加する資本金等の額は零とされている（法令8①一ヘ）[9]ため、自己株式が完全親法人株式に置き換わったとしても、その帳簿価額が修正されることはなく、完全親法人株式の帳簿価額は零のままと考えられます。なお、株式移転の場合で株式移転完全子法人となる法人が他の株式移転完全子法人の株式を保有しているときに、その株式に対して交付される完全親法人株式については、その他の完全子法人株式の帳簿価額が完全親法人株式の帳簿価額となりますが、その際に自己株式との交換で交付された完全親法人株式がある場合の完全親法人株式の1株当たりの帳簿価額の計算については、明確な取扱いがありませんので、個別に照会が必要です。

---

[8] 法人税法第61条の2第9項
　　内国法人が旧株（当該内国法人が有していた株式をいう。）を発行した法人の行つた株式交換（当該法人の株主に株式交換完全親法人の株式又は株式交換完全親法人との間に当該株式交換完全親法人の発行済株式等の全部を保有する関係として政令で定める関係がある法人の株式のいずれか一方の株式以外の資産（当該株主に対する剰余金の配当として交付された金銭その他の資産及び株式交換に反対する当該株主に対するその買取請求に基づく対価として交付される金銭その他の資産を除く。）が交付されなかつたものに限る。）により当該株式の交付を受けた場合における第1項の規定の適用については、同項第1号に掲げる金額は、当該旧株の当該株式交換の直前の帳簿価額に相当する金額とする。
[9] 法人税法施行令第8条第1項1号
　一　株式（出資を含む。以下第11号までにおいて同じ。）の発行又は自己の株式の譲渡をした場合（次に掲げる場合を除く。）に払い込まれた金銭の額及び給付を受けた金銭以外の資産の価額その他の対価の額に相当する金額からその発行により増加した資本金の額又は出資金の額（法人の設立による株式の発行にあつては、その設立の時における資本金の額又は出資金の額）を減算した金額
　　　ヘ　株式交換（法第61条の2第9項に規定する株式交換に限る。）又は株式移転（同条第11項に規定する株式移転に限る。）により自己が有していた自己の株式を株式交換完全親法人又は株式移転完全親法人に取得された場合

2 ── 適格要件と完全子法人の課税関係

2-1 適格株式交換

Ⅰ-10【適格株式交換の要件（100％）】

100％グループ法人の適格株式交換の要件について教えてください。

A　100％グループ法人の適格株式交換は、株式交換前に同一の者により完全親法人となる法人及び完全子法人となる法人の発行済株式等（自己株式を除く）の全部を直接または間接に100％保有される関係（以下「完全支配関係」という）があり、株式交換後に完全子法人と完全親法人との間に同一の者による完全支配関係が継続することが見込まれている株式交換で金銭等の交付が行われないときは、適格株式交換として取り扱われます。また、適格株式交換に代えて適格現物出資による方法も考えられます。適格現物出資についてはＱⅠ-7を参照ください。

　100％の保有関係の判定は、完全子法人となる法人が種類株式を発行している場合には、そのすべての種類株式を含めて完全支配関係の有無を判定します。また、株式を保有しているどうかは、株主名簿、社員名簿または定款に記載または記録されている株主等により判定しますが、その株主等が単なる名義人であって、他に実際の権利者がいる場合には、その実際の権利者が保有するものとして保有関係を判定します（法基通1-4-3）。

24 I 株式交換

【100%グループ（同一の者）】

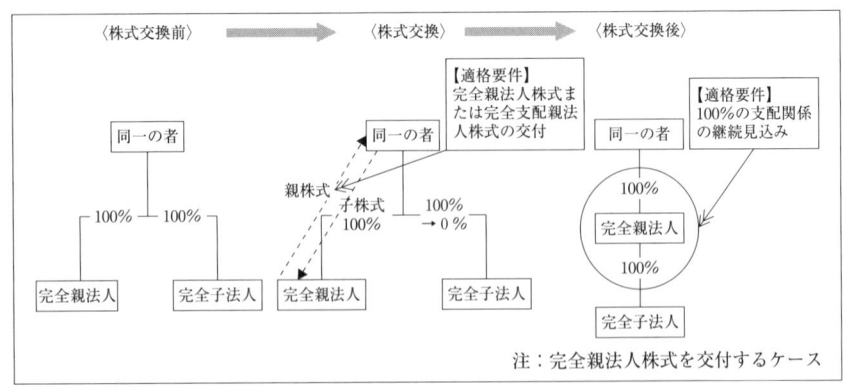

純血グループの場合

　同一の者が子会社株式を一定比率以上保有することが法律上制限されているような資本関係の状況のグループ法人であっても、その資本関係がグループ内で完結しており、他に外部の少数株主が一切存在していない場合には、完全支配関係があるものとして取り扱われます。

同一の者が個人の場合

　同一の者は必ずしも法人である必要はなく、個人である場合にはその個人と特殊の関係のある以下の個人が含まれることになります（法令4）。

　一　株主等の親族[10]
　二　株主等と婚姻の届出をしていないが事実上婚姻関係と同様の事情にある者
　三　株主等（個人である株主等に限る。次号において同じ）の使用人
　四　前3号に掲げる者以外の者で株主等から受ける金銭その他の資産によって生計を維持しているもの

---

[10] 配偶者、6親等内の血族及び3親等内の姻族

五　前3号に掲げる者と生計を一にするこれらの者の親族

税制改正関係

　平成19年度の税制改正において、完全支配関係がある法人間で行う株式交換のうち、完全親法人となる法人が発行済株式等の全部を直接または間接に保有する法人との間で行う株式交換、つまり100％の資本関係のある孫法人を子法人化するために行う株式交換についても適格株式交換として取り扱われることが明確化されました。この規定は平成19年4月1日以降に行われる株式交換から適用されています。

【100％グループ（親子関係）】

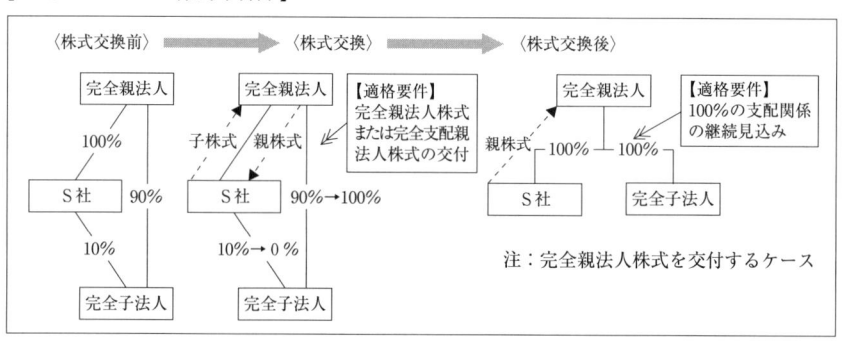

〈株式交換前〉　→　〈株式交換〉　→　〈株式交換後〉

完全親法人　100％　S社　90％／10％　完全子法人

完全親法人　子株式／親株式　S社　90％→100％／10％→0％　完全子法人

【適格要件】完全親法人株式または完全支配親法人株式の交付

完全親法人　親株式　S社　100％／100％　完全子法人

【適格要件】100％の支配関係の継続見込み

注：完全親法人株式を交付するケース

2 次再編が予定されている場合

　株式交換後に適格合併を行うことが予定されている場合には、完全支配関係の要件が緩和される取扱いがあります。株式交換後に次の再編が予定されている場合の取扱いについては、Ｑ I -**20**を参照ください。

Q I-11【適格交付資産について】

適格株式交換として取り扱われる交付資産について教えてください。

A　租税特別措置法における旧株式交換制度では対価の95％以上が特定親会社[11]株式であれば特定子会社となる法人の株主への課税繰延べが認められていましたが、現行法は他の組織再編税制と同様に適格株式交換として非課税で株式交換を行うためには、株式交換における交付資産は、グループ内再編及び共同事業を営む株式交換ともに完全親法人（またその親法人）の株式以外が交付されないものとされ、剰余金の配当等の一定の場合を除き、交換交付金は認められなくなりました（法法２十二の十六）。

交付金銭等から除かれる金銭等

　交換交付金銭等から除かれている剰余金の配当等には、利益の配当または剰余金の分配が含まれます。これらは、株式交換とは直接関係のない金銭交付であるため、交換交付金銭等から除かれています。そのほか、反対株主の買取請求に基づく金銭交付は、株式交換全体の対価について金銭交付したものとはいえないため交換交付金銭等から除かれています。ただし、この場合の反対株主の買取請求により交付される金銭は、税務上は、完全子法人となる法人の自己株式の取得として取り扱われるため、反対株主において、みなし配当が生じる場合があります（法法24①四）[12]その他、株式交換比率の関係上、完全親法人となる法人が完全子法人となる法人の株主へ１株未満の株式の譲渡代金を交付する場合があります。この１株未満の株式については、会社法第234条（一に満たない端数の処理）の規定により、その端数の合計数に相当する数の株式を他に譲渡しまたは自ら買取をし、かつ、その端数に応じてその譲渡により得られた代金または買い取った代金を旧株主へ交付するとされています。つまり、１

---

[11] 特定親会社及び特定子会社とは租税特別措置法で定義されていた用語で、旧商法第352条の株式交換及び旧商法364条の株式移転に基づき100％の親子間関係が成立した親会社及び子会社をいう。

株未満の端数の合計数に相当する株式が、いったん当該端数部分の所有者に共有された上で、完全親法人がその所有者に代わってその1株未満の株式の合計数に相当する数の株式を適宜一括して譲渡し、その代金を交付するものであるため、交換交付金銭等には含まれないという整理がされています（法基通1-4-2）[13]。なお、同通達のただし書において、その交付された金銭が、その交付の状況その他の事由を総合的に勘案して実質的に当該株主等に対して支払う株式交換の対価であると認められるときは、金銭交付があったとして取り扱うとされています。

---

[12] 一方、合併の場合には、会社法において反対株主の買取請求は合併効力日に効力が生じる一方で、対価の額の確定及び支払いは合併の日以後に存続会社が行うこととされ、合併の日においては金額不確定の買取代金支払い債務が存在するのみと整理されている。そのため、平成18年度の税制改正において、合併の日で消滅する被合併法人が合併の時点でみなし配当の額を計算して源泉徴収することが法制度上不可能であることなどを考慮して、みなし配当の基因となる自己株式の取得から除外されている。また、平成18年度税制改正において、合併または分割型分割に際して抱合せ株式等に対して株式割当等があり、またはあったものとみなすことにより自己株式を取得し、または取得したものとみなされた場合には、その取得の対価の交付がないため「金銭その他の資産の交付」に該当せず、みなし配当の基因となる自己株式の取得に該当しないことが明白であるため、株式割当等をみなし配当の基因となる自己株式の取得から除外する規定が削除されている（旧法令23③五）。

[13] （合併等に際し1株未満の株式の譲渡代金を被合併法人等の株主等に交付した場合の適格合併等の判定）

1-4-2　法人が行った合併が法第2条第12号の8（適格合併）に規定する適格合併に該当するかどうかを判定する場合において、被合併法人の株主等に交付された金銭が、その合併に際して交付すべき合併法人の株式（出資を含む。以下1-4-3までにおいて同じ。）に1株未満の端数が生じたためにその1株未満の株式の合計数に相当する数の株式を他に譲渡し、又は買い取った代金として交付されたものであるときは、当該株主等に対してその1株未満の株式に相当する株式を交付したこととなることに留意する。ただし、その交付された金銭が、その交付の状況その他の事由を総合的に勘案して実質的に当該株主等に対して支払う合併の対価であると認められるときは、当該合併の対価として金銭が交付されたものとして取り扱う。

　法人が行った株式交換又は株式移転が法第2条第12号の16（適格株式交換）又は第12号の17（適格株式移転）に規定する適格株式交換又は適格株式移転に該当するかどうかを判定する場合についても、同様とする。

　（注）当該1株未満の株式は、令第4条の2第4項第5号（適格合併の要件）、第17項第5号（適格株式交換の要件）及び第21項第5号（適格株式移転の要件）に規定する議決権のないものに該当する。

対価の柔軟化による適格交付資産の追加

　平成19年度の税制改正では会社法の合併等対価の柔軟化に対応した改正がなされ、適格交付資産に完全支配親法人株式が追加されています。この完全支配親法人株式とは、株式交換により完全親法人となる法人の発行済株式等（完全親法人となる法人が有する自己株式は除く）の全部を株式交換の前後に直接保有する法人の株式で、かつ、その関係が株式交換後も継続することが見込まれる法人の株式をいいます。この改正によって三角株式交換を適格株式交換として非課税で実施することが可能となりました。完全親法人及びその親法人株式の種類については、会社法上の株式であればよく、例えば、完全子法人の株主が保有している株式とは異なる種類の株式を交付する場合でも適格交付資産として取り扱われます。

Q I-12【適格株式交換の要件（50％超100％未満）】

> 50％超100％未満グループの適格株式交換の要件について教えてください。

A　資本関係が50％超100％未満のグループ法人の株式交換は、株式交換において金銭等の交付（Q I-11参照）がなく、完全子法人となる法人の従業者の継続従事ならびに主要事業の継続の2要件を満たす株式交換で、株式交換前後の支配関係が次のいずれかに該当する場合には適格株式交換として取り扱われます。なお、いずれのケースにおいても株式交換後に適格合併が予定されている場合には、1次再編の支配関係の要件が緩和される取扱いがあります。株式交換後に2次再編が予定されている場合の取扱いについては、Q I-21を参照ください。

当事者間の支配関係（同一の者による支配関係に該当する場合を除く）

株式交換前に、完全親法人となる法人が完全子法人の発行済株式等の50％超100％未満を直接または間接に保有する関係（以下「支配関係」という）があり、株式交換後に完全親法人により完全子法人の支配関係の継続が見込まれていること。

【50％超グループ（親子関係）】

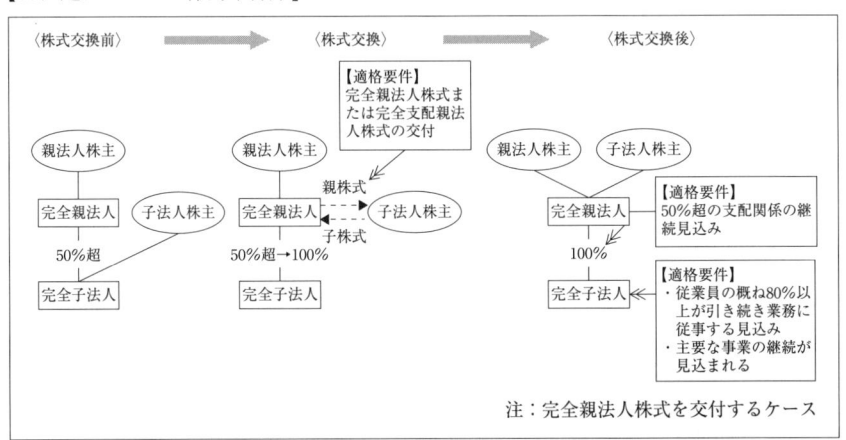

<株式交換前> → <株式交換> ← <株式交換後>

【適格要件】
完全親法人株式または完全支配親法人株式の交付

【適格要件】
50％超の支配関係の継続見込み

【適格要件】
・従業員の概ね80％以上が引き続き業務に従事する見込み
・主要な事業の継続が見込まれる

注：完全親法人株式を交付するケース

同一の者による支配関係

同一の者による支配関係があるグループ法人の株式交換の場合には、同一の者を軸として適格要件の判定を行うことになります。これは他の適格組織再編税制も同様ですが、再編当事者において直接または間接に株式等を保有する関係が成立する場合でも、同一の者による支配関係がある場合には、同一の者による支配関係を優先して適格要件を満たすものであるか否か検討する必要があります[14]。同一の者による支配関係がない場合には、上記の当事者間の支配関係の要件を満たす必要があります。繰り返しにはなりますが、同一の者は必

---

[14] 完全支配関係がある場合には完全支配関係が優先される。

ずしも法人である必要はなく、個人である場合にはその個人と特殊の関係のある以下の個人が含まれることになります（法令４）。

六　株主等の親族[15]

七　株主等と婚姻の届出をしていないが事実上婚姻関係と同様の事情にある者

八　株主等（個人である株主等に限る。次号において同じ）の使用人

九　前３号に掲げる者以外の者で株主等から受ける金銭その他の資産によって生計を維持しているもの

十　前３号に掲げる者と生計を一にするこれらの者の親族

【50%超グループ（同一の者）】

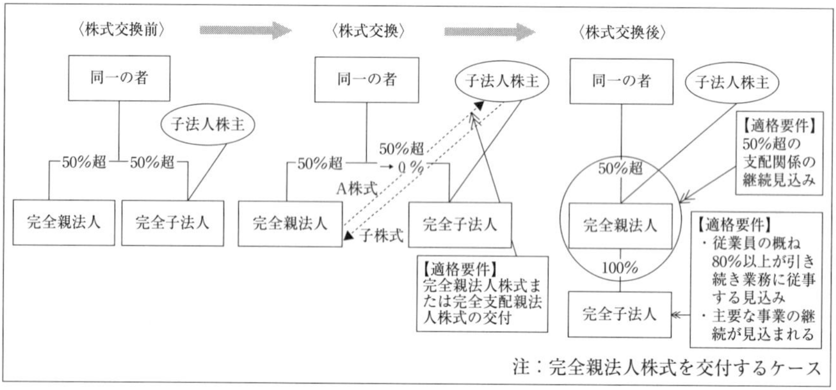
〈株式交換前〉
同一の者
子法人株主
50%超
50%超
完全親法人
完全子法人
〈株式交換〉
同一の者
子法人株主
50%超
50%超
→０%
A株式
完全親法人
子株式
完全子法人
【適格要件】
完全親法人株式または完全支配親法人株式の交付
〈株式交換後〉
同一の者
子法人株主
【適格要件】
50%超の支配関係の継続見込み
50%超
完全親法人
100%
完全子法人
【適格要件】
・従業員の概ね80%以上が引き続き業務に従事する見込み
・主要な事業の継続が見込まれる
注：完全親法人株式を交付するケース

支配関係判定上の留意点

この50%超100%未満の支配関係の判定は、完全親法人または完全子法人となる法人が種類株式を発行している場合には、そのすべての種類株式を含めて支配関係を判定します。それは、適格組織再編税制におけるグループの判定は、再編時の移転資産の所有関係が再編後もグループの支配下にあるか否かが重要

---

[15] 配偶者、６親等内の血族及び３親等内の姻族

とされているからです。例えば、無議決権株式を保有している株主がいる場合で、他に議決権付株式の50％超を保有している株主がいる場合でも、無議決権付株式を保有している株主が、再編対象法人の発行済株式総数（自己株式を除く）の50％超を保有している場合には、その株主の支配関係があるものとして組織再編税制を適用することになります。

> 【例】
> 同一の者：議決権付株式　100株、無議決権優先株式　300株
> 完全親法人となる法人の優先株式を除く発行済株式総数：300株
> 完全親法人となる法人の総発行済株式総数：600株
> 議決権付株式での持株比率：100株／300株＝33.3％
> 総発行済株式総数による持株比率：（100株＋300株）／（300株＋300株）＝66.6％
> 議決権ベースでは50％超を保有していませんが、優先株式を含めて持株比率を計算する場合には、50％超保有していることになり、完全子法人となる法人を含めて50％超の支配関係が継続することが再編時において見込まれている場合には、50％超100％未満の適格組織再編成の適格要件を満たすことで非課税で再編が可能となります。
> また、株式を保有しているどうかは、株主名簿、社員名簿または定款に記載または記録されている株主等により判定しますが、その株主等が単なる名義人であって、他に実際の権利者がいる場合には、その実際の権利者が保有するものとして保有関係を判定することになります（法基通1-4-3）。

従業者の引継要件

　50％超100％未満のグループ法人の適格株式交換では従業者の引継要件と事業継続要件を満たす必要があります。従業者の引継要件では、完全子法人となる法人の株式交換直前の従業者のうち、その総数の概ね80％以上に相当する数の者が、引き続き完全子法人の業務に従事することが見込まれていることが要件とされています（法法2十二の十六ロ①）。この要件における従業者とは、雇用契約の有無や雇用形態のいかんにかかわらず、役員、使用人その他の者で完全子法人となる法人の株式交換直前に従事する者のすべてが含まれます。従っ

て、完全子法人となる法人が株式交換の時において他の法人から出向者を受け入れている場合や人材派遣会社から派遣社員を受け入れている場合で完全子法人の事業に従事する者であれば、この従業者数に含めることになります。ただし、下請先の従業者が自社の工場内の特定のラインを継続的に請け負っている場合の下請先の従業者については、下請先企業の事業に従事する従業者であるため含まれません（法基通1−4−4）。

2 次再編が見込まれている場合

　株式交換後に完全子法人を被合併法人、分割法人、現物出資法人または事後設立法人とする適格合併、適格分割、適格現物出資または適格事後設立を行うことが予定されており、その適格合併等に伴い完全子法人の従業者が引き継がれることが見込まれているときは、適格株式交換後に完全子法人の業務に従事し、その後、適格合併等による合併法人等の業務に従事することが見込まれ、かつ、引き継がれていない従業者が、完全子法人の業務に引き続き従事することが見込まれている場合には、1次再編における従業者の引続要件を満たすことになります。また、平成19年3月31日以前に行われた適格株式交換では、分割承継法人、被現物出資法人または被事後設立法人は、完全親法人または同一の者により50％超の資本関係がある法人に限られていましたが、平成19年度の税制改正により平成19年4月1日以降は50％超の資本関係がある法人以外の法人へ緩和されています（旧法法2十二の十六ロ①、旧法令4の2⑭）。

事業継続要件

　もう1つの要件である事業継続要件とは、完全子法人の株式交換前に営む主要な事業が交換後も、完全子法人において引き続き営まれることが見込まれるという要件です（法法2十二の十六ロ②）。この要件において継続が求められる主要な事業とは、完全子法人となる法人が株式交換前に営む主要な事業です。どの事業が主要な事業であるかの判断は、それぞれの事業に属する収入金額または損益の状況、従業者の数、固定資産の状況等を総合的に勘案して判定して

2 次再編が見込まれている場合

　従業者の引継要件と同様に、株式交換後に完全子法人を被合併法人、分割法人、現物出資法人または事後設立法人とする適格合併、適格分割、適格現物出資または適格事後設立（以下「適格合併等」という）を行うことが予定されており、その適格合併等に伴い主要な事業が移転することが見込まれているときは、その主要な事業が適格株式交換後に完全子法人において営まれ、その後、適格合併等による合併法人等において引き続き営まれることが見込まれている場合には、1 次再編における事業継続要件を満たすことになります。また、平成19年3月31日以前に行われた適格株式交換では、分割承継法人、被現物出資法人または被事後設立法人は、完全親法人または同一の者により50％超の資本関係がある法人に限られていましたが、平成19年度の税制改正により、平成19年4月1日以降は、50％超の資本関係がある法人以外の法人へ緩和されています(旧法法2条十二の十六ロ①、旧法令4の2⑭)。

QⅠ-13【適格株式交換の要件（共同事業要件）】

共同事業を営むための適格株式交換の要件について教えてください。

A 　企業グループの株式交換に該当しない場合でも、共同して事業を行う目的で株式交換を行う場合には、株式交換において金銭等の交付(QⅠ-11参照)がなく、次に掲げる要件のすべてを満たす株式交換は適格株式交換として取り扱われ非課税で株式交換を行うことが可能となります。
　①　完全子法人となる法人の主要な事業と完全親法人となる法人の事業が相互に関連すること（法令4の2⑰一、法規3①）
　②　完全親法人と完全子法人となる法人の規模（関連する事業の売上金額、従

業員数等）が概ね5倍の範囲内にあること。または、完全子法人の特定役員（常務取締役以上の役員）が1人も役員を退任しないこと（法令4の2⑰二）

③ 完全子法人の従業者の概ね80％以上が引き続き業務に従事する見込みがあること（法令4の2⑰三）。なお、2次再編が見込まれている場合にはこの要件が変更される。

④ 完全子法人の主要な事業の継続が見込まれること（法令4の2⑰四）。なお、2次再編が見込まれている場合にはこの要件が変更される。

⑤ 完全子法人となる法人の株主の80％以上が交付された完全親法人株式または株式交換完全支配親法人株式（いずれも議決権のない株式を除く）を継続して保有することが見込まれること。ただし、完全子法人となる法人の株主が50人以上の場合はこの要件は不要（法令4の2⑰五）。なお、旧株主に2次再編が見込まれている場合にはこの要件が変更される。

⑥ 株式交換後、完全親法人と完全子法人との間に100％の完全支配関係が継続する見込みであること（法令4の2⑰六）。なお、株式の保有関係に影響が生じるような2次再編が株式交換時において見込まれている場合には、この完全支配関係が緩和される取扱いが定められている。

上記の適格要件の詳細についてはＱⅠ-14〜ＱⅠ-19にて解説しますのでそちらを参照ください。

【共同事業の適格要件】

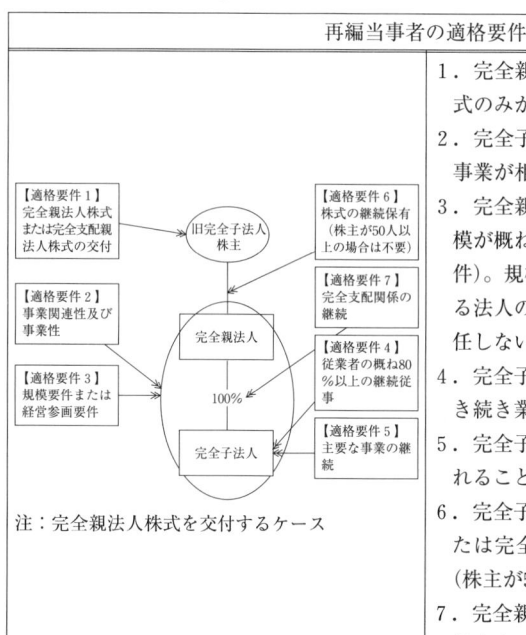

再編当事者の適格要件
1．完全親法人株式または完全支配親法人株式のみが交付されること
2．完全子法人の主要な事業と完全親法人の事業が相互に関連すること
3．完全親法人と完全子法人となる法人の規模が概ね5倍の範囲内にあること（規模要件）。規模要件に代えて、完全子法人となる法人の常務以上の役員が1人も役員を退任しないこと（経営参画要件）
4．完全子法人の従業者の概ね80％以上が引き続き業務に従事する見込みがあること
5．完全子法人の主要な事業の継続が見込まれること
6．完全子法人の旧株主による完全親法人または完全支配親法人株式の継続保有要件（株主が50人以上の場合は不要）
7．完全親法人の完全子法人株式のすべてを保有する関係の継続が見込まれること

図中：
【適格要件1】完全親法人株式または完全支配親法人株式の交付
【適格要件2】事業関連性及び事業性
【適格要件3】規模要件または経営参画要件
【適格要件6】株式の継続保有（株主が50人以上の場合は不要）
【適格要件7】完全支配関係の継続
【適格要件4】従業者の概ね80％以上の継続従事
【適格要件5】主要な事業の継続

旧完全子法人株主 → 完全親法人 → 完全子法人（100％）

注：完全親法人株式を交付するケース

Q I -14【共同事業要件の詳細1―事業関連性】

事業関連性要件について教えてください。

A　共同で事業を行うための適格株式交換の要件の1つに完全子法人となる法人の主要な事業と完全親法人となる法人の事業が相互に関連するという要件があります。相互に関連するものとは、例えば○×小売業と○×小売業というように同種の事業を営んでいる場合や製薬業における製造と販売のように、その業態が異なっても薬という同一の製品の製造と販売を行うなど、

それぞれの事業が関連する場合などがこれに該当すると考えられています[16]。

主要な事業とは

完全子法人となる法人の主要な事業とは、一義的には収入金額の多寡で判断されるとも考えられますが、損益の状況や従業者の数、固定資産の状況等を総合的に勘案して判断することになります（法基通1-4-5）。また、事業の定義については税法上は規定しておりませんので、再編当事会社における事業の定義が重要になります。

事業性の有無について

事業関連性の大前提として、株式交換の当事者がともに実態を有する事業を行っていることがあります。この事業性及び事業関連性については、会社法による合併等対価の柔軟化の解禁によって三角型適格組織再編が可能となったことにより、平成19年度の税制改正において、納税者の予見可能性の向上を図るため、従来の運用実態を踏まえてその判定基準が明確化されています[17]。まず、再編当事者に事業の実体があるか否かを判定する3要件として、次のすべてを満たす必要があります。

① 国内に事務所・店舗・工場等を所有または賃借していること
② 従業者がいること（役員のみの会社の場合にはその事業に専ら従事する役員がいること）
③ 自己の名義をもって、かつ自己の計算で事業を行っていること

この自己の計算とは、合併後においても、上記③に該当するかどうかの判定を行う法人自らがその判定を行う際の要件となる商品販売等により収益を獲得することが見込まれる状態にあることとされています。つまり、③に掲げる事業が行われている場合でも、それが合併の相手方のために行われるものと認め

---

[16] 国税庁質疑応答事例「持株会社と事業会社が合併する場合の事業関連性の判定について」より。
[17] 繰越欠損金の引き継ぎ等の制限に係るみなし共同事業要件の事業関連性の判定についてもこの事業性及び事業関連性に基づき判定される（法規26）。

られる場合には、合併後にその判定を行う法人においてその行為により収益を獲得する見込みがあるといえないため、③の要件を充足しないことになります。

事業関連性について

事業関連性については、前述の相互に関連するものであることの説明と重複する点もありますが、再編当事者の事業について、組織再編の直前に次のいずれかの関係がある必要があります。

① 同種の事業を営んでいる場合
② 商品や資産またはサービスまたは経営資源が同一のものまたは類似する場合
③ 再編後に②に掲げるものを活用する場合

以上の事業性及び事業関連性について国税庁ホームページ「共同事業を営むための組織再編成（三角合併等を含む）に関するQ&A（平成19年4月）」では、事業関連性要件の概要を次のようにまとめています。

事業関連性要件の概要

1　50％超の株式等の保有関係がある適格合併に該当する合併以外の合併（注1）が次に掲げる要件のすべてに該当するものである場合には、被合併事業（注2）と合併事業（注3）とが相互に関連するものに該当するものとする。
　一　被合併法人及び合併法人が当該合併の直前においてそれぞれ次に掲げる要件のすべてに該当すること。
　　イ　事務所、店舗、工場その他の固定施設（その本店又は主たる事務所の所在地がある国又は地域にあるこれらの施設に限る。）を所有し、又は賃借していること。
　　ロ　従業者（役員にあっては、業務に専ら従事するものに限る。）があること。
　　ハ　自己の名義をもって、かつ、自己の計算において次の①～⑦のいずれかの行為をしていること。
　　　①　商品販売等（商品の販売、資産の貸付け又は役務の提供で、継続して

対価を得て行われるものをいい、その商品の開発若しくは生産又は役務の開発を含む。)
② 広告又は宣伝による商品販売等に関する契約の申込み又は締結の勧誘
③ 商品販売等を行うために必要となる資料を得るための市場調査
④ 商品販売等を行うに当たり法令上必要となる行政機関の許認可等の申請又は当該許認可等に係る権利の保有
⑤ 知的財産権(特許権、実用新案権、育成者権、意匠権、著作権、商標権その他の知的財産に関して法令により定められた権利又は法律上保護される利益に係る権利をいう。)の取得をするための出願若しくは登録(移転の登録を除く。)の請求若しくは申請(これらに準ずる手続を含む。)、知的財産権(実施権及び使用権を含むものとし、商品販売等を行うために必要となるものに限る。以下「知的財産権等」という。)の移転の登録(実施権及び使用権にあっては、これらの登録を含む。)の請求若しくは申請(これらに準ずる手続を含む。)又は知的財産権若しくは知的財産権等の所有
⑥ 商品販売等を行うために必要となる資産(固定施設を除く。)の所有又は賃借
⑦ 上記①〜⑥に掲げる行為に準ずるもの
二 被合併事業と合併事業との間に当該合併の直前において次に掲げるいずれかの関係があること。
　イ 当該被合併事業と合併事業とが同種のものである場合における当該被合併事業と合併事業との間の関係
　ロ 当該被合併事業に係る商品、資産若しくは役務(それぞれ販売され、貸し付けられ、又は提供されるものに限る。)又は経営資源(注4)と当該合併事業に係る商品、資産若しくは役務又は経営資源とが同一のもの又は類似するものである場合における当該被合併事業と合併事業との間の関係
　ハ 当該被合併事業と合併事業とが当該合併後に当該被合併事業に係る商品、資産若しくは役務又は経営資源と当該合併事業に係る商品、資産若しくは役務又は経営資源とを活用して営まれることが見込まれている場合における当該被合併事業と合併事業との間の関係
2 合併に係る被合併法人の被合併事業と当該合併に係る合併法人の合併事業とが、当該合併後に当該被合併事業に係る商品、資産若しくは役務又は経営資源と当該合併事業に係る商品、資産若しくは役務又は経営資源とを活用して一体

として営まれている場合には、当該被合併事業と合併事業とは、前項第二号に掲げる要件に該当するものと推定する。
(注) 1 合併以外の組織再編成についても、基本的には上記の整理と同様となる（法規3③、26参照）。
2 被合併法人の合併前に営む主要な事業のうちいずれかの事業をいう。
3 合併法人の合併前に営む事業のうちのいずれかの事業をいう。なお、当該合併が法人を設立する合併である場合にあっては、他の被合併法人の被合併事業をいう。
4 「経営資源」とは、事業の用に供される設備、事業に関する知的財産権等、生産技術又は従業者の有する技能若しくは知識、事業に係る商品の生産若しくは販売の方式又は役務の提供の方式その他これらに準ずるものをいう。

持株会社と事業関連性要件

　株式交換における完全親法人となる法人が持株会社である場合には、その持株会社の事業の実態に応じて完全子法人となる法人の事業関連性を検討することになります。例えば、持株会社がその子法人の事業について、重要な機能の一部を担っている場合など、持株会社が子法人と共同して事業を行っていると認められる実態が備わっているときは、その子法人の事業内容を含めて、完全子法人となる法人との間で事業関連性の判定を行うことが可能です[18]。ただし、この場合であっても、事業規模要件については、完全親法人となる持株会社と完全子法人となる法人との間で要件を満たす必要があります。事業関連性の要件は満たすが、事業規模要件において、持株会社単体で比較する場合には、事業規模が異なる場合が多く、実務上はこの点が課題として残ります[19]。

---

[18] 財団法人日本税務協会「平成18年　改正税法のすべて」p.303
[19] 平成19年5月1日以降は対価の柔軟化が施行されているため、三角株式交換を使うことで、規模比較の対象を持株会社の事業子会社にできるため、持株会社との適格株式交換が困難である場合には、三角株式交換を行うことが考えられる。

Q I-15【共同事業要件の詳細2―従業者の引継要件】

従業者の引継要件について教えてください。

A 従業者の引継要件では、50%超100%未満の資本関係のあるグループ法人の適格株式交換の要件と同様に完全子法人となる法人の株式交換の直前の従業者のうち、その総数の概ね80%以上に相当する数の者が、引き続き、完全子法人の業務に従事することが見込まれていることが必要とされています（法令4の2⑰三）。

従業者の範囲

　従業者とは、雇用契約の有無や雇用形態のいかんにかかわらず、役員、使用人その他の者で完全子法人となる法人の交換直前に従事する者のすべてが含まれます。従って、完全子法人となる法人が株式交換の時において他の法人から出向者を受け入れている場合や人材派遣会社から派遣社員を受け入れている場合についても、完全子法人の事業に従事する者であれば、従業者に含めることになります。ただし、下請先の従業者が自社の工場内の特定のラインを継続的に請け負っている場合の下請先の従業者については、下請先企業の事業に従事する従業者のため含まれません（法基通1-4-4）。

2次再編が見込まれている場合

　株式交換後に完全子法人を被合併法人、分割法人、現物出資法人または事後設立法人（以下「被合併法人等」という）とする適格合併、適格分割、適格現物出資または適格事後設立（以下「適格合併等」という）を行うことが予定されており、その適格合併等に伴い従業者が引き継がれることが見込まれているときは、適格株式交換後に完全子法人の業務に従事し、その後、適格合併等による合併法人等の業務に従事することが見込まれ、かつ、引き継がれていない従業者が、完全子法人の業務に引き続き従事することが見込まれている場合には、

１次再編の従業者の引継要件を満たすとされています。

QⅠ-16【共同事業要件の詳細３─事業継続要件】

事業継続要件について教えてください。

A　事業継続要件は、50％超100％未満の資本関係のあるグループ法人の適格株式交換の要件と同様に完全子法人の株式交換前に営む主要な事業が株式交換後も、完全子法人において引き続き営まれることが見込まれるという要件です（法令４の２⑰四）。この要件において継続が求められる主要な事業とは、完全子法人が株式交換前に営む主要な事業とされており、QⅠ-14の事業関連性要件で説明した完全親法人となる法人のいずれかの事業と関連性のある事業です。事業関連性のない完全子法人の事業については、株式交換前から株式交換後に譲渡もしくは撤退すること等が見込まれていても、この適格要件には直接的に影響しないことになります。さらに、この事業継続要件は、株式交換時において引き続き事業を営むことが見込まれているという要件であるため、株式交換後の経営環境の変化等から、やむを得ず主要な事業を売却または撤退しても、この適格要件には影響しないと考えられます。なお、株式交換後に事業継続要件に抵触しない事業の譲渡等が見込まれている場合であっても、QⅠ-15の従業者の引継要件は満たす必要があります。

２次再編が見込まれている場合

　従業者の引継要件と同様に、株式交換後に完全子法人を被合併法人、分割法人、現物出資法人または事後設立法人とする適格合併、適格分割、適格現物出資または適格事後設立（以下「適格合併等」という）を行うことが予定されており、その適格合併等に伴い主要な事業が移転することが見込まれているときは、その主要な事業が適格株式交換後に完全子法人において営まれ、その後、適格

合併等による合併法人等において引き続き営まれることが見込まれている場合には、1次再編の事業継続要件を満たすとされています。

QⅠ-17 【共同事業要件の詳細4
―事業規模要件または経営参画要件】

事業規模要件と経営参画要件について教えてください。

A **事業規模要件**
　事業規模要件とは、QⅠ-14において採用した完全子法人の株式交換直前の主要な事業と完全親法人の株式交換直前の事業（完全子法人の主要な事業と関連する事業に限る）の売上金額または従業者数もしくはこれらに準ずるものの事業規模が5倍以内という要件です（法令4の2⑰二）。これらに準ずるものの規模とは、その業種・業態により様々な規模が考えられますが、例えば、金融機関では預金量が、飲料販売業であれば自動販売機の数等が考えられます。つまり、再編当事者の客観的・外形的な観点からその事業の規模を表すものとして認められる指標が該当します。この指標は売上金額や従業者数などのいずれか採用した一の指標が5倍を超えなければ満たすことになり、売上金額または従業者数等のすべての事業規模を5倍以内とする必要はありません。事業規模要件で売上金額を指標として採用する場合には、法令上は明記されていませんが、通常は株式交換の直前1年間の売上金額で比較することになると考えます（法基通1-4-6）。

経営参画要件
　事業規模要件に代えて経営参画要件を満たすことでこの適格要件を満たすことが可能となります（法令4の2⑰二）。経営参画要件とは、完全子法人となる法人の株式交換前の特定役員のいずれかが株式交換に伴って役員を退任しない

とする適格要件です。特定役員とは、社長・副社長・代表取締役・代表執行役[20]・専務取締役・常務取締役またはこれらに準ずる者で法人の経営に従事している者をいい、平取締役・監査役・執行役員は含まれません。また、これらに準ずる者とは、役員または役員以外の者で、社長・副社長・代表取締役・代表執行役・専務取締役または常務取締役と同等に法人の経営の中枢にいる者をいい、この要件は必ずしも会社法上の役員に限られてはいません（法基通1－4－7）。また、株式交換に伴って役員を退任する場合の退任からは、完全親法人の役員（特定役員とは限らない）への就任に伴う退任は除かれています。

2 次再編が見込まれている場合

経営参画要件を採用する場合で、株式交換後に完全子法人を被合併法人、分割法人、現物出資法人または事後設立法人とする適格合併、適格分割、適格現物出資または適格事後設立が予定されている場合には、完全子法人の特定役員が、合併法人、分割承継法人、被現物出資法人または被事後設立法人の役員への就任するときも前述の退任からの除かれています。

Q I -18【共同事業要件の詳細 5 ―株主の継続保有要件】

完全子法人となる法人の株主の完全親法人株式または完全支配親法人株式の継続保有要件について教えてください。

A　継続保有要件とは、完全子法人となる法人の株主（以下「旧株主」という）が、株式交換により交付を受ける完全親法人または完全支配親法人のいずれかの株式（議決権のないものを除く）の全部を継続して保有する

---

[20] 平成18年度の税制改正において代表執行役が含まれることが明示されているが、代表執行役は、従前からも代表取締役に準ずる役員として特定役員に含まれると考えられており、実質的な改正ではないとされている（財団法人日本税務協会「平成18年　改正税法のすべて」p.292）。

ことが見込まれる者及び完全親法人となる法人が有する完全子法人の株式（議決権のないものを除く）の数を合計した数が、完全子会社の発行済株式等（完全親法人により発行済株式総数の50％を超える数の株式を保有されている法人が有するもの及び議決権のないものを除く）の総数の80％以上であるとする要件です。ただし、完全子法人となる法人の株主が50人以上の場合には、この保有割合を管理することが事実上困難であるという理由からこの要件は適用されません（法令4の2⑰五）。

継続保有要件の例

　下記のケース1の場合は、完全子法人となる法人の発行済株式総数2,400株（すべて議決権あり。以下ケース2において同じ）のうち、株式交換によって取得した完全親法人株式（すべて議決権あり。以下ケース2において同じ）を継続して保有している旧株主の完全子法人株式の保有割合が75％（＝1,000株＋800株／2,400株）となり80％未満となるため、この要件は満たさないことになります。

　ケース2は完全親法人となる法人が交換前から完全子法人株式を保有している場合ですが、この完全親法人となる法人が保有する完全子法人株式を分子に含めて判定するため、株式交換によって取得した完全親法人株式を継続して保有している旧株主の完全子法人株式の保有割合は93％（＝1,000株＋800株＋1,000株／3,000株）となり80％以上となるため、この要件を満たすことになります。

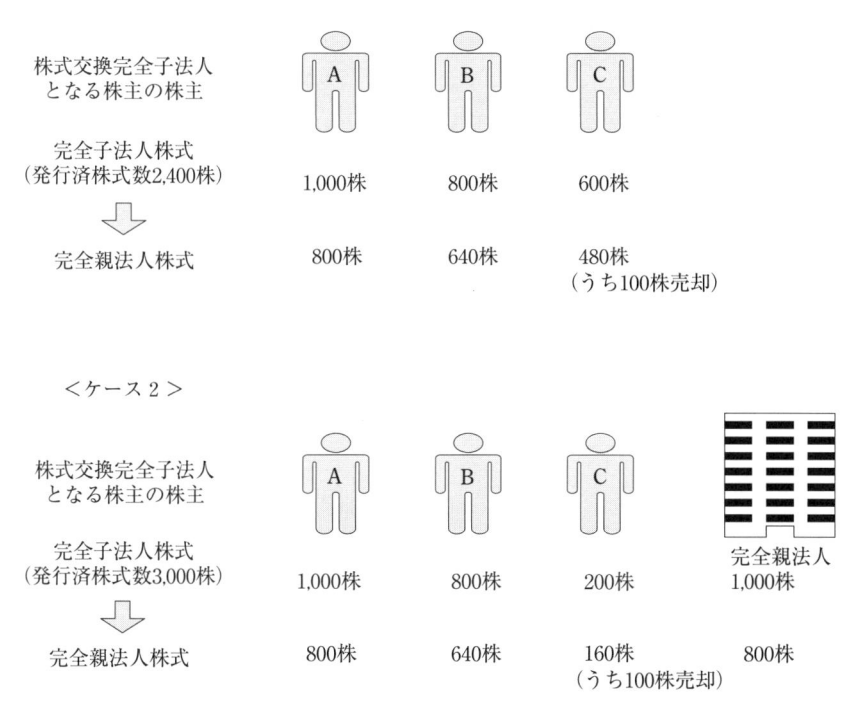

2──適格要件と完全子法人の課税関係　45

<ケース1>

株式交換完全子法人となる株主の株主	A	B	C
完全子法人株式（発行済株式数2,400株）	1,000株	800株	600株
⇩ 完全親法人株式	800株	640株	480株（うち100株売却）

<ケース2>

株式交換完全子法人となる株主の株主	A	B	C	完全親法人
完全子法人株式（発行済株式数3,000株）	1,000株	800株	200株	1,000株
⇩ 完全親法人株式	800株	640株	160株（うち100株売却）	800株

議決権のない株式について

　継続保有が求められている株式は議決権のある株式であり、議決権のない株式については継続保有要件はありません。この議決権のない株式とは議決権のないことが常態となっているものをいいますが、自己株式を除き、所有者のステータスによって議決権が一時的に行使できないものを除くことは想定されていません。例えば、会社法第308条で規定されている25％以上の相互保有株式については議決権のない株式には含まれないことになります。

　平成13年度の組織再編税制が創設された際には、議決権のない株式として取り扱われるものの例として、優先配当を受ける権利を有する株式（配当優先株式）は、連続して3年（1年決算法人であれば、3回）程度の優先配当実績があり、議決権のない状態が継続しているような場合には、議決権のない株式に該

当するものとして考えられていましたが[21]、平成18年度の税制改正では、会社法による株式の種類ごとの議決権の設定の多様化や無議決権株式の発行限度の撤廃等により、多様な種類株式の発行が想定されることから、議決権のない株式の範囲が例示されています（法規3の2①、②）。

(ア) 議決権のない株式に含まれるもの
　・自己株式
　・一定の事由が生じたことを条件として議決権を有する旨の定めがある株式で、その事由が生じていないもの

(イ) 議決権のない株式に含まれないもの
　・会社法第879条第3項の規定により議決権を有するものとみなされる株式
　・会社法第109条第2項の規定により株主総会において決議事項の全部につき議決権を行使することができない旨を定められた株主が有する株式
　・単元株式数に満たない株式

株式継続保有要件の具体的算定方法

株式継続保有要件における80％以上の具体的な計算は、以下のとおりです。

① 分母の計算
　　・完全子法人となる法人の発行済株式総数　　　　　　　○○○株
　　・上記のうち議決権のない株式数　　　　　　　　　　　△○○○株
　　・完全親法人となる法人により発行済株式の総数の50％超を保有される法人が保有する議決権付株式　　　　　　　△○○○株
　　・会社法等により保有が制限される議決権付株式　　　　△○○○株
　　　　　　　　　　　　　　　　　　　　　　　　修正後：○○○株

　会社法等により保有が制限される株式とは、平成19年度の税制改正において明確化された取扱いですが、株式交換により交付を受ける完全親法人株式または株式交換完全支配親法人株式が、会社法第135条第3項（親会社株式の取得の禁止）その他の法令の規定によりその株主等による保有が

---

[21] 財団法人日本税務協会「平成13年　改正税法のすべて」p.141

制限されるものである場合には、その株主が有していた完全子法人となる法人の株式を除いて判定することとされています。その他の法令の規定の具体的内容は、特段明確にはされていませんが、例えば、私的独占の禁止及び公正取引の確保に関する法律の第9条（事業支配力が過度に集中する持株会社の禁止）に抵触する場合には、除いて判定することになるものと思われます。それ以外の具体的なケースについては明確にされていませんので個別に照会する必要があります。

② 分子の計算

・株式交換により交付を受ける完全親法人株式（議決権付）の全部
　を保有することが見込まれる株主が有する完全子法人の株式　　　○○○株
・完全親法人となる法人が有する完全子法人株式（議決権付）　　　○○○株
・株式交換完全支配親法人が有する完全子法人株式（株式交換完全
　支配親法人株式の交付をする場合。議決権付）　　　　　　　　　○○○株
　　　　　　　　　　　　　　　　　　　　　　　　　　計○○○株

　分子に加算される完全親法人株式が有する完全子法人株式または、株式交換交換完全支配親法人株式の交付を受ける場合の株式交換完全支配親法人が有する完全子法人株式については、平成20年度の税制改正において改正されたものです。改正前では、完全親法人が有する完全子法人株式は、分母の計算から除いて判定を行うようにされていました[22]。

2 次再編が見込まれている場合

　株式交換後に完全子法人の旧株主を被合併法人とする適格合併を行うことが見込まれている場合には、株式交換後にその株主が交付を受けた株式の全部を保有し、その適格合併に係る合併法人がその株式を合併後も引き続き継続して

---

[22] 継続保有要件の判定式の改正は、移転資産に対する株式の所有を通じた支配（間接支配）の継続性を判定するための要件であるため、合併法人または分割承継法人は移転資産そのものを直接的に継続支配するものであり、株式交換完全親法人は株式交換完全子法人を直接的に継続支配するものであること、また、親法人は合併法人、分割承継法人または株式交換完全親法人を直接的に継続支配するものであることから、合併法人、分割承継法人もしくは株式交換完全親法人または親法人の有していた被合併法人、分割法人または株式交換完全子法人の株式を常に分子に含むことにしたと解説されている。財団法人大蔵財務協会「平成20年　改正税法のすべて」p.344

保有することが見込まれる場合には、この株式継続保有要件を満たすことになります。また、株式交換後に完全親法人(三角株式交換の場合にはその親法人)を被合併法人とする適格合併を行うことが見込まれている場合には、その株式交換の時からその適格合併の直前の時まで完全親法人株式(三角株式交換の場合にはその親法人)の全部を保有することが見込まれている場合には、旧株主の株式継続保有要件は満たすことになります。

Q I-19【共同事業要件の詳細6─完全支配関係の継続要件】

株式交換後の完全親法人による完全子法人の完全支配関係の継続について教えてください。

A 株式交換時において完全親法人となる法人は、完全子法人となる法人の発行済株式等の全部を直接または間接に保有する関係の継続が見込まれている必要があります(法令4の2⑯六)。

株式交換時において再編が見込まれている場合

株式交換後に完全子法人や完全親法人の完全支配関係に影響する他の組織再編が見込まれているときは、この適格要件について留意が必要ですが、株式交換を使った組織再編では、株式交換後に次の組織再編が想定されているケースが多くあります。その際に、この適格株式交換の要件が2次再編を進めるに際して障害となるような場合には、組織再編が中途半端となり効果的な再編を進めることが困難となります。そこで、株式交換税制では、完全親法人と完全子法人に対して株式交換後に一定の適格組織再編成が行われることが見込まれているときは、この完全支配関係の継続要件を緩和する取扱いが定められています。2次再編が見込まれている場合の詳細は、Q I-22を参照ください。

Q I-20【2次再編が予定されている場合（100％グループ）】

100％グループの適格株式交換後に2次再編が見込まれている場合の取り扱いについて教えてください（三角株式交換における親法人の再編を除く）。

A 100％グループの適格株式交換の適格要件はＱⅠ-10にて説明したとおりですが、適格株式交換後に次の適格再編を行うことがあらかじめ見込まれている場合には、同一の者や完全親法人における完全支配関係の継続見込要件が緩和され、最初の株式交換の適格性を維持しつつ2次再編が実行できる取扱いがあります。

2次再編の種類

株式交換を使った組織再編の場合には、株式交換後に完全子法人をグループ内の他の法人と合併するなどの2次再編が交換時から予定されている場合があります。株式交換の適格要件が2次再編を進めるに際して、障害となるような場合には、組織再編が中途半端となり効果的な組織再編を行い難くなる場合があります。そこで、株式交換税制では2次再編が一定の適格組織再編により行われることが見込まれているときは、当初の適格要件が次の2次再編の時までの要件とされる等の取扱いが規定されています。各当事者において可能な2次再編は次のとおりです。

再編当事者	2次再編の種類
同一の者	適格合併
完全親法人	適格合併
完全子法人	適格合併

直接または間接保有の場合の2次再編

❶ 完全親法人

I 株式交換

再編対象法人が完全親法人の場合の取扱いは次のとおりです。

再編対象法人：完全親法人	
2次再編の内容	完全親法人を被合併法人とする適格合併
1次再編の適格要件	完全子法人株式の全部保有要件

〈2次再編の適格要件〉

【株式交換～適格合併】
・株式交換の時から適格合併の直前まで完全親法人が完全子法人の発行済株式等の全部を保有する関係が継続すること

【適格合併以降】
・適格合併後に合併法人により、完全子法人の発行済株式等の全部を保有される関係の継続が見込まれること。つまり、完全子法人を合併法人、完全親法人を被合併法人とする適格合併（逆さ合併）は、非適格株式交換として取り扱われる。

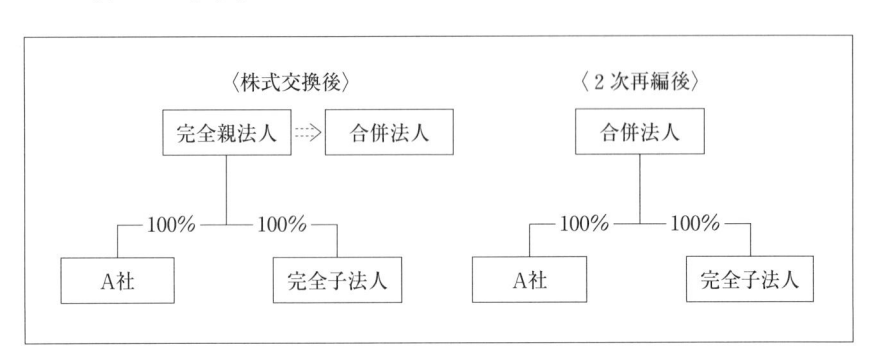

```
〈株式交換後〉                    〈2次再編後〉
    完全親法人 ┈▶ 合併法人           合併法人
    ├100%─┬100%─┐              ├100%─┬100%─┐
   A社        完全子法人         A社        完全子法人
```

❷ 完全子法人

再編対象法人が完全子法人の場合の取扱いは次のとおりです。

再編対象法人：完全子法人	
2次再編の内容	完全子法人を被合併法人とする適格合併
1次再編の適格要件	完全子法人自体に課されている適格要件はなし

〈2次再編の適格要件〉

【株式交換～適格合併】

・株式交換の時から適格合併の直前まで完全親法人が完全子法人の発行済株式等の全部を保有する関係が継続すること

【適格合併以降】

・特段の要件なし。従って、完全親法人を合併法人とする適格合併も可能となる。ただし、適格合併における共同事業要件の1つである被合併法人株主による合併法人株式の継続保有要件が課される。

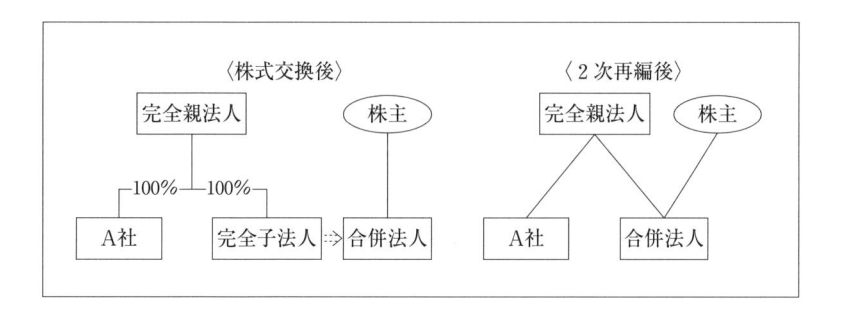

〈株式交換後〉

完全親法人 ─100%─ A社
完全親法人 ─100%─ 完全子法人 ⇒ 合併法人
株主

〈2次再編後〉

完全親法人 ── A社
完全親法人 ── 合併法人
株主

同一の者の場合の2次再編

❶ 同一の者

再編対象法人が同一の者の場合の取扱いは次のとおりです。

再編対象法人：同一の者	
2次再編の内容	同一の者を被合併法人とする適格合併
1次再編の適格要件	完全親法人株式と完全子法人株式の全部保有要件

52　I　株式交換

【株式交換～適格合併】
・株式交換後に完全子法人と完全親法人との間に同一の者による完全支配関係があり、かつ、適格合併の直前まで完全親法人が完全子法人の発行済株式等の全部を保有する関係が継続すること

【適格合併以降】
・適格合併後に合併法人が完全子法人株式及び完全親法人株式の発行済株式の全部を直接または間接に保有する関係の継続が見込まれること。つまり、同一の者を被合併法人、完全子法人または完全親法人を合併法人とする適格合併（逆さ合併）は、非適格株式交換として取り扱われる。

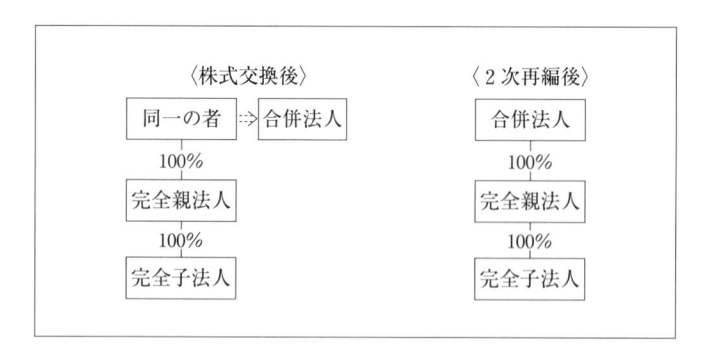

```
         〈株式交換後〉           〈2次再編後〉
    同一の者 ⇢ 合併法人            合併法人
        100%                      100%
      完全親法人                 完全親法人
        100%                      100%
      完全子法人                 完全子法人
```

❷　完全親法人

再編対象法人が完全親法人の場合の取扱いは次のとおりです。

再編対象法人：完全親法人	
2次再編の内容	完全親法人を被合併法人とする適格合併
1次再編の適格要件	完全子法人株式の全部保有要件

【株式交換～適格合併まで】
・株式交換後に完全子法人と完全親法人との間に同一の者による完全支配関係があり、かつ、適格合併の直前の時まで完全親法人が完全子法人の

発行済株式等の全部を保有する関係が継続すること

【適格合併以降】
・適格合併に係る合併法人が同一の者によってその発行済株式等の全部を直接または間接に保有される関係のない法人の場合には、適格合併後にその合併法人により完全子法人の発行済株式等の全部を直接または間接に保有する関係の継続が見込まれること。上記以外については特段の要件はなし。従って、同一の者を合併法人とする適格合併も可能。ただし、完全子法人を合併法人とする適格合併（逆さ合併）は非適格株式交換として取り扱われる。

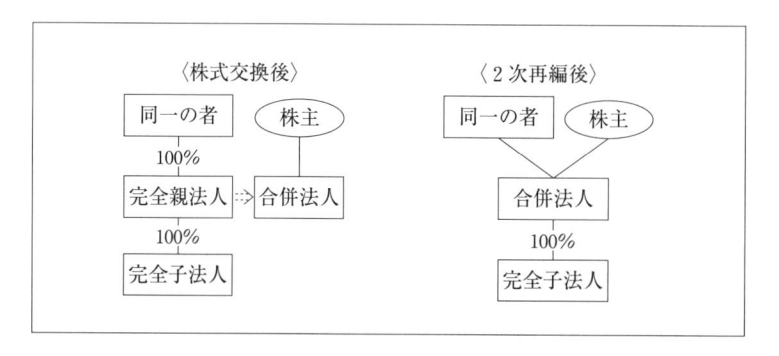

```
〈株式交換後〉                    〈2次再編後〉
同一の者   株主            同一の者    株主
  │100%                      │
完全親法人 ⇨ 合併法人         合併法人
  │100%                      │100%
完全子法人                    完全子法人
```

❸ 完全子法人

再編対象法人が完全子法人の場合の取扱いは次のとおりです。

再編対象法人：完全子法人	
2次再編の内容	完全子法人を被合併法人とする適格合併
1次再編の適格要件	完全子法人自体に課されている適格要件はなし

【株式交換～適格合併】
・株式交換後に完全子法人と完全親法人との間に同一の者による完全支配関係があり、かつ、適格合併の直前まで完全親法人が完全子法人の発行

済株式等の全部を保有する関係が継続すること

【適格合併以降】

・特段の要件なし。従って、完全親法人を合併法人とする適格合併も可能となる。ただし、適格合併における共同事業要件の1つである被合併法人株主による合併法人株式の継続保有要件が課される。

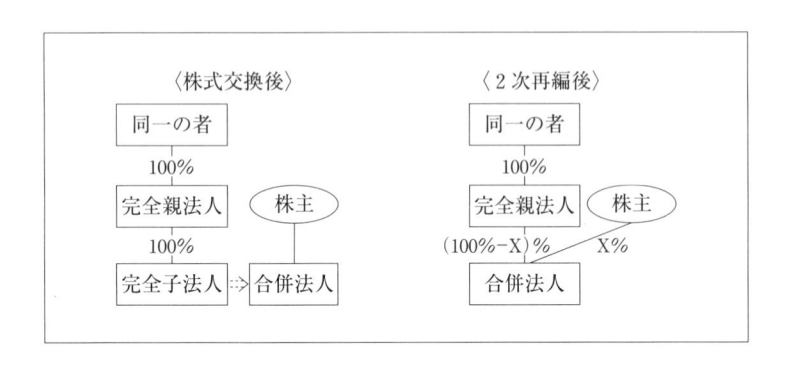

```
〈株式交換後〉                    〈2次再編後〉
   同一の者                        同一の者
    │100%                          │100%
  完全親法人 ── 株主             完全親法人 ── 株主
    │100%                      (100%-X)%  │  X%
  完全子法人 ⇒ 合併法人              合併法人
```

Q I-21 【2次再編が予定されている場合（50%超100%未満グループ）】

50%超100%未満グループの適格株式交換後に2次再編が見込まれている場合の取扱いについて教えてください（三角株式交換における親法人の再編を除く）。

A　50%超100%未満グループの適格株式交換の適格要件はQ I-12にて説明したとおりですが、適格株式交換後に次の適格再編を行うことがあらかじめ見込まれている場合には、同一の者や完全親法人における支配関係の継続見込要件が緩和され、最初の株式交換の適格性を維持しつつ2次再編が実行できる取扱いがあります。また、完全子法人については、株式交換時の適格要件である、従業者の80%以上の従事及び主要な事業の継続が2次再編後に

おいても引き続き要件を満たすものであれば、最初の株式交換の適格性が維持されることになります。各当事者において可能な2次再編は次のとおりです。

再編当事者	2次再編の種類
同一の者	適格合併
完全親法人	適格合併
完全子法人	適格合併・適格分割・適格現物出資・適格事後設立

直接または間接保有の場合の2次再編
❶ 完全親法人

再編対象法人が完全親法人の場合の取扱いは次のとおりです。

再編対象法人：完全親法人	
2次再編の内容	完全親法人を被合併法人とする適格合併
1次再編の適格要件	完全子法人株式の50%超保有要件

〈2次再編の適格要件〉

【株式交換〜適格合併】
- 株式交換の時から適格合併の直前まで完全親法人が完全子法人の発行済株式等の全部を保有する関係が継続すること

【適格合併以降】
- 適格合併後に合併法人による完全子法人の発行済株式等の全部を直接または間接に保有する関係の継続が見込まれること。つまり、完全子法人を合併法人、完全親法人を被合併法人とする適格合併（逆さ合併）は、非適格株式交換として取り扱われる。

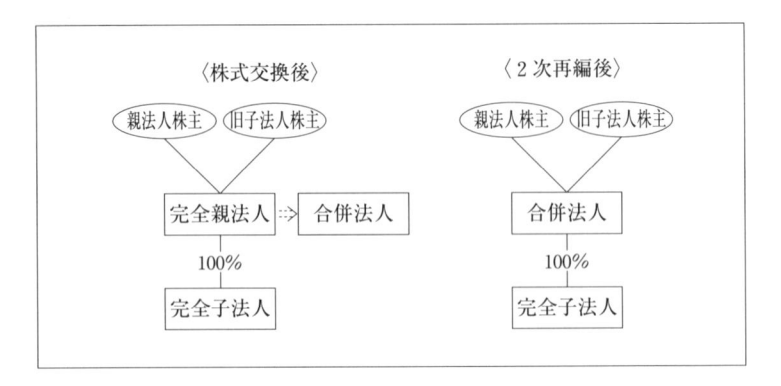

56　I　株式交換

```
〈株式交換後〉                    〈2次再編後〉
親法人株主  旧子法人株主         親法人株主  旧子法人株主
      \   /                        \   /
    完全親法人 ⇒ 合併法人           合併法人
      │ 100%                         │ 100%
    完全子法人                     完全子法人
```

❷ 完全子法人

再編対象法人が完全子法人の場合の取扱いは次のとおりです。

再編対象法人：完全子法人	
2次再編の内容	完全子法人を被合併法人とする適格合併
1次再編の適格要件	従業者の80%以上の従事要件 主要な事業の継続要件

【株式交換～適格合併】
　・株式交換の時から適格合併の直前まで完全親法人が完全子法人の発行済株式等の全部を保有する関係が継続すること
　・完全子法人の80%以上の従業者が業務に従事すること
　・完全子法人の主要な事業が継続すること

【適格合併以降】
　・完全親法人による完全子法人の継続保有要件はなし（完全親法人を合併法人とする適格合併も可能）。ただし、適格合併における共同事業要件の1つである被合併法人株主による合併法人株式の継続保有要件が課される。
　・合併法人の業務へ上記従業者に相当する数の者の全部が従事すること
　・完全子法人の主要な事業が合併法人において継続すること

2 ── 適格要件と完全子法人の課税関係

〈株式交換後〉

親法人株主　旧子法人株主
　　↘　　　↙
　　完全親法人　　　株主
　　　│100%　　　　　│
　　完全子法人 ⇢ 合併法人

〈2次再編後〉

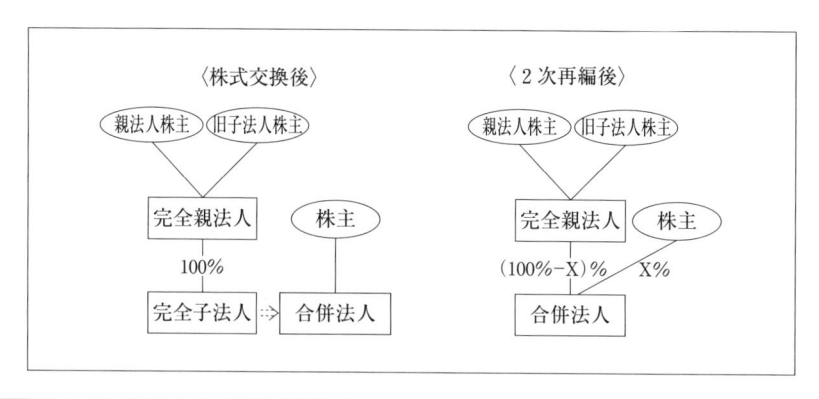

親法人株主　旧子法人株主
　　↘　　　↙
　　完全親法人　　　株主
　　(100%-X)%↘　　↙X%
　　　　　合併法人

再編対象法人：完全子法人	
2次再編の内容	完全子法人を分割法人・現物出資法人・事後設立法人とする適格分割・適格現物出資・適格事後設立（以下「適格分割等」という）
1次再編の適格要件	従業者の80％以上の従事要件 主要な事業の継続要件

【株式交換～適格分割等】

・完全親法人が完全子法人の発行済株式等の50％超を直接または間接に保有する関係が継続すること
・完全子法人の80％以上の従業者が業務に従事すること
・完全子法人の主要な事業が継続すること

【適格分割等以降】

・完全親法人が完全子法人の発行済株式等の50％超を直接または間接に保有する関係が継続すること（この再編は完全親法人における完全子法人株式の支配関係の要件へ抵触しないため、1次再編における株式交換と同様の要件となる）
・分割承継法人等の業務へ上記従業者に相当する数の者の全部が従事するか、または、移転していない従業者がいる場合には、完全子法人の業務に引き続き従事すること
・完全子法人の主要な事業が分割承継法人・被現物出資法人・被事後設立法人または完全子法人において引き続き営まれること

58　Ⅰ　株式交換

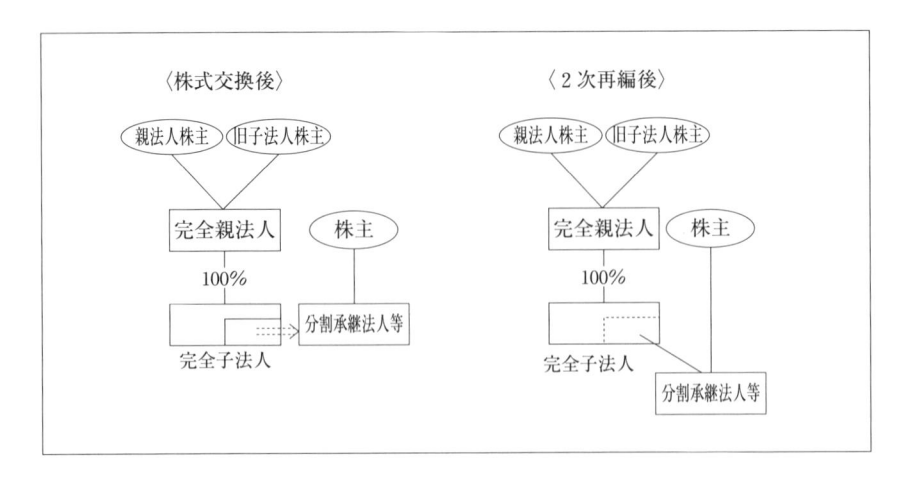

同一の者の場合の2次再編

❶　同一の者

再編対象法人が同一の者の場合の取扱いは次のとおりです。

再編対象法人：同一の者	
2次再編の内容	同一の者を被合併法人とする適格合併
1次再編の適格要件	完全親法人と完全子法人株式の50％超保有要件

【株式交換～適格合併】
・株式交換後に完全子法人と完全親法人との間に同一の者による支配関係があり、かつ、適格合併の直前まで完全親法人が完全子法人の発行済株式等の全部を保有する関係が継続すること

【適格合併以降】
・適格合併後に合併法人により完全子法人株式及び完全親法人株式の発行済株式の50％を直接または間接に保有する関係が継続すること（完全親法人または完全子法人を合併法人、同一の者を被合併法人とする合併（逆さ合併）は非適格株式交換となる）

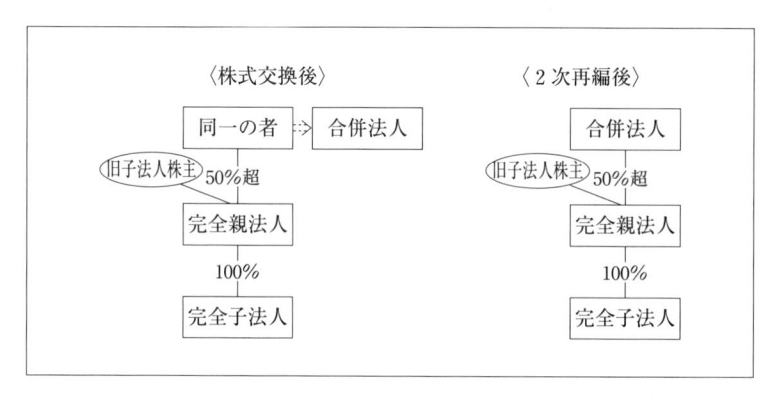

```
〈株式交換後〉                    〈2次再編後〉
       同一の者 ⇢ 合併法人            合併法人
旧子法人株主 50%超              旧子法人株主 50%超
       完全親法人                    完全親法人
         │100%                       │100%
       完全子法人                    完全子法人
```

❷ 完全親法人

再編対象法人が完全親法人の場合の取扱いは次のとおりです。

再編対象法人：完全親法人	
2次再編の内容	完全親法人を被合併法人とする適格合併
1次再編の適格要件	完全子法人株式の50%超保有要件

【株式交換～適格合併】
・株式交換後に完全子法人と完全親法人との間に同一の者による支配関係があり、かつ、適格合併の直前の時まで完全親法人が完全子法人の発行済株式等の全部を保有する関係が継続すること

【適格合併以降】
・適格合併後に適格合併に係る合併法人が完全子法人の発行済株式の全部を直接または間接に保有する関係の継続が見込まれること

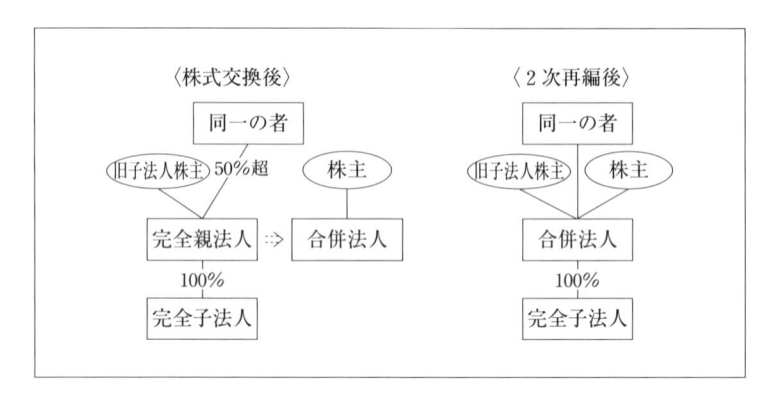

60　I　株式交換

```
〈株式交換後〉                        〈2次再編後〉
      同一の者                            同一の者
   ／      ＼                          ／      ＼
旧子法人株主 50%超  株主              旧子法人株主   株主
      │                                  │
   完全親法人 ⇨ 合併法人                合併法人
      │ 100%                             │ 100%
   完全子法人                          完全子法人
```

❸　完全子法人

再編対象法人が完全子法人の場合の取扱いはそれぞれ次のとおりです。

再編対象法人：完全子法人	
2次再編の内容	完全子法人を被合併法人とする適格合併
1次再編の適格要件	従業者の80％以上の従事要件 主要な事業の継続要件

【株式交換〜適格合併】
・株式交換後に完全子法人と完全親法人との間に同一の者による支配関係があり、かつ、適格合併の直前まで完全親法人が完全子法人の発行済株式等の全部を保有する関係が継続すること
・完全子法人の80％以上の従業者が業務に従事すること
・完全子法人の主要な事業が継続すること

【適格合併以降】
・完全親法人による完全子法人の継続保有要件はなし（完全親法人を合併法人とする適格合併も可能）。ただし、適格合併における共同事業要件の1つである被合併法人株主による合併法人株式の継続保有要件が課される。
・合併法人の業務へ上記従業者に相当する数の者の全部が従事すること
・完全子法人の主要な事業が合併法人において継続すること

2――適格要件と完全子法人の課税関係 61

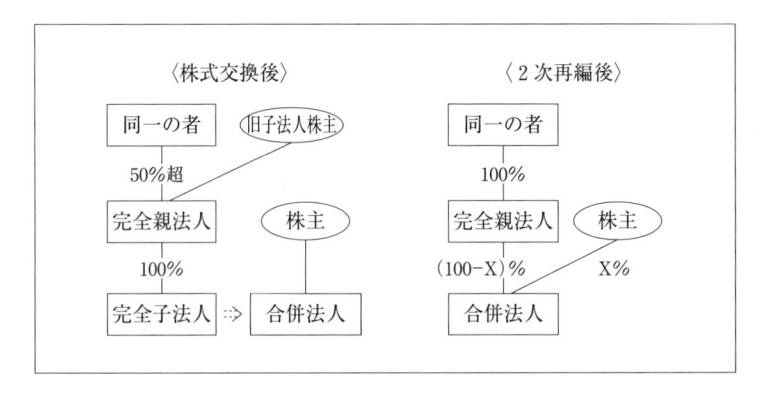

```
      〈株式交換後〉              〈 2 次再編後〉
      同一の者  旧子法人株主      同一の者
        50%超                    100%
      完全親法人    株主        完全親法人    株主
        100%                  (100-X)%    X%
      完全子法人 ⇒ 合併法人       合併法人
```

再編対象法人：完全子法人	
2次再編の内容	完全子法人を分割法人・現物出資法人・事後設立法人とする適格分割・適格現物出資・適格事後設立（以下「適格分割等」という）
1次再編の適格要件	従業者の80%以上の従事要件 主要な事業の継続要件

【株式交換〜適格合併】
・株式交換後に完全子法人と完全親法人との間に同一の者による支配関係が継続すること
・完全子法人の80%以上の従業者が業務に従事すること
・完全子法人の主要な事業が継続すること

【適格分割等以降】
・株式交換後に完全子法人と完全親法人との間に同一の者による支配関係が継続すること（この再編では完全親法人における完全子法人株式の支配関係の要件へ抵触しないため、1次再編における株式交換と同様の要件となる）。
・分割承継法人等の業務へ上記従業者に相当する数の者の全部が従事するか、または、移転していない従業者がいる場合には、完全子法人の業務に引き続き従事すること
・完全子法人の主要な事業が分割承継法人・被現物出資法人・被事後設立

法人または完全子法人において引き続き営まれること

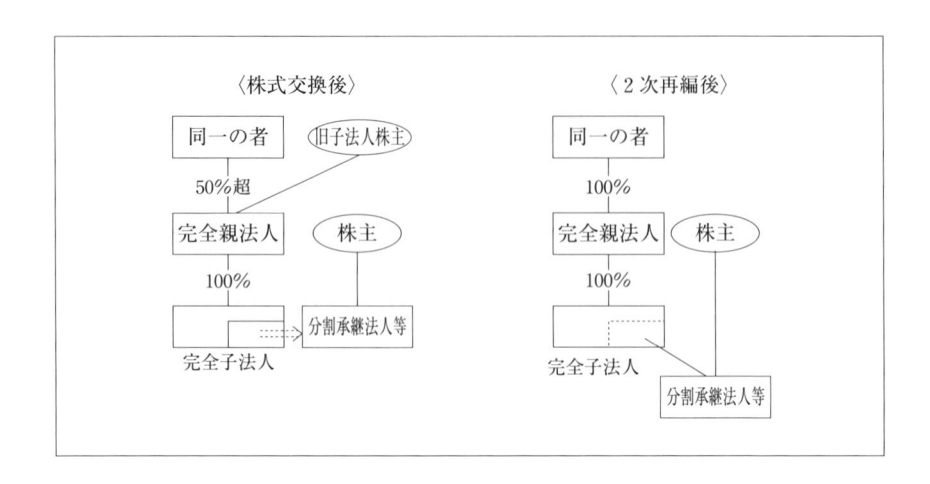

〈株式交換後〉

同一の者 ──── 旧子法人株主
  │50%超
完全親法人 ── 株主
  │100%
完全子法人 ┄┄→ 分割承継法人等

〈2次再編後〉

同一の者
  │100%
完全親法人 ── 株主
  │100%
完全子法人
      └┄→ 分割承継法人等

Q I-22【2次再編が予定されている場合（共同事業要件）】

共同事業を営む適格株式交換後に2次再編が見込まれている場合の取扱いについて教えてください（三角株式交換における親法人の再編を除く）。

A　共同事業を営む場合の適格株式交換の適格要件はQ I-13～Q I-19にて説明したとおりですが、適格株式交換後に次の適格再編を行うことがあらかじめ見込まれている場合には、完全親法人における支配関係の継続見込要件が緩和され、最初の株式交換の適格性を維持しつつ2次再編が実行できます。また、完全子法人については、株式交換時の適格要件である従業者の80％以上の従事要件（Q I-15）、主要な事業の継続要件（Q I-16）、経営参画要件（Q I-17）が2次再編後においても引き続き要件を満たすものであり、完全子法人の旧株主についても2次再編後も引き続き継続保有要件（Q I-18）を満たす場合には、最初の株式交換の適格性が維持されることになりま

す。各当事者において可能な2次再編は次のとおりです。

再編当事者	2次再編の種類
完全親法人	適格合併
完全子法人	適格合併・適格分割・適格現物出資・適格事後設立
完全子法人の旧株主	適格合併

❶ 完全親法人

再編対象法人が完全親法人の場合の取扱いは次のとおりです。

再編対象法人：完全親法人	
2次再編の内容	完全親法人を被合併法人とする適格合併
1次再編の適格要件	完全子法人株式の全部保有要件

【株式交換～適格合併】
・株式交換の時から適格合併の直前の時まで完全親法人が完全子法人の発行済株式等の全部を直接に保有する関係が継続すること

【適格合併以降】
・適格合併後に合併法人が完全子法人の発行済株式等の全部を直接または間接に保有する関係が継続することが見込まれていること。従って、完全親法人を被合併法人として、完全子法人を合併法人とする合併（逆さ合併）は、非適格株式交換として取り扱われる。

64　I　株式交換

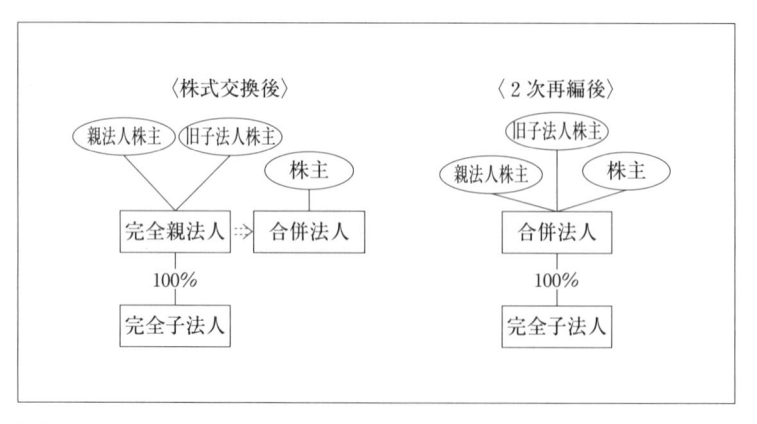

```
〈株式交換後〉                    〈2次再編後〉

 親法人株主  旧子法人株主         旧子法人株主
           株主               親法人株主   株主
  完全親法人 ⇢ 合併法人              合併法人
      │100%                        │100%
   完全子法人                     完全子法人
```

❷　完全子法人

再編対象法人が完全子法人の場合の取扱いは次のとおりです。

再編対象法人：完全子法人	
2次再編の内容	完全子法人を被合併法人とする適格合併
1次再編の適格要件	従業者の80％以上の従事要件 主要な事業の継続要件 経営参画要件（採用した場合）

【株式交換〜適格合併】
・株式交換の時から適格合併の直前の時まで完全親法人が完全子法人の発行済株式の全部を直接に保有する関係が継続すること
・完全子法人の80％以上の従業者が業務に従事すること
・完全子法人の事業関連性のある事業の継続が見込まれていること
・経営参画要件を採用した場合には特定役員のいずれかが退任しないこと（ただし、完全親法人の特定役員の就任に伴う退任を除く）

【適格合併以降】
・完全親法人による完全子法人株式の継続保有要件はなし（完全親法人を合併法人とする適格合併も可能）。ただし、適格合併における共同事業要

件の1つである被合併法人株主の合併法人株式の継続保有要件が課される。
- 合併法人の業務へ上記従業者に相当する数の者の全部が従事すること
- 完全子法人の事業関連性のある主要な事業が合併法人において継続すること
- 経営参画要件を採用した場合には特定役員のいずれもが合併法人の役員に就任すること

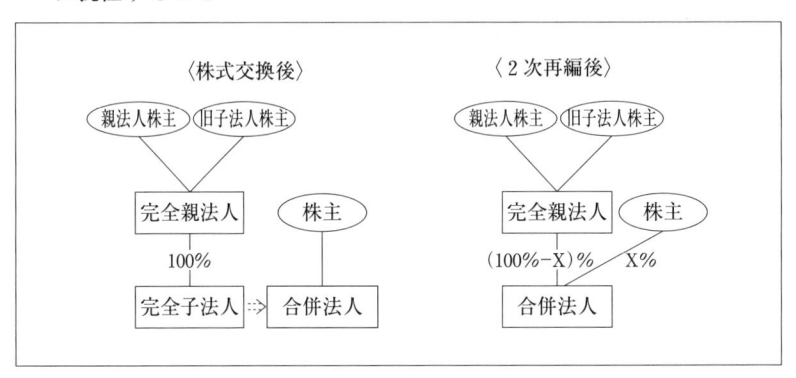

〈株式交換後〉

親法人株主　旧子法人株主
↓
完全親法人　　株主
↓100%　　　　｜
完全子法人 ⇒ 合併法人

〈2次再編後〉

親法人株主　旧子法人株主
↓
完全親法人　　株主
(100%-X)%　　X%
↓　　　　　　｜
　　合併法人

再編対象法人：完全子法人	
2次再編の内容	完全子法人を合併法人（合併親法人株式が交付されるものを除く）・分割承継法人（分割承継親法人株式が交付されるものを除く）・被現物出資法人とする適格合併・適格分割・適格現物出資（以下「適格合併等」という）
1次再編の適格要件	完全子法人株式の全部保有要件 従業者の80％以上の従事要件 主要な事業の継続要件 経営参画要件（採用した場合）

【株式交換～適格合併等】
- 株式交換の時から完全親法人が完全子法人の発行済株式等の全部を直接に保有する関係が継続すること
- 完全子法人の80％以上の従業者が業務に従事すること

I 株式交換

・完全子法人の事業関連性のある事業の継続すること
・経営参画要件を採用した場合には特定役員のいずれかが退任しないこと
（ただし、完全親法人の特定役員の就任に伴う退任を除く）

【適格合併等以降】

・適格合併等後に完全親法人がその完全子法人の適格合併等の直前の発行済株式等の全部に相当する数の株式を継続して保有することが見込まれること
・完全子法人の80％以上の従業者が業務に従事することが見込まれていること
・完全子法人の事業関連性のある事業の継続が見込まれていること
・経営参画要件を採用した場合には特定役員のいずれかが退任しないこと
（ただし、完全親法人の特定役員の就任に伴う退任を除く）

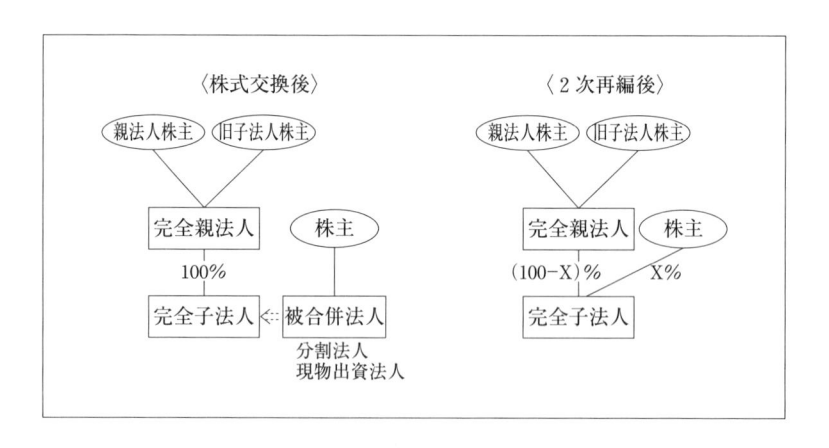

〈株式交換後〉

親法人株主　旧子法人株主
　　↓　　　　↓
　　完全親法人　　　株主
　　　│100%
　　完全子法人 ← 被合併法人
　　　　　　　　　　分割法人
　　　　　　　　　　現物出資法人

〈2次再編後〉

親法人株主　旧子法人株主
　　↓　　　　↓
　　完全親法人　　　株主
　　(100-X)%　＼　X%
　　　　　完全子法人

再編対象法人：完全子法人	
2次再編の内容	完全子法人を分割法人・現物出資法人・事後設立法人とする適格分割・適格現物出資・適格事後設立（以下「適格分割等」という）
1次再編の適格要件	従業者の80％以上の従事要件 主要な事業の継続要件

| 経営参画要件（採用した場合） |

【株式交換～適格分割等】
- 株式交換の時から完全親法人が完全子法人の発行済株式等の全部を直接または間接に保有する関係が継続すること
- 完全子法人の80％以上の従業者が業務に従事すること
- 完全子法人の事業関連性のある事業の継続すること
- 経営参画要件を採用した場合には特定役員のいずれかが退任しないこと（ただし、完全親法人の特定役員の就任に伴う退任を除く）

【適格分割等以降】
- 株式交換の時から完全親法人が完全子法人の発行済株式等の全部を直接または間接に保有する関係が継続すること（この再編では完全親法人における完全子法人株式の完全支配関係の要件へ抵触しないため株式交換時と同様の要件となる）
- 分割法人等の業務へ上記従業者に相当する数の者の全部が従事し、または残りの従業者が完全子法人の業務に従事すること
- 完全子法人の事業関連性のある事業を分割承継法人等または完全子法人で継続すること
- 経営参画要件を採用した場合には特定役員のいずれかが退任しないこと（ただし、分割承継法人、被現物出資法人または事後設立法人の特定役員の就任に伴う退任を除く）

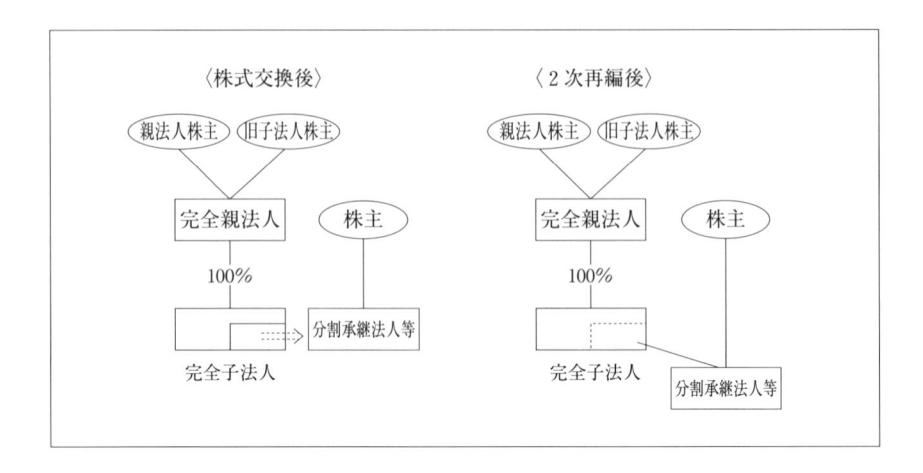

❸ 完全子法人の旧株主

完全子法人の旧株主が再編する場合の取扱いは次のとおりです。

再編対象法人：完全子法人の旧株主	
2次再編の内容	旧株主を被合併法人とする適格合併
1次再編の適格要件	旧株主による完全親法人株式の継続保有要件

【株式交換〜適格合併】
　・株式交換の時から適格合併の直前の時まで旧株主が完全親法人の発行済株式等の全部を保有する関係が継続すること

【適格合併以降】
　・適格合併後に合併法人が完全親法人の発行済株式等の全部を保有する関係が継続することが見込まれていること。従って、旧株主を被合併法人として、完全親法人を合併法人とする合併は、非適格株式交換として取り扱われる。

なお、この旧株主の継続保有要件において、旧株主自身の再編ではなく、完全親法人（株式交換完全支配親法人株式の交付を受ける場合は、その親法人）を被

合併法人とする適格合併を行うことが見込まれている場合には株式交換のときから適格合併の直前まで交付を受けた株式の全部を継続して保有することが見込まれているときは、株式継続保有要件を満たすものとして取り扱われます。

2-2　非適格株式交換

Q I-23【非適格株式交換の取扱い（概要）】

非適格株式交換の場合の税務上の取扱いを教えてください。

A　株式交換が非適格株式交換に該当する場合には、完全子法人となる法人が株式交換の直前において有する特定資産について時価評価を行う必要があります。株式交換は交換を通じて親子関係を創設する組織法上の行為であり、同じ組織法である合併と会社財産の取得が可能となる点で共通の行為と考えられます。非適格合併の場合には、被合併法人の資産及び負債について譲渡損益を認識することになりますが、非適格株式交換の場合も他の組織再編税制の取扱いとの整合性を図るため、株式交換直前の時において有する完全子法人となる法人の特定の資産について時価評価を行い株式交換の日の属する事業年度の所得の金額の計算上、評価損益を益金または損金の額に算入することとされました（法法62の9①）。時価評価の対象については、合併等と同様にすべての資産及び負債とすることも考えられるところですが、資産自体に取引行為が行われるものではないことや制度間の整合性等を勘案し、連結納税の時価評価資産と同じ範囲とされています[23]。なお、この時価評価が適用される場合には、資産の評価益の益金不算入の規定（法法25①）及び資産の評価損の損金不算入の規定（法法33①）は適用されません（法令123の11③）。

時価評価対象資産について

非適格株式交換において、時価評価の対象とされる資産とは次のとおりです（法法62の9①、法令123の11①）。

---

[23] 財団法人日本税務協会「平成18年　改正税法のすべて」p.314

・固定資産（土地等を除く）
・土地等（土地の上に存する権利を含み、棚卸資産である土地等を含む）
・有価証券
・金銭債権
・繰延資産

適用除外資産について

下記の資産については時価評価対象資産から除外されます(法令123の11①)。

1. 完全子法人となる法人の非適格株式交換の日の属する事業年度開始の日前5年以内に開始した各事業年度（以下「前5年内事業年度等」という）において、下記の圧縮記帳の適用を受けた減価償却資産（適格合併・適格分割・適格現物出資または適格事後設立により被合併法人・分割法人・現物出資法人または事後設立法人から移転を受けた減価償却資産で被合併法人等の前5年内事業年度において上記の適用を受けたものを含む）。

　① 国庫補助金等で取得した固定資産等の圧縮額の損金算入規定（法法42①、②、⑤、⑥）

　② 特別勘定を設けた場合の国庫補助金等で取得した固定資産等の圧縮額の算入規定（法法44①、④）

　③ 工事負担金で取得した固定資産等の圧縮額の損金算入規定(法法45①、②、⑤、⑥)

　④ 保険金等で取得した固定資産等の圧縮額の損金算入規定（法法47①、②、⑤、⑥）

　⑤ 特別勘定を設けた場合の保険金等で取得した固定資産等の圧縮額の損金算入規定（法法49①、④）

　⑥ 個別益金額または個別損金額の益金または損金算入規定（法法81の3①（上記①から⑤までの規定により同項に規定する個別損金額を計算する場合に限る）

　⑦ 転廃業助成金等に係る課税の特例（措法67の4①～③、⑨、⑩）

⑧　連結法人の転廃業助成金等に係る課税の特例（措法68の102①～③、⑩、⑪）
2．売買目的有価証券（法令61の3①一）
3．償還有価証券（法令119の14）
4．資産の時価と帳簿価額との差額（含み損益）が資本金等の額の2分の1に相当する金額または1,000万円のいずれか少ない金額未満のもの

　　例えば、資本金等の額が3,000万円の場合には1,000万円未満の含み損益が除かれることになり、資本金等の額が1,000万円の場合には500万円未満の含み損益が除かれることになります。この資本金等の額は、非適格株式交換の直前の時の資本金等の額を用います（法基通12の2-3-1）。

　　資産が繰延ヘッジ処理による利益額または損失額の繰延べ（法法61の6①）の規定の適用を受けている場合には、上記差額（含み損益）にヘッジの有効割合が概ね80％から125％までとなっていた直近の有効性判定におけるデリバティブ取引等に係る利益額または損失額のうちヘッジとして有効である部分の金額等（法令121の3④）の調整額を加えた金額により比較することになります（法令123の11②）。

　　また、平成19年4月1日以後に資本的支出を行い、その資本的支出の金額を取得価額とする新たな資産を取得したものとして、資産本体と資本的支出の帳簿価額が別個になっている場合であっても、それぞれの帳簿価額の合計額で判定すると考えます（法基通12の2-2-4の2）。

　　含み損益は次の区分に応じた単位により、資産の価額とその帳簿価額の差額を比較します（法規27の16の2、27の15①）。
①　金銭債権……一の債務者ごと
②　減価償却資産
　　建物……一棟（区分所有権である場合には、区分所有権）ごと
　　機械及び装置……一の生産設備又は一台若しくは一基（通常、一組又は一式を取引の単位とされるものは一組又は一式）ごと

その他の減価償却資産……上記に準じた区分
③ 土地等……一筆(一体として事業の用に供される一団の土地等の場合には、その一団の土地等) ごと
④ 有価証券……その銘柄の異なるごと
⑤ その他の資産……通常の取引の単位を基準とした区分

　資産の価額とその帳簿価額の差額のうち、上記の圧縮記帳の適用を受けた減価償却資産以外の資産（例えば土地等）については、時価がその帳簿価額を超える場合には、前5年内事業年度等において圧縮損等により損金算入された金額とその超える金額のいずれか少ない金額を控除した金額が益金に算入されます。これは、圧縮記帳前の取得価額と株式交換時の時価を比較して、時価が当初の取得価額以下の場合には時価評価の対象となる部分はないとされ、時価が当初の取得価額を超える場合にはその取得価額を超える部分についてのみ時価評価損益を認識させるものです。

【例1】
　土地
　　株式交換直前の時価：1億円
　　取得価額：1億5千万円
　　帳簿価額：5千万円
　　圧縮損による損金算入額：1億円
　　時価評価額：5千万（時価と帳簿価額との差額）－5千万円（＊）＝0円
　　　　　　　　　　　　　　　　　　　　　　　　　　時価評価なし
　　（＊）① 1億円－5千万円＝5千万円
　　　　　② 1億円
　　　　　③ ①＜② ∴5千万円

【例2】
　土地
　　株式交換直前の時価：1億円
　　取得価額：7千万円

74　I　株式交換

　　　帳簿価額：1千万円
　　　圧縮損による損金算入額：6千万円
　　　時価評価額：9千万円（時価と帳簿価額の差額）－6千万円（＊）＝3千万円

　　　　　　　　　　　　　　　　　　　　　　　　　　　　　時価評価あり
　　（＊）　①　1億円－1千万円＝9千万円
　　　　　　②　6千万円
　　　　　　③　①＞②　∴6千万円

長期割賦販売等に係る繰延損益の取扱い

　完全子法人が非適格株式交換の日の属する事業年度（以下「非適格株式交換事業年度」という）において延払基準またはリース譲渡の適用を受けているときは、その資産の販売等またはリース譲渡に係る収益の額及び費用の額はその交換事業年度の所得の金額の計算上、益金の額及び損金の額に算入し、繰延損益を認識する必要があります（法法63④）。また、繰延損益の実現が必要な契約等とは、非適格株式交換の日において有する長期割賦販売に該当する資産の販売等に係る契約及びリース譲渡のみが対象となり、非適格株式交換事業年度終了時の繰延長期割賦損益額が1千万円未満のもの及び以下に掲げる契約については適用されません（法令126の2）。

　　イ：資産の販売等またはリース譲渡に係る契約を非適格株式交換の日の属する事業年度開始の日からその非適格株式交換の日の前日までの期間内に他の者に移転した契約
　　ロ：資産の販売等またはリース譲渡に係る契約を非適格株式交換の日から同日の属する事業年度終了の日までの期間内に締結した契約または他の者から移転を受けた場合には締結し、または移転を受けた契約

　非適格株式交換の日から同日の属する事業年度終了の日までに完全子法人を分割法人・現物出資法人・事後設立法人とする適格分社型分割、適格現物出資または適格事後設立（以下「適格分社型分割等」という）より資産の販売等また

2——適格要件と完全子法人の課税関係　75

はリース譲渡に係る契約の移転をした場合には、その適格分社型分割等の時における繰延長期割賦販売損益額が1千万円以上の契約の移転を受けた法人においては、長期割賦販売に係る収益及び費用の帰属事業年度の特例制度の適用を受けることはできません（法令126の2①、法令128）。

　イ：その資産の販売等に係る収益の額（非適格株式交換等事業年度以前の各事業年度または各連結事業年度の益金の額に算入されるものを除く）
　ロ：その資産の販売等に係る費用の額（非適格株式交換等事業年度以前の各事業年度または各連結事業年度の損金の額に算入されるものを除く）

Q Ⅰ-24【非適格株式交換—時価の意義について】

　時価評価資産の株式交換の直前の時の価額の考え方について教えてください。

A　非適格株式交換に該当する場合の時価評価資産の株式交換の直前の時の価額とは、時価のことです。株式交換における時価の定義については、税法上、明確な規定はありませんが、法人税基本通達では資産の評価益または評価損を計上する場合の取扱いにおいて、それぞれ次のように明らかにしています。

> 法人税基本通達4-1-3（時価）
> 　法人の有する資産について法第25条第3項（資産評定による評価益の益金算入）の規定を適用する場合における令第24条の2第5項第1号（再生計画認可の決定等の事実が生じた場合の評価益の額）に規定する「当該再生計画認可の決定があった時の価額」は、当該資産が使用収益されるものとしてその時において譲渡される場合に通常付される価額による。

I 株式交換

> 法人税基本通達9-1-3（時価）
>   法第33条第2項（資産の評価換えによる評価損の損金算入）の規定を適用する場合における「評価換えをした日の属する事業年度終了の時における当該資産の価額」は、当該資産が使用収益されるものとしてその時において譲渡される場合に通常付される価額による。同条第3項（資産評定による評価損の損金算入）に係る令第68条の2第4項第1号（再生計画認可の決定等の事実が生じた場合の評価損の額）に規定する「当該再生計画認可の決定があった時の価額」についても、同様とする。

　両通達から時価とは、評価益が計上される場合または評価損が計上される場合ともに、その時価評価資産がその状態で使用収益されるものと仮定した場合の通常付される譲渡価額をもって時価とすることが明らかにされています。従って、非適格株式交換における時価評価資産についても同様な観点から時価評価を行うことになると考えます。

　しかしながら、実務上、個々の時価評価資産について時価の算定を行うことは容易でありません。非適格株式交換における時価評価資産に係る時価とは異なる通達ではありますが、同様の取扱いである連結納税の開始等に伴う時価評価資産に係る時価の意義として、法人税基本通達12の3-2-1において、課税上弊害がない場合に限り、時価評価資産の種類に応じ、それぞれに下記に掲げる方法で算定した金額を時価として取り扱うことが認められています。非適格株式交換における時価を考える上で参考になります。

> 法人税基本通達12の3-2-1（連結納税の開始等に伴う時価評価資産に係る時価の意義）
>   法第61条の11第1項（連結納税の開始に伴う資産の時価評価損益）又は第61条の12第1項（連結納税への加入に伴う資産の時価評価損益）の規定を適用する場合における「時価評価資産のその時の価額」は、当該時価評価資産が使用収益されるものとしてその時において譲渡されるときに通常付される価額によるのであるが、次に掲げる時価評価資産について、次に掲げる区分に応じ、それぞれ次に掲げる方法その他合理的な方法により当該時価評価資産の

その時の価額を算定しているときは、課税上弊害がない限り、これを認める。
(1) 減価償却資産
　　イ　令第13条第1号から第7号まで（有形減価償却資産）に掲げる減価償却資産　9－1－19（減価償却資産の時価）[24]に定める方法により計算される未償却残額に相当する金額をもって当該減価償却資産の価額とする方法
　　ロ　同条第8号（無形減価償却資産）及び第9号（生物）に掲げる減価償却資産　当該減価償却資産の取得価額を基礎としてその取得の時から法第61条の11第1項に規定する連結開始直前事業年度（以下12の3－2－1において「連結開始直前事業年度」という。）又は法第61条の12第1項に規定する連結加入直前事業年度（以下12の3－2－1において「連結加入直前事業年度」という。）終了の時まで旧定額法により償却を行ったものとした場合に計算される未償却残額に相当する金額をもって当該減価償却資産の価額とする方法
(2) 土地　当該土地につきその近傍類地の売買実例を基礎として合理的に算定した価額又は当該土地につきその近傍類地の公示価格等（地価公示法第8条（不動産鑑定士の土地についての鑑定評価の準則）に規定する公示価格又は国土利用計画法施行令第9条第1項（基準地の標準価格）に規定する標準価格をいう。）から合理的に算定した価額をもって当該土地の価額とする方法
(3) 有価証券　9－1－8[25]、9－1－13[26]、9－1－14[27]又は9－1－15[28]（有価証券の価額）に定める方法に準じた方法によって算定した価額をもって当該有価証券の価額とする方法
(4) 金銭債権
　　イ　その一部につき貸倒れその他これに類する事由による損失が見込まれ

---

[24]（減価償却資産の時価）
　9－1－19　法人が、令第13条第1号から第7号まで（有形減価償却資産）に掲げる減価償却資産について次に掲げる規定を適用する場合において、当該資産の価額につき当該資産の再取得価額を基礎としてその取得の時からそれぞれ次に掲げる時まで旧定率法により償却を行ったものとした場合に計算される未償却残額に相当する金額によっているときは、これを認める。
　(1)　法第33条第2項（資産の評価換えによる評価損の損金算入）　当該事業年度終了の時
　(2)　同条第3項（資産評定による評価損の損金算入）　令第68条の2第4項第1号（（再生計画認可の決定等の事実が生じた場合の評価損の額））に規定する当該再生計画認可の決定があった時
　(注)　定率法による未償却残額の方が旧定率法による未償却残額よりも適切に時価を反映するものである場合には、定率法によって差し支えない。

78　Ⅰ　株式交換

　　　る金銭債権　当該金銭債権の額から当該金銭債権につき法第52条第１項
　　　（貸倒引当金）の規定を適用した場合に同項の規定により計算される個
　　　別貸倒引当金繰入限度額に相当する金額を控除した金額をもって当該金

[25]（上場有価証券等の価額）
　9-1-8　法第33条第２項（資産の評価換えによる評価損の損金算入）の規定の適用に当たり、令第68条第１項第２号イ（上場有価証券等の評価損が計上できる場合）に掲げる有価証券（同号イのかっこ書に規定する株式又は出資を含む。以下この節において「上場有価証券等」という。）に係る法第33条第２項に規定する資産の価額は、9-1-15（企業支配株式等の時価）の適用を受けるものを除き、令第119条の13第１号から第３号まで（上場有価証券等の時価評価金額）及びこれらの規定に係る取扱いである2-3-30から2-3-34まで（上場有価証券等の時価評価金額の取扱い）により定められている価額（以下9-1-8において「市場価格」という。）による。この場合、法第61条の３第１項第２号（売買目的外有価証券の期末評価額）に規定する売買目的外有価証券（以下この節において「売買目的外有価証券」という。）については、当該事業年度終了の日以前１月間の当該市場価格の平均額によることも差し支えない。
　　（注）1　本文の後段を適用する場合において、当該売買目的外有価証券が当該１月間に新株の権利落ちのあった株式であり、かつ、当該事業年度終了の日までに新株の発行がされたものであるときにおける権利落ち前の当該売買目的外有価証券の市場価格は、本文の前段に定める価額から当該株式の権利の価額に相当する金額を控除した金額とする。この場合、「当該株式の権利の価額に相当する金額」は、当該事業年度終了の日以前１月間（当該事業年度終了の日以前１月以前に権利落ちとなった場合には、その権利落ちとなった日から当該事業年度終了の日までの期間とする。）における旧株の毎日の市場価格の平均額から、当該新株について払い込むべき金額又は給付すべき金銭以外の資産の価額を控除した金額に旧株１株について交付を受ける新株の数を乗じて得た金額による。
　　　　　2　令第68条第１項第２号イのかっこ書（企業支配株式等）に規定する株式又は出資である上場有価証券等は、同号ロに規定する事実が生じた場合に限り、法第33条第２項の規定の適用があることに留意する。
[26]（上場有価証券等以外の株式の価額）
　9-1-13　上場有価証券等以外の株式につき法第33条第２項（資産の評価換えによる評価損の損金算入）の規定を適用する場合の当該株式の価額は、次の区分に応じ、次による。
　　⑴　売買実例のあるもの　当該事業年度終了の日前６月間において売買の行われたもののうち適正と認められるものの価額
　　⑵　公開途上にある株式（金融商品取引所が内閣総理大臣に対して株式の上場の届出を行うことを明らかにした日から上場の日の前日までのその株式）で、当該株式の上場に際して株式の公募又は売出し（以下9-1-13において「公募等」という。）が行われるもの（⑴に該当するものを除く。）　金融商品取引所の内規によって行われる入札により決定される入札後の公募等の価格等を参酌して通常取引されると認められる価額
　　⑶　売買実例のないものでその株式を発行する法人と事業の種類、規模、収益の状況等が類似する他の法人の株式の価額があるもの（⑵に該当するものを除く。）　当該価額に比準して推定した価額
　　⑷　⑴から⑶までに該当しないもの　当該事業年度終了の日又は同日に最も近い日におけるその株式の発行法人の事業年度終了の時における１株当たりの純資産価額等を参酌して通常取引されると認められる価額

銭債権の価額とする方法
ロ　イ以外の金銭債権　当該金銭債権の帳簿価額をもって当該金銭債権の価額とする方法
(5) 繰延資産
イ　令第14条第1項第1号から第5号まで(繰延資産の範囲)に掲げる繰延資産　当該繰延資産の帳簿価額をもって当該繰延資産の価額とする方法
ロ　同項第6号に掲げる繰延資産　当該繰延資産の額を基礎としてその支出の時から連結開始直前事業年度又は連結加入直前事業年度終了の時まで令第64条第1項第2号（繰延資産の償却限度額）の規定により償却を行ったものとした場合に計算される未償却残額に相当する金額をもって当該繰延資産の価額とする方法
(注) この場合における償却期間は、8-2-1[29]から8-2-5まで（繰延資産の償却期間）に定める償却期間による。

---

[27] (上場有価証券等以外の株式の価額の特例)
9-1-14　法人が上場有価証券等以外の株式（9-1-13の(1)及び(2)に該当するものを除く。）について法第33条第2項（資産の評価換えによる評価損の損金算入）の規定を適用する場合において、事業年度終了の時における当該株式の価額につき昭和39年4月25日付直資56・直審（資）17「財産評価基本通達」（以下9-1-14において「財産評価基本通達」という。）の178から189-7まで（取引相場のない株式の評価）の例によって算定した価額によっているときは、課税上弊害がない限り、次によることを条件としてこれを認める。
(1) 当該株式の価額につき財産評価基本通達179の例により算定する場合（同通達189-3の(1)において同通達179に準じて算定する場合を含む。）において、当該法人が当該株式の発行会社にとって同通達188の(2)に定める「中心的な同族株主」に該当するときは、当該発行会社は常に同通達178に定める「小会社」に該当するものとしてその例によること。
(2) 当該株式の発行会社が土地（土地の上に存する権利を含む。）又は金融商品取引所に上場されている有価証券を有しているときは、財産評価基本通達185の本文に定める「1株当たりの純資産価額（相続税評価額によって計算した金額）」の計算に当たり、これらの資産については当該事業年度終了の時における価額によること。
(3) 財産評価基本通達185の本文に定める「1株当たりの純資産価額（相続税評価額によって計算した金額）」の計算に当たり、同通達186-2により計算した評価差額に対する法人税額等に相当する金額は控除しないこと。

[28] (企業支配株式等の時価)
9-1-15　法人の有する企業支配株式等（令第119条の2第2項第2号（企業支配株式等の意義）に規定する株式又は出資をいう。以下9-1-15において同じ。）の取得がその企業支配株式等の発行法人の企業支配をするためにされたものと認められるときは、当該企業支配株式等の価額は、当該株式等の通常の価額に企業支配に係る対価の額を加算した金額とする。

[29] (効果の及ぶ期間の測定)
8-2-1　令第64条第1項第2号（繰延資産の償却限度額）に規定する「繰延資産となる費用の支出の効果の及ぶ期間」は、この節に別段の定めのあるもののほか、固定資産を利用するために

支出した繰延資産については当該固定資産の耐用年数、一定の契約をするに当たり支出した繰延資産についてはその契約期間をそれぞれ基礎として適正に見積つた期間による。
(繰延資産の償却期間の改訂)
8－2－2　固定資産を利用するために支出した繰延資産で当該固定資産の耐用年数を基礎として支出の効果の及ぶ期間（以下この節において「償却期間」という。）を算定しているものにつき、その後当該固定資産の耐用年数が改正されたときは、その改正された事業年度以後の当該繰延資産の償却期間は、改正後の耐用年数を基礎として算定した年数による。
(繰延資産の償却期間)
8－2－3　令第14条第１項第６号（公共的施設の負担金等の繰延資産）に掲げる繰延資産のうち、次の表に掲げるものの償却期間は、次による。略
(港湾しゆんせつ負担金等の償却期間の特例)
8－2－4　公共的施設の設置又は改良のために支出する費用のうち企業合理化促進法（昭和27年法律第５号）第８条（(産業関連施設の整備)）の規定に基づき負担する港湾しゆんせつに伴う受益者負担金及び共同的施設の設置又は改良のために支出する費用のうち負担者又は構成員の属する協会等の本来の用に供される会館等の建設又は改良のために負担する負担金については、8－2－3に定める償却期間が10年を超える場合には、当分の間、8－2－3にかかわらず、その償却期間を10年とするものとする。
(公共下水道に係る受益者負担金の償却期間の特例)
8－2－5　地方公共団体が都市計画事業その他これに準ずる事業として公共下水道を設置する場合において、その設置により著しく利益を受ける土地所有者が都市計画法その他の法令の規定に基づき負担する受益者負担金については、8－2－3にかかわらずその償却期間を６年とする。
　　(注)　法人が下水道法第19条の規定により負担する負担金の取扱いは、7－1－8（公共下水道施設の使用のための負担金）によることに留意する。

Q I-25【非適格株式交換─時価評価の時期】

時価評価損益の計上時期について教えてください。

A　評価損益に対する課税関係が確定するのは株式交換を行った日の属する事業年度末ですが、評価損益の認識自体は非適格株式交換を行った日において行うことになります（法令123の11④）。非適格株式交換の場合には、株式交換直前の時において有する完全子法人となる法人の特定の資産（Q I-23参照）について時価評価を行い株式交換の日の属する事業年度の所得の金額の計算上、評価損益を益金または損金の額に算入することになります（法法62の9①）。時価評価損益を行うに際して、株式交換日の前日を事業年度末とみなすような、みなし事業年度の規定はありません。

時価評価を行う具体的なタイミング

　評価益または評価損を益金の額または損金の額に算入された資産については、非適格株式交換の適用を受けた事業年度以後の各事業年度の所得の金額の計算上、当該資産の帳簿価額は、益金の額の額に算入された金額に相当する金額の増額がされ、または損金の額に算入された金額に相当する金額の減額がされたものとして取り扱われます。非適格株式交換における評価損益に対する課税関係が確定するのは、株式交換を行った日の属する事業年度末ですが、評価損益の認識は非適格株式交換時において行われます（法令123の11④）。時価評価の対象外とされる資産の時価と帳簿価額との差額（含み損益）が資本金等の額の2分の1に相当する金額または1,000万円のいずれか少ない金額未満のものの判定で使う資本金等の額は非適格株式交換の直前の時の資本金等の額を使います（法基通12の2-3-1）。

Q I-26 〔非適格株式交換―時価評価後の取扱い１〕（減価償却資産）

減価償却資産の時価評価後の取扱いについて教えてください。

A　時価評価が行われた場合のその時価評価資産の評価損益は、非適格株式交換の時において、その時価評価資産の帳簿価額が増額または減額されたものとして取り扱われます。減価償却資産に時価評価が行われた場合の具体的な取扱いは次のとおりです。

取得価額について

　減価償却資産の帳簿価額が増額された場合には、非適格株式交換による時価評価が行われた事業年度以後の各事業年度においては、その増額された金額を当初の取得価額に加算した金額をもって、償却限度額の基礎となる取得価額とみなします（法令54④）。

償却限度額等について

　非適格株式交換による時価評価が行われたことによりその帳簿価額が減額された減価償却資産の償却額の累計額には、その減額された金額が含まれます（法令61①、61の２①）。また、この減額された金額については、陳腐化資産の償却限度額の特例の適用を受ける場合の陳腐化資産の期首帳簿価額からも減額される取扱いが整備されています（法令60の２⑤）。

減価償却費の計算

　①　定率法

　　　定率法を採用している減価償却資産について非適格株式交換による時価評価が行われたことによりその帳簿価額が減額された場合には、その非適格株式交換が行われた事業年度以後の各事業年度においてその減価償却資産についてすでに行った償却の額に、その減額された金額を含みます（法

令48、48の2②)。

　なお、非適格株式交換が行われた事業年度においては、まず非適格株式交換による時価評価が行われ、次に減価償却が行われたものとして処理することになります（以下同じ）。

② 生産高比例法

　生産高比例法を採用している鉱業用減価償却資産について非適格株式交換による時価評価が行われた場合には、その非適格株式交換が行われた事業年度以後の各事業年度においては、その非適格株式交換の直後の帳簿価額からその残存価額を控除した金額を残存採掘予定数量（鉱業用減価償却資産に係る当初の採掘予定数量から非適格株式交換が行われた事業年度開始の日前の採掘数量を控除した残量をいう）で除して計算した一定単位当たりの金額に、各事業年度における採掘数量を乗じて計算した金額をその償却限度額として償却することになります（法令48③、48の2③）。

③ リース期間定額法

　国外リース資産について非適格株式交換による時価評価が行われた場合には、その非適格株式交換が行われた事業年度以後の各事業年度においては、その非適格株式交換の直後の帳簿価額から見積残存価額を控除した金額を未経過リース期間（リース期間のうち非適格株式交換が行われた事業年度開始の日以後の期間をいう）の月数で除して計算した金額に、その事業年度におけるリース期間の月数を乗じて計算した金額を償却限度額として償却することになります（法令48④、48の2④）。

みなし損金経理額

　非適格株式交換による時価評価が行われたことによりその帳簿価額が増額された減価償却資産について、これを有する法人がその非適格株式交換の時の直前の価額として会計帳簿に記載した金額（減価償却資産に係る償却超過額がある場合には、これを加算した金額）が、その非適格株式交換による時価評価による増額後の帳簿価額に満たない場合には、その満たない部分の金額は、その非適

格株式交換が行われた事業年度前の各事業年度の損金経理額とみなすことになります（法令61の4表Ⅴ）。この規定は、時価評価によって、減価償却資産の帳簿価額が、税務上のみ増加し、会計上は増加しないときのその増加部分の損金経理要件を解決するためのものです。

一括償却資産の取扱い

　連結納税制度における時価評価資産の対象として、一括償却資産の損金算入の規定（法令133の2①）の適用を受けた減価償却資産についても、時価評価資産に該当する場合には時価評価損益を認識するものと規定されています（法基通12の3-2-7）。一括償却資産は、減価償却資産でその取得価額が20万円未満であるものを事業の用に供した場合に、その全部または特定の一部を事業年度ごとに一括したものですが、時価評価資産に該当するかどうかを判定する場合のその判定単位については一括して取り扱わず、法人税法施行令第122条の12第1項第4号に規定する単位に区分した後の資産ごとに判定を行うことになるとされています。従って、非適格株式交換においても同様に一括償却資産が時価評価資産に該当する場合には時価評価損益を認識するものと考えられます。なお、一括償却資産の時価評価資産に該当するかの判定を行う場合には、当該資産の帳簿価額を零として判定を行うことが同通達の注書において明らかにされています。

Q Ⅰ-27【非適格株式交換―時価評価後の取扱い2（棚卸資産）】

棚卸資産の時価評価後の取扱いについて教えてください。

A　非適格株式交換で時価評価が行われた場合の時価評価資産の評価損益については、その非適格株式交換の時においてその時価評価資産の

帳簿価額が増額または減額されたものとして取り扱われます。時価評価対象資産で、かつ、棚卸資産に該当する資産（例えば、販売用土地等）について時価評価が行われた場合の取扱いは次のとおりです。

取得価額について

　棚卸資産について非適格株式交換により時価評価が行われた場合には、その非適格株式交換の日においてその棚卸資産の取得価額にその評価益を加算しまたはその棚卸資産の取得価額から評価損を減算した金額によりその棚卸資産を取得したものとみなして、各事業年度の期末評価額の計算を行うことになります（法令33④）。

低価法の時価との関係

　平成19年度の税制改正によって、棚卸資産の期末評価において低価法を適用する場合における棚卸資産の評価額が当該事業年度終了の時におけるその取得のために通常要する価額（再調達原価）から当該事業年度終了の時における価額（正味売却価額[30]）へ改正されています（法令28①二）。これは企業会計基準委員会（ASBJ）の企業会計基準第9号「棚卸資産の評価に関する会計基準」（平成18年7月5日公表）と税制における取扱いを企業の事務負担の増大を避けるために改正されたもので、基本的に会計基準と同様の処理になるような改正がされています[31]。従来、会計上は取得価額をもって棚卸資産の貸借対照表価額とし、時価が取得価額よりも下落した場合には時価による方法を適用して算定することができるとされていましたが、近年の「金融商品に係る会計基準」や「固定資産の減損に係る会計基準」との整合性や棚卸資産の評価基準として低価法を原則とする国際会計基準との調和の観点から、棚卸資産の評価基準が見直されたものです。棚卸資産の評価に関する会計基準では、棚卸資産を「通常の販売目的で保有する棚卸資産」と「トレーディング目的で保有する棚卸資産」

---

[30] 譲渡可能価額から譲渡経費の見積額を控除した金額
[31] 財団法人大蔵財務協会「平成19年　改正税法のすべて」p.348

に区分し、前者については収益性の低下によって帳簿価額を切り下げること、後者については市場価格に基づいて評価することとされています。

　税制改正後の低価法における税務上の時価は、当該事業年度終了の時においてその棚卸資産を売却するものとした場合に通常付される価額であるとされていますが、これは非適格株式交換等において資産の評価損益の計上を行う場合における時価である「当該資産が使用収益されるものとしてその時において譲渡される場合に通常付される価額[32]」とは異なるものである[33]と法人税基本通達5－2－11（時価）の逐条解説においては解説されていますが、改正後は低価法の時価と同様となるとの立法担当者の見解があります。

Q Ⅰ-28【非適格株式交換―時価評価後の取扱い3　（繰延資産）】

> 繰延資産の時価評価後の取扱いについて教えてください。

A　時価評価が行われた場合の時価評価資産の評価損益については、非適格株式交換の時においてその時価評価資産の帳簿価額が増額または減額されたものとして取り扱われます。繰延資産について時価評価が行われた場合の取扱いは次のとおりです。

任意償却の繰延資産の場合

　任意償却が可能な繰延資産とは以下の繰延資産です（法令14①一から五）。
① 　創立費（発起人に支払う報酬、設立登記のために支出する登録免許税その他法人の設立のために支出する費用で、当該法人の負担に帰すべきものをいう）

---
[32] 法人税基本通達 4－1－3、法人税基本通達 9－1－3
[33] 税務研究会出版局　「法人税基本通達逐条解説」p.437。ただし、財団法人大蔵財務協会「平成19年改正税法のすべて」p.349では、低価法の改正により法人税法第33条第2項の規定による評価減を行う場合における時価は低価法における時価と同様となるとの記載されている。

② 開業費（法人の設立後事業を開始するまでの間に開業準備のために特別に支出する費用をいう）
③ 開発費（新たな技術もしくは新たな経営組織の採用、資源の開発または市場の開拓のために特別に支出する費用をいう）
④ 株式交付費（株券等の印刷費、資本金の増加の登記についての登録免許税その他自己の株式（出資を含む）の交付のために支出する費用をいう）
⑤ 社債等発行費（社債券等の印刷費その他債券（新株予約権を含む）の発行のために支出する費用をいう）

上記繰延資産について非適格株式交換による時価評価が行われたことにより、その帳簿価額が減額された場合には、その非適格株式交換が行われた事業年度以後の各事業年度においては、その償却限度額の計算の基礎となる繰延資産の額は、当初の支出額から既に行った償却の額のほか、その減額された金額も控除して計算することになります（法令64②）。なお、減価償却資産と同様に非適格株式交換が行われた事業年度においては、まずは非適格株式交換による時価評価が行われ、次に償却計算が行われたものとして処理することになります。

任意償却以外の繰延資産の場合

任意償却以外の繰延資産とは、次に掲げる費用で支出の効果がその支出の日以後1年以上に及ぶものをいいます（法令14①六）。

イ　自己が便益を受ける公共的施設または共同的施設の設置または改良のために支出する費用
ロ　資産を賃借しまたは使用するために支出する権利金、立退き料その他の費用
ハ　役務の提供を受けるために支出する権利金その他の費用
ニ　製品等の広告宣伝の用に供する資産を贈与したことにより生ずる費用
ホ　イからニまでに掲げる費用のほか、自己が便益を受けるために支出する費用

88 Ⅰ 株式交換

　上記繰延資産について非適格株式交換による時価評価が行われたことにより、その帳簿価額が増額または減額された場合には、その非適格株式交換が行われた事業年度以後の各事業年度においては、その非適格株式交換の直後の帳簿価額を支出の効果の及ぶ期間のうち、その非適格株式交換が行われた事業年度開始の日（繰延資産となる費用を支出する日の属する事業年度の場合にはその支出日となり、適格組織再編により被合併法人等から引き継ぎを受けた日の属する事業年度である場合には、その適格組織再編の日）以後の期間の月数で除して計算した金額に、その事業年度の月数を乗じて計算した金額をその償却限度額として償却することになります（法令64③）。なお、減価償却資産と同様に非適格株式交換が行われた事業年度においては、まずは非適格株式交換による時価評価が行われ、次に償却計算が行われたものとして処理することになります。

> 【例】
> 　繰延資産の帳簿価額（非適格株式交換前）：300
> 　繰延資産の帳簿価額（非適格株式交換後）：100
> 　支出の効果の及ぶ期間：60ヶ月
> 　非適格株式交換が行われた事業年度開始日以降の期間：30ヶ月
> 　事業年度の月数：12ヶ月
> 　償却限度額の計算：
> 　　　償却限度額＝100×12ヶ月／30ヶ月

社債発行差金について

　社債発行差金については、平成19年度の税制改正前までは、非適格株式交換による時価評価が行われたことによりその帳簿価額が減額された場合の取扱いについて規定されていました（旧法令64③）[34]が、平成19年度の税制改正において繰延資産から償還有価証券の調整差益または調整差損の益金または損金算入

---

[34] 社債発行差金について非適格株式交換による時価評価が行われたことによりその帳簿価額が減額された場合には、その非適格株式交換が行われた事業年度以後の各事業年度においては、その非適格株式交換の直後の帳簿価額を未経過期間（社債の償還期間のうち非適格株式交換が行われた事業年度開始の日以後の期間）の月数で除して計算した金額に、その事業年度の月数を乗じて計算した金額をその償却限度額として償却することとされていた。

制度（法令139の2）へ改正されています。これは、企業会計の実務対応報告第19号「繰延資産の会計処理に関する当面の取扱い」（平成18年8月11日公表）において、繰延資産を株式交付費、社債発行費（新株予約権の発行に係る費用を含む）、創立費、開業費及び開発費とするとともに企業会計基準第10号「金融商品に関する会計基準」において、社債発行差金については社債金額から直接控除するなど、金銭債務の収入額と債務額とが異なる場合には、償却原価法を適用することになりました。これを受けて税制では、繰延資産の範囲を会計上の範囲と整合させるとともに、上記の任意償却が可能な繰延資産については、利益調整に利用される懸念があることから、基本的にその範囲を拡張しない方向で整備されています。平成19年度の税制改正により、法人の発行した社債等が平成19年4月1日以後最初に開始する事業年度開始の時において償還されていない場合には、その開始の時においてその社債等の券面金額から社債発行差金のその開始の時における帳簿価額を控除した金額によりその社債の償還があったものとみなすことにされています（平成19年改正法令附則7③）。このみなす規定によって、旧税法上、繰延資産として取り扱われていた社債発行差金は償却原価法により処理されることになり、非適格株式交換により時価評価が行われた場合の取扱いから削除されています。

みなし損金経理について

非適格株式交換による時価評価が行われたことによりその帳簿価額が増額された繰延資産について、これを有する法人がその非適格株式交換の時の直前の価額として会計帳簿に記載した金額（繰延資産に係る償却超過額がある場合には、これを加算した金額）が、その非適格株式交換による時価評価による増額後の帳簿価額に満たない場合には、その満たない部分の金額は、その非適格株式交換が行われた事業年度前の各事業年度の損金経理額とみなすことになります（法令61の4表V）。この規定は、時価評価によって、繰延資産の帳簿価額が、税務上のみ増加し、会計上は増加しないときのその増加部分の損金経理要件を解決するためのものです。

Q I-29 【非適格株式交換―時価評価後の取扱い4（有価証券）】

有価証券の時価評価後の取扱いについて教えてください。

A　有価証券（売買目的有価証券及び償還有価証券を除く）について非適格株式交換により、時価評価が行われた場合には、有価証券の1単位当たりの帳簿価額の算出方法として、移動平均法または総平均法のいずれかを選択しているかによってそれぞれ次のように取り扱われることになります。

① 移動平均法を適用している場合（法令119の3④）

$$1単位当たりの帳簿価額 = \frac{非適格株式交換の日の前日の帳簿価額＋時価評価損益}{非適格株式交換の日の有価証券の株数}$$

② 総平均法を適用している場合（法令119の4①、②）

$$1単位当たりの帳簿価額 = \frac{非適格株式交換の事業年度開始日からその前日までの期間}{同上の期間における有価証券の株数}$$

$$1単位当たりの帳簿価額 = \frac{非適格株式交換の日からその事業年度終了の日までの期間}{同上の期間における有価証券の株数}$$

つまり、非適格株式交換の直前までを総平均法を適用するための一事業年度とみなして有価証券の1単位当たりの帳簿価額を算出することになります。

Q I-30 【非適格株式交換—時価評価後の取扱い5 （外貨建資産等）】

外貨建資産等の時価評価の取扱いについて教えてください。

A 外貨建資産等[35]について非適格株式交換による時価評価が行われた場合には、その外貨建資産の取得または発生の基因となった外貨建取引は、その非適格株式交換による時価評価の時において行ったものとみなして外貨建取引の換算（法法61の8①）及び外貨建資産等の期末換算（法法61の9①）の規定を適用します（法令122の2）。

時価評価が除外される外貨建資産等

外貨建資産等に為替リスクがヘッジされている以下のものは時価評価資産には含まれないことになります。

① 先物外国為替契約等により円換算額を確定させた外貨建取引の換算の適用を受けた資産または負債（法法61の8②）

先物外国為替契約等とは、外貨建資産もしくは外貨建負債の決済によって受け取り、もしくは支払う外国通貨の円換算額を確定させる先物外国為替取引に係る契約または当事者が元本及び利息として定めた外国通貨の金額について当事者間で取り決めた外国為替の売買相場に基づき金銭の支払

---

[35] 外貨建資産等とは、次に掲げる資産及び負債をいい、期末換算は次のいずれかにより行うこととされている（法法61の9①）。
① 外貨建債権及び外貨建債務：発生時換算法または期末時換算法
② 外貨建有価証券
　イ）売買目的有価証券：期末時換算法
　ロ）売買目的有価証券（償還期限及び償還金額の定めがあるもの）：発生時換算法または期末時換算法
　ハ）上記以外の有価証券：発生時換算法
③ 外貨預金：発生時換算法または期末時換算法
④ 外国通貨：期末時換算法

いを相互に約するスワップ取引の契約で次のいずれかの要件を満たすものをいいます（法規27の11）。
　㈦　スワップ取引の契約の締結に伴って支払い、または受け取ることとなる外貨元本額の円換算額が満了時円換算額(期間の満了に伴って受け取り、または支払うこととなる外貨元本額の円換算額)と同額となっていること（直先フラット型の通貨スワップ取引）
　㈣　スワップ取引の契約の契約の満了時円換算額がその期間の満了の日を外国為替の売買の日とする先物外国為替契約に係る外国為替の売買相場により外貨元本額を円換算額に換算した金額に相当する金額となっていること（為替予約型の通貨スワップ取引）
② 繰延ヘッジ処理による利益額または損失額の繰延べの適用を受ける同項第１号の資産または負債（法法61の６①）
　　第１号の資産または負債とは、法人がヘッジ対象資産等損失額を減少させるためにデリバティブ取引等を行った場合（時価ヘッジ処理の適用を受ける場合を除き、ヘッジ対象資産等損失額を減少させるためにデリバティブ取引等を行った旨等を帳簿書類に記載した場合に限る）で、そのデリバティブ取引等がヘッジ対象資産等損失額を減少させるために有効であると認められるときは、デリバティブ取引等の利益または損失額（デリバティブ取引等の決済によって生じた利益の額または損失の額、有価証券の空売り等のみなし決済による利益の額または損失の額に相当する金額、デリバティブ取引のみなし決済による利益の額または損失の額に相当する金額、外貨建資産等の期末換算差益または期末換算損）を資産もしくは負債の譲渡もしくは消滅または金銭の受取りもしくは支払いの日の属する事業年度までその計上を繰り延べる旨を定めたもので、資産（短期売買商品及び売買目的有価証券を除く）または負債の価額の変動（期末時換算をする外貨建資産等の為替変動に基因する変動を除く）に伴って生じるおそれのある損失(価額変動リスク)をいいます。
③ 時価ヘッジ処理による売買目的外有価証券の評価益または評価損の計上の適用を受ける同項の売買目的外有価証券（法法61の７①）

これは法人が売買目的外有価証券の価額の変動（期末時換算法により円換算する償還期限及び償還金額の定めのある外貨建ての売買目的外有価証券の外国為替の売買相場の変動に基因する変動を除く）により生じるおそれのある損失の額（ヘッジ対象有価証券損失額）を減少させるためにデリバティブ取引等を行った場合（その売買目的外有価証券を期末時（デリバティブ取引等を事業年度終了の時までに決済していない場合）もしくは決済時（デリバティブ取引等決済した場合）の時価により評価し、または期末時もしくは決済時の外国為替の売買相場により円換算する旨等を帳簿書類に記載した場合に限る）で、そのデリバティブ取引等がそのヘッジ対象有価証券損失額を減少させるために有効であると認められる場合の売買目的外有価証券をいいます。

Q I-31 非適格株式交換―時価評価後の取扱い6（特定資産の譲渡等損失額）

完全子法人が特定引継資産または特定保有資産を保有している場合の取扱いについて教えてください。

A　完全子法人となる法人が株式交換前に特定資本関係法人[36]との間で、その完全子法人を合併法人・分割承継法人・被現物出資法人となる特定適格合併等を行っており、特定引継資産または特定保有資産を有している場合には、これらの資産が非適格株式交換の時価評価資産に該当することで生じる評価損は、特定資産譲渡等損失額として取り扱われ、損金算入が制限されます（法法62の7①、法令123の8①）。

---
[36] 特定資本関係法人とは次のいずれかの関係をいう（法法57③、法令112④）
　① 二の法人いずれか一方の法人が他方の法人の発行済株式または出資（自己株式・出資を除く）の総数の50％超の株式を直接または間接に保有する関係
　② 二の法人が同一の者（個人の場合にはその個人と同族関係者を含む）によってそれぞれの法人の発行済株式または出資（自己株式・出資を除く）の50％超を直接または間接に保有する関係

特定資産の譲渡等損失額

　特定資産の譲渡等損失額とは、一定期間内にグループ法人となった法人間で適格合併等の適格組織再編成を行ったのち、その移転を受けた資産の含み損を実現させることで、自社の所得と相殺するなどといった行為を制限するために設けられた規定です。特定資産譲渡等損失額とは、以下に掲げる資産の評価換えから生じた損失の額の合計額から利益の額の合計額を控除した金額をいいます（法法62の7②）。さらに、特定資産譲渡等損失額は、①特定引継資産に係る譲渡等損失額と②特定保有資産に係る譲渡等損失額に区分され、それぞれの区分ごとに計算され、それぞれを通算することはできません。なお、特定適格合併等とは、適格合併、適格分割または適格現物出資のうち、みなし共同事業要件を満たさない適格組織再編をいいます（法法62の7①）。非適格株式交換によって時価評価資産の評価損が計上された場合で、特定資産の譲渡等損失額の損金不算入の規定の適用により当該評価損に相当する金額が損金不算入となったときでも、時価評価資産の時価評価後の税務上の帳簿価額は、評価換え後の金額となります（法基通12の2-2-4）。

適用対象期間

　完全子法人となる法人の非適格株式交換前に特定適格合併等が行われている場合であっても制限対象期間を経過した後は、特定資産に係る譲渡等損失額の損金不算入の規定は適用されず、時価評価資産について認識される評価損は株式交換が行われた日の属する事業年度の損金に算入されます。適用対象期間とは、特定適格合併等事業年度開始の日から同日以後3年を経過する日（その経過する日が特定資本関係法人との間の特定資本関係が生じた日以後5年を経過する日後になる場合にはその5年を経過する日）までの期間をいいます（法法62の7①）。なお、非適格株式交換の場合、この適用対象期間が時価評価対象資産について評価換えが行われることから、同日以後3年を経過する日までの期間に終了する各事業年度において非適格株式交換による時価評価の適用の規定をうける場合には、その適用を受ける事業年度終了の日までの期間が適用期間となります

(法法62の7①)。

【例1】特定適格合併等事業年度開始の日から3年を経過する日が早く到来する場合

```
┌─────────────────────────────────────────────────┐
│         ①特定資本関係が生じた日以後5年を経過する日    │
│         ├──────────────────────────┤         │
│                        適格合併                   │
│                         ▽                       │
│ x0/3   x1/3   x2/3   x3/3   x4/3   x5/3   x6/3   x7/3   x8/3 │
│─┼──────┼──────┼──────┼──────┼──────┼──────┼──────┼──────┼─│
│               ↑特定資本関係発生                   │
│                        ├──────────────┤         │
│                        ②適格合併等事業年度開始の日以後3年を経過する日 │
│                                ├──────┤         │
│                                制限対象期間        │
└─────────────────────────────────────────────────┘
```

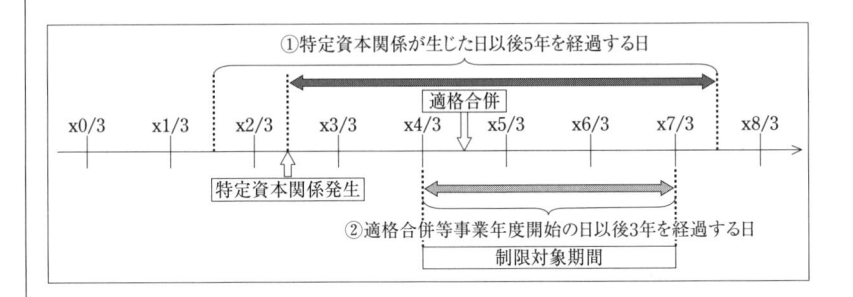

【例2】特定資本関係が生じた日以後5年を経過する日が早く到来する場合

```
┌─────────────────────────────────────────────────┐
│         ①特定資本関係が生じた日以後5年を経過する日    │
│         ├────────────────────────────┤       │
│                        適格合併                   │
│                         ▽                       │
│ x0/3   x1/3   x2/3   x3/3   x4/3   x5/3   x6/3   x7/3   x8/3 │
│─┼──────┼──────┼──────┼──────┼──────┼──────┼──────┼──────┼─│
│         ↑特定資本関係発生                         │
│                        ├──────────────┤         │
│                        ②適格合併等事業年度開始の日以後3年を経過する日 │
│                                ├──────┤         │
│                                制限対象期間        │
└─────────────────────────────────────────────────┘
```

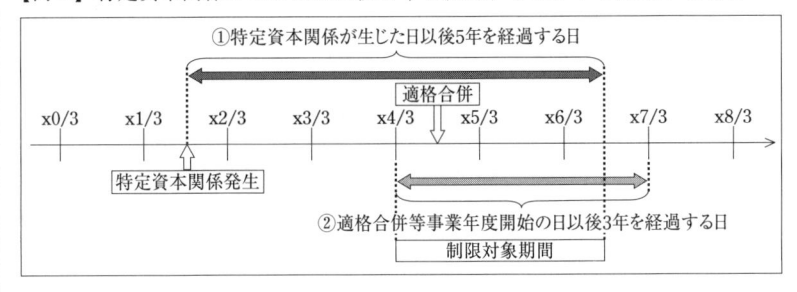

特定引継資産について

その法人が特定資本関係法人から特定適格合併等により移転を受けた資産（特定資本関係法人が特定資本関係発生日前から保有していたものに限る）のうち、次に掲げるものを除いた資産をいいます（法法62の7②一、法令123の8②）。

① 棚卸資産（土地及び土地の上に存する権利を除く）
② 短期売買商品[37]
③ 売買目的有価証券

④　特定適格合併等の日[38]における帳簿価額または取得価額が1,000万円未満の資産。この場合の帳簿価額については、平成19年4月1日以後に資本的支出を行い、その資本的支出の金額を取得価額とする新たな資産を取得したものとして、資産本体と資本的支出の帳簿価額が別個になっている場合であっても、譲渡等を行う資産としては一体不可分な関係ですので、それぞれの帳簿価額の合計額で判定することになり（法基通12の2-2-4の2）、法人税法上及び租税特別措置法上の圧縮記帳の適用を受けた資産については、圧縮記帳後の帳簿価額または取得価額により判定します（法基通12の2-2-3）。また、帳簿価額または取得価額は、資産を次のように区分して判定を行うことになります（法規27の15①）。

(ア)　金銭債権……一の債務者ごと

(イ)　減価償却資産

　　建物……一棟（区分所有権である場合には、区分所有権）ごと

　　機械及び装置……一の生産設備又は一台若しくは一基（通常、一組又は一式を取引の単位とされるものは一組又は一式）ごと

　　その他の減価償却資産……上記に準じた区分

　　土地等……一筆（一体として事業の用に供される一団の土地等の場合には、その一団の土地等）ごと

---

[37] 平成19年度の税制改正において創設された規定であるが、具体的には法人が短期的な価格の変動を利用して利益を得る目的で取得した資産（有価証券を除く）で次に掲げるものが該当する（法法61①、法令118の4）。
　①　金・銀・白金その他の資産のうち市場における短期的な価格の変動または市場間の価格差を利用して利益を得る目的（短期売買目的）で行う取引に専ら従事する者が短期売買目的でその取得の取引を行ったもの（専担者売買商品）
　②　その取得の日において短期売買目的で取得したものである旨を帳簿書類に記載したもの（専担者売買商品を除く）
　③　適格合併、適格分割、適格現物出資または適格事後設立により被合併法人、分割法人、現物出資法人または事後設立法人から移転を受けた資産のうち、その移転の直前に当該被合併法人等において上記①または②に掲げる資産として取り扱われていたもの

[38] なお、特定保有資産の場合には、特定適格合併等の日の属する事業年度開始の日における帳簿価額または取得価額が1,000万円未満である点に留意が必要である（法令123の9⑫）。

㈦　有価証券……その銘柄の異なるごと
　㈡　その他の資産……通常の取引の単位を基準とした区分
⑤　特定資本関係発生日における時価が特定資本関係発生日における帳簿価額を下回っていない資産（特定適格合併等事業年度の確定申告書に、その資産の時価及び帳簿価額に関する明細書の添付[39]があり、かつ、時価の算定の基礎となるべき書類（継続して公表された価額があるものについてはその公表された価額を示す書類、その法人が価額を算定しているものについてはその算定根拠を明らかにする書類）を保存することが要件となります（法規27の15②））。また、この帳簿価額について、過去において資産の評価損の損金算入（法法33②）の規定に基づき計上した評価損（過年度評価替）がある場合で、当該評価損について特定資産に係る譲渡等損失額の損金不算入（法法62の7）の規定により損金の額に算入されなかった場合であっても、帳簿価額は過年度評価替後の帳簿価額となります（法基通12の2-2-4）。

特定保有資産について

　その法人が特定資本関係発生日前から有していた資産（特定資本関係法人が特定資本関係発生日前から保有していたものに限る）のうち、上記特定引継資産に掲げるものを除いたものをいいます（法法62の7②二、法令123の8⑫）。

みなし共同事業要件

　この制限が適用されないみなし共同事業要件とは、適格組織再編における共同事業要件と類似した要件にはなっていますが、共同事業要件は組織再編前において求められる適格要件であるのに対して、みなし共同事業要件は特定資本関係の成立後、適格組織再編を行った場合に求められる要件であることから、両要件には異なる点があります。完全子法人となる法人が非適格株式交換前に行った特定適格合併等が下記のみなし共同事業要件を充足している場合には、

---

[39] 別表14(4)「特定資産譲渡等損失額の損金不算入及び特定資本関係発生日における時価が帳簿価額を下回っていない資産に関する明細書」

時価評価対象資産について認識した評価損の損金算入制限は適用されません。

【共同事業要件とみなし共同事業要件の比較】

	適格再編 共同事業要件	繰越欠損金等の判定 みなし共同事業要件
事業関連要件	要件あり	要件あり
事業規模要件　または 経営参画要件	要件あり	要件あり
事業継続・規模変動要件（事業規模要件を満たす場合）	―	要件あり
従業者引継要件	要件あり	―
事業継続要件	要件あり	―
株式継続保有要件	要件あり	―

みなし共同事業要件の概要を適格合併の場合を例に示すと以下のとおりです。

❶　事業関連性要件

事業関連性判定においては、合併法人及び被合併法人の下記事業に関し関連性があるかを検討し判定します。

被合併法人事業	合併法人事業
被合併法人が適格合併の前に営む事業のうち主要な事業	合併法人が適格合併の前に営む事業のうちいずれかの事業

事業関連性の検討においての留意点は次のとおりです。
・主要な事業とは、被合併法人等の合併等の前に営む事業が2以上ある場合において、そのいずれが主要な事業であるかは、それぞれの事業に属する収入金額または損益の状況、従業者の数、固定資産の状況等を総合

的に勘案して判定します（法基通1-4-5）。
- 事業関連性は、被合併法人事業と合併法人事業の間にシナジー効果があるかにより検討します。この点について平成19年税制改正において三角合併導入に際して明確化されています。詳細はＱⅠ-14を参照ください。
- また、事業関連性は被合併法人の主要な事業と合併法人のいずれかの事業でのみ判定することになります。

❷ 規模要件または経営参画要件

① 規模要件

規模要件においては、被合併事業と合併事業のそれぞれの売上金額、従業者の数、適格合併に係る被合併法人と合併法人の資本の金額、またはこれらに準ずるものの割合が概ね5倍を超えないことが要件となっています。

対　象	留意内容
事業	・事業関連性があるとされる被合併事業と合併事業に基づき規模判定
規模	・売上金額及び従業者数は、事業関連性があるとされる事業におけるいずれかの数値に基づき判定 ・資本金は、会社法上の資本金のみで資本準備金は含まれない。
これに準ずるもの	・合併当事者の業種において客観的にその事業の規模を表すと一般に認められている指標（例えば金融機関の預金量等）

② 経営参画要件

経営参画要件を満たすためには被合併法人の特定役員であるいずれかの者と合併法人の特定役員であるいずれかの者が当該適格合併の後に当該適格合併に係る合併法人の特定役員となることが見込まれているという要件を満たす必要があります。

ここで特定役員とは、社長、副社長、代表取締役、代表執行役、専務取

締役、常務取締役またはこれらに準ずる者で法人の経営に従事している者をいいます。また特定役員は特定資本関係が生じた日前において役員またはこれらに準ずるものであった者に限定されていますので留意が必要です。つまり、特定資本関係成立日前の役員がすべて退職している場合には、この要件は適用できないことになります。

【例：経営参画要件を満たすケース】

	特定資本発生日前	合併直前	合併後（見込み）
合併法人	役員	常務以上	常務以上
被合併法人	役員	常務以上	常務以上

経営参画要件の留意点は以下のとおりです。
・被合併法人及び合併法人それぞれの1人以上の特定役員を引き継げばよい。
・合併法人及び被合併法人の特定役員を兼務している場合、合併の後にその者が合併法人の特定役員になれば、この要件は満たしているとされる。
・みなし共同事業要件を満たすため形式的に特定役員を引き継いだ場合には、この要件を満たさないとされる（合併後において実質的に経営従事していることが必要）。

❸ 事業継続・規模変動要件

この要件を満たすためには、事業規模要件判定において、判定指標とした被合併法人及び合併法人のそれぞれの事業が以下のすべてを満たす必要があります。
・特定資本関係発生時から適格合併の直前まで継続して営まれている。
・特定資本関係発生時から適格合併の直前までにおける事業規模の変化が概ね2倍を超えない。

上記要件が要求される理由は、規模要件を満たさない場合には、合併直前に事業規模を増減させることにより規模要件が容易に満たされることを防ぐためと考えられます。

時価純資産価額特例について

含み損を有する資産や繰越欠損金を有しているが、それを十分にカバーして余りある含み益のある資産を保有している場合は、その資産を売却することで繰越欠損金や含み損と相殺することが可能となります。そのような、グループ化後の適格合併等が繰越欠損金を利用する目的で再編したとは必ずしも言えない場合があります。従って、そのようなケースでは、繰越欠損金の利用制限や含み損の損金算入制限が適用されない規定があります。詳細については割愛しますが、グループ化した直前事業年度末の時価純資産超過額が税法上の繰越欠損金額を超える場合には繰越欠損金利用制限の適用を受けないことになります。

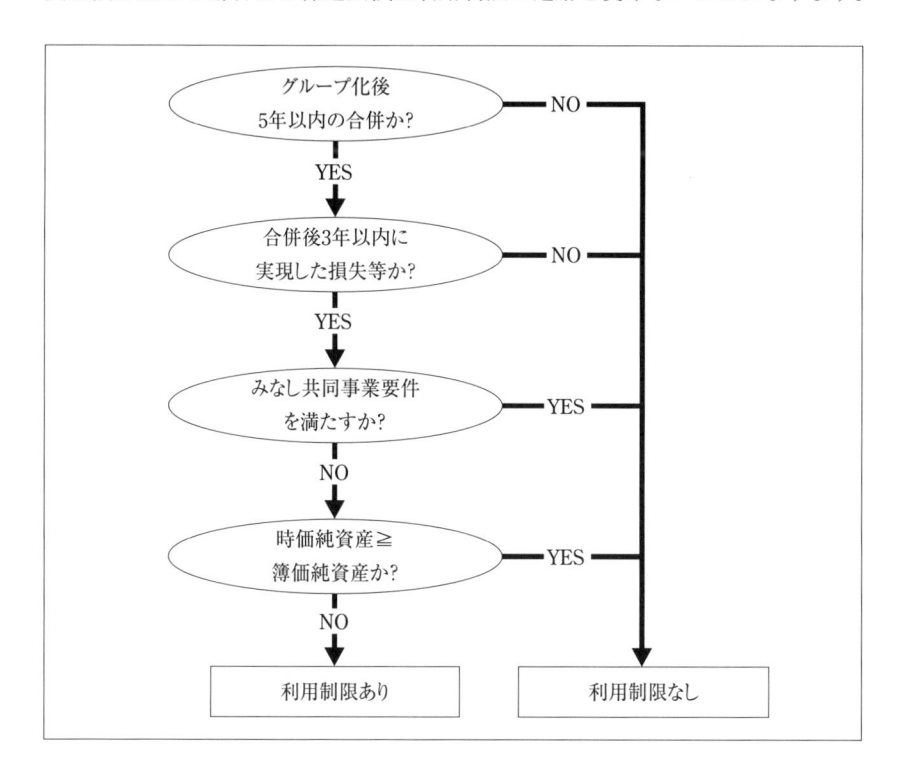

```
          ┌─────────────────┐
          │ グループ化後    │
          │ 5年以内の合併か?│───NO───┐
          └────────┬────────┘        │
                 YES                  │
                   ↓                  │
          ┌─────────────────┐        │
          │ 合併後3年以内に │        │
          │ 実現した損失等か?│──NO──┤
          └────────┬────────┘        │
                 YES                  │
                   ↓                  │
          ┌─────────────────┐        │
          │ みなし共同事業要件│       │
          │ を満たすか?      │──YES─┤
          └────────┬────────┘        │
                  NO                  │
                   ↓                  │
          ┌─────────────────┐        │
          │ 時価純資産≧     │        │
          │ 簿価純資産か?    │──YES─┤
          └────────┬────────┘        │
                  NO                  │
                   ↓                  ↓
          ┌─────────────┐    ┌─────────────┐
          │ 利用制限あり│    │ 利用制限なし│
          └─────────────┘    └─────────────┘
```

Q I-32【非適格株式交換─営業権の時価評価】

非適格株式交換における営業権の時価評価について教えてください。

A

非適格株式交換の場合に時価評価の対象となる資産には、無形固定資産である営業権が含まれるため、時価評価を行う必要があります。法人税法上、非適格株式交換の場合における営業権の時価評価について特段の取扱いは規定されていませんが、時価評価にあたっては、平成18年度の税制改正において創設された資産調整勘定の算定方法や企業結合に係る会計基準における差額のれんの考え方を参考にして時価評価を行うものと考えます。

非適格株式交換における営業権

法人税法上、非適格株式交換における営業権の算定方法に関する特段の規定は存在していません。平成18年度の税制改正では、組織再編税制に関連する改正事項の1つとして、非適格合併等が行われた際の資産調整勘定の計算上、移転資産に含める営業権とは、営業権のうち独立した資産として取引される慣習のあるものとする（法令123の10③）との規定が創設されました。この独立した資産として取引される慣習のあるものは、法令上は明確ではありませんが、法人税基本通達7－1－5（織機の登録権利等）に例示する営業権を指しているものと思われます[40]。しかしながら、ここでいう営業権は、営業権の一般的な概念を画したものではなく、あくまで、差額概念である資産調整勘定（あるいは差額負債調整勘定）を算定するためのものとする立法担当者の見解[41]があり、非

---

[40]（織機の登録権利等）

7－1－5 繊維工業における織機の登録権利、許可漁業の出漁権、タクシー業のいわゆるナンバー権のように法令の規定、行政官庁の指導等による規制に基づく登録、認可、許可、割当て等の権利を取得するために支出する費用は、営業権に該当するものとする。

（注）例えば当該権利に係る事業を廃止する者に対して残存業者が負担する補償金のように当該権利の維持又は保全のために支出する費用についても、営業権として減価償却をすることができる。

適格株式交換における営業権の算定においては、適用できないものと考えます。つまり、独立した資産として取引慣習があるもののみを営業権として時価評価することで事足りるものではないということになります。

財産評価基本通達における営業権

前述の非適格合併等の場合の資産調整勘定の規定（法法62の8）が創設される以前の税務実務では、営業権とは他の同種企業を上回る企業収益を稼得することができる無形の財産的価値を有する事実関係として、いわゆる超過収益力がある場合には、税務上、営業権の認識が可能であると考えられ、財産評価基本通達における営業権の具体的な評価方法が税務実務において参考とされていました。この財産評価基本通達における営業権の価額の評価算式の詳細は後述するとおりですが、その計算上、評価対象企業の将来における収益力を過去の収益を基に推算する方法をとっていることから、平均利益金額については50％の斟酌（ディスカウント）を行い、将来における競争相手の出現や需給の変化等、企業が持つ将来における危険率を見込み、評価上の安全性に配慮した保守的な評価となっています[42]。従って、実際にM&Aを行う際の企業価値の評価手法であるインカムアプローチにおけるDCF法や、マーケットアプローチにおける市場株価法の評価から導かれる、差額のれんとは異質のものと考えられます。つまり、財産評価基本通達における営業権の評価は、非適格株式交換が行われた際に、営業権が存在しているか否かを保守的に判断するための参考として利用することは可能かもしれませんが、その評価方法をそのまま取り入れて、非適格株式交換における営業権の時価評価とすることは難しいものと考えます。

資産調整勘定または差額負債調整勘定

前述のとおり、資産調整勘定は平成18年度の税制改正において創設された規

---

[41] 財団法人日本税務協会「平成18年　改正税法のすべて」p.367
[42] 財団法人日本税務協会「平成18年　財産評価基本通達逐条解説」p.500

定ですが、この規定が創設された背景としては、会社法の制定による会社計算規則にのれんに関する規定が置かれたことや、企業結合に係る会計基準等において差額のれんの取扱いが整備されたことから、税法においてもその取扱いを明らかにすることが求められ、資産調整勘定及び差額負債調整勘定に関する規定が創設されたとする立法担当者の解説があります[43]。この資産調整勘定及び差額負債調整勘定の算定は、非適格合併等[44]の交付金額と時価純資産価額の差額として算出され、この考え方は企業結合会計における差額のれんに相当します（この差額のれんと金額が異なることもある）。なお、資産調整勘定からは資産等超過差額は除かれます。非適格株式交換が行われた場合の営業権の算定方法として、この資産調整勘定の算定方法に準じて、いわゆる差額のれんとして非適格株式交換時の営業権の時価評価を行うことが考えられます。

> 【例】交換対価　200
> 　　時価純資産価額　100
> 　　正ののれん　100＝200－100

　なお、時価純資産価額において、退職給付債務等の負債調整勘定は資産調整勘定の算定において考慮可能であるかどうかは明確ではありません。退職給付債務等を負債として取り扱わない場合には、時価純資産価額がその分増加しますので、差額のれん自体の時価評価は減少することになります。

負ののれんの時価評価の可能性
　非適格株式交換における時価評価の対象は特定の資産とされ負債の時価評価は規定されていません。そのため、バーゲンパーチェスの場合で、負ののれん

---

[43] 財団法人日本税務協会「平成18年　改正税法のすべて」p.366
[44] 非適格合併並びに非適格分割、非適格現物出資または事業の譲受け（以下「非適格分割等」という）のうち、非適格分割等に係る分割法人、現物出資法人または移転法人の非適格分割等の直前において営む事業及びその事業に係る主要な資産または負債の概ね全部が非適格分割等により、分割承継法人、被現物出資法人または譲受け法人に移転するものをいう。

が生じる時にどのような取扱いになるか明確ではありません。基本的には負ののれんは時価評価の対象外と思いますが、例えば、差額のれんを算定する際の時価純資産価額の計算において、取得した資産の中に大規模工場用地など時価が一義的に定まりにくいものが存在しており取得原価の配分が行われない場合には、交付対価と時価純資産価額との差を負ののれんで調整することが考えられますが、その際に、税務上、どのように取り扱われるかは明確ではありません。

【例】交換対価　60
　　時価純資産価額　100（内訳、工場用地の不動産鑑定評価額80、その他20）
　　簿価純資産価額　50（内訳、工場用地の帳簿価額　30、その他20）
　　負ののれん　40＝60－100

　工場用地の時価評価を80とする場合には、帳簿価額との差額50が完全子法人の非適格株式交換を行った日の属する事業年度の益金の額に算入されることになります。一方、負ののれんの時価評価が認めらないときは、工場用地の時価評価益のみ課税が発生することになりますが、負ののれんが認められる場合には、40が損金算入されることなり、非適格株式交換を行った事業年度では合計で10の評価益に対して課税されることになります。また、負ののれんを税務上、5年で取り崩す場合には40を5年にわたり益金の額に算入します。

　なお、企業結合会計基準及び事業分離等会計基準に関する適用指針の取得原価の配分方法の特例として、大規模工場用地などで、これを評価することで多額の負ののれんが発生するような場合には、負ののれんが発生しない範囲で評価することが認めらています[45]。この場合には上記の取扱いは次のようになります。

【例】交換対価　60
　　時価純資産価額　100（内訳、工場用地の不動産鑑定評価額80、その他20）
　　簿価純資産価額　50（内訳、工場用地の帳簿価額　30、その他20）
　　負ののれん　40＝60－100　→下記の配分により零へ

工場用地の取得原価の特例　40＝80－40

つまり、工場用地の時価評価として、10（＝40－30）が完全子法人の非適格株式交換を行った日の属する事業年度の益金の額に算入されることになり、工場用地の取得原価へ配分された負ののれんの調整は不要となります。

財産評価基本通達における営業権の算定方法

(営業権の評価)
165　営業権の価額は、次の算式によって計算した金額によって評価する。
　　平均利益金額×0.5－標準企業者報酬額－総資産価額×0.05＝超過利益金額
　　超過利益金額×営業権の持続年数（原則として、10年とする。）に応ずる基準年利率による複利年金現価率＝営業権の価額
　(注)　医師、弁護士等のようにその者の技術、手腕又は才能等を主とする事業に係る営業権で、その事業者の死亡と共に消滅するものは、評価しない。

(平均利益金額等の計算)
166　前項の「平均利益金額」等については、次による。
　(1)　平均利益金額
　　　平均利益金額は、課税時期の属する年の前年以前3年間（法人にあっては、課税時期の直前期末以前3年間とする。）における所得の金額の合計額の3分の1に相当する金額(その金額が、課税時期の属する年の前年（法人にあっては、課税時期の直前期末以前1年間とする。）の所得の金額を超える場合には、課税時期の属する年の前年の所得の金額とする。)とする。この場合における所得の金額は、所得税法第27条（事業所得）第2項に規定する事業所得の金額（法人にあっては、法人税法第22条（各事業年度の所得の金額）第1項に規定する所得の金額に損金に算入された繰越欠損金の控除額を加算

---

45 (5)　**時価が一義的に定まりにくい資産への配分額の特例**
55．取得した資産に大規模工場用地や近郊が開発されていない郊外地のように時価が一義的には定まりにくい資産が含まれ、これを評価することにより、負ののれんが多額に発生することが見込まれる場合には、「その金額を当該土地等に合理的に配分した評価額も、ここでいう合理的に算定された時価であると考えられる」（企業結合会計意見書　三　3．(3) ③）とされている。
　したがって、当該資産に対する取得原価の配分額は、負ののれんが発生しない範囲で評価した額とすることができる。ただし、企業結合条件の交渉過程で取得企業が利用可能な独自の情報や前提など合理的な基礎に基づき当該資産の価額を算定しており、それが取得の対価の算定にあたり考慮されている場合には、その価額を取得原価の配分額とする（第364項参照）。

した金額とする。)とし、その所得の金額の計算の基礎に次に掲げる金額が含まれているときは、これらの金額は、いずれもなかったものとみなして計算した場合の所得の金額とする。
　イ　非経常的な損益の額
　ロ　借入金等に対する支払利子の額及び社債発行差金の償却費の額
　ハ　青色事業専従者給与額又は事業専従者控除額(法人にあっては、損金に算入された役員給与の額)
(2)　標準企業者報酬額
　標準企業者報酬額は、次に掲げる平均利益金額の区分に応じ、次に掲げる算式により計算した金額とする。

平均利益金額の区分	標準企業者報酬額
1億円以下	平均利益金額× 0.3＋1,000万円
1億円超3億円以下	〃　　　　×　0.2＋2,000　〃
3　〃　5　〃	〃　　　　×　0.1＋5,000　〃
5　〃	〃　　　　×0.05＋7,500　〃

(注)　平均利益金額が5,000万円以下の場合は、標準企業者報酬額が平均利益金額の2分の1以上の金額となるので、165((営業権の評価))に掲げる算式によると、営業権の価額は算出されないことに留意する。
(3)　総資産価額
　総資産価額は、この通達に定めるところにより評価した課税時期(法人にあっては、課税時期直前に終了した事業年度の末日とする。)における企業の総資産の価額とする。

なお、開業後10年に満たない企業の営業権の価額は評価しないとする取扱いは、平成20年1月1日以後の相続、遺贈または贈与により取得した財産の評価から適用されないことになっています[46]。

---
[46] 平成20年3月14日付　財産評価基本通達の一部改正について(法令解釈通達)

2-3 三角株式交換

Q I-33【三角株式交換―制度の概要】

三角株式交換税制の概要について教えてください。

A 平成19年度の税制改正において、会社法の合併等対価の柔軟化の施行を受け、平成19年5月1日以降に行われる株式交換の適格交付資産に株式交換完全支配親法人株式が追加され、適格三角株式交換が行えることになりました。三角株式交換における適格要件は、基本的にQⅠ-10からQⅠ-19で解説した適格要件と同じです。異なる点は、株式交換時に完全子法人となる法人の株主へ交付する株式は完全親法人となる法人の株式ではなく、その親法人の株式であるという点です。今後は、国内の外資系企業が外国親法人株式を交換対価として、日系企業を株式交換により非課税で買収することが可能となります。

三角株式交換の例

下記の図は、持株会社であるP社株式を株式交換対価として、T社を完全子会社することを目的とした三角株式交換を実行する場合の例です。

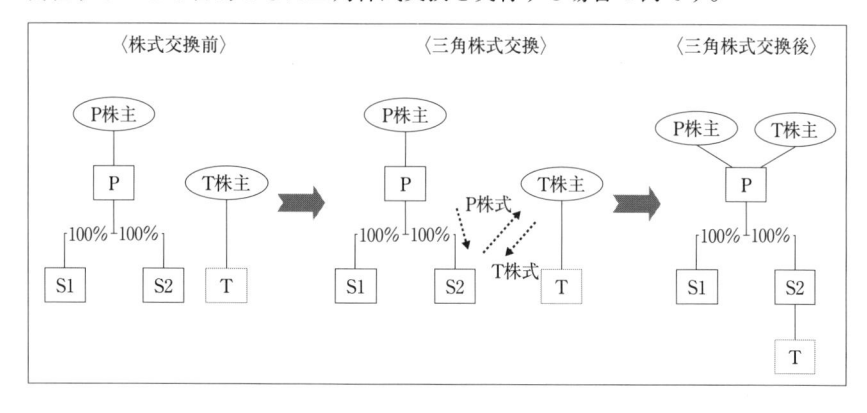

三角株式交換税制に関連する改正事項は以下のとおりです。それぞれの詳細については、個別のQ&Aを参照ください。
- 適格交付資産に100％親法人株式が追加（QⅠ-34参照）
- 共同事業要件における事業性・事業関連性要件の明確化（QⅠ-14参照）
- 事業譲渡類似株式等の譲渡益課税の適用（QⅠ-39、QⅠ-40参照）
- 国境を越えた組織再編成に伴う租税回避の防止（QⅠ-36、QⅠ-37、QⅠ-38参照）
- 連結納税開始・加入に伴う時価評価への対応（QⅠ-52、QⅠ-53参照）

QⅠ-34【三角株式交換─完全支配親法人株式】

完全支配親法人株式の定義と交付時の課税関係について教えてください。

A　会社法の合併等対価の柔軟化の施行を受け、平成19年5月1日以降に行われる株式交換の適格交付資産の範囲に完全支配親法人株式が追加されました。この改正以降、完全支配親法人株式が交付される三角株式交換は適格株式交換として非課税で株式交換を行うことが可能となりますが、交付が認められるのは完全親法人となる法人の親法人株式のみとなります。この親法人の株式とは、株式交換により完全親法人となる法人の発行済株式等の全部を株式交換前に直接保有している法人で、かつ、株式交換後も完全親法人の株式の全部を直接保有する関係が継続することが見込まれている法人の株式（法令4の2⑭）をいいます。つまり、完全親法人となる親法人のそのすぐ上の親法人の株式のみとなり、例えば、株式を交付する親法人からみて完全親法人となる法人が孫会社以下となるような場合には、この適格要件を充足しないことになります。また、三角株式交換が共同して事業を営むものであるときの適格要件の1つである完全子法人の株主の株式継続保有要件（QⅠ-18）は、完全

親法人株式ではなく、完全支配親法人株式を継続して保有することが見込まれる要件になります（法令4の2⑰五）。

完全親法人が有する親法人株式の取扱い

　三角株式交換では、完全親法人となる法人がその親法人の株式を一旦取得し、交換対価として交付しますので、通常であれば有価証券の譲渡に関する規定の適用を受けることになります。しかしながら、適格組織再編成の場合には課税関係を生じさせないという枠組みの下、完全親法人が適格株式交換において交付する親法人株式は、適格株式交換の直前の帳簿価額で譲渡したものとして取り扱われ譲渡損益を認識しないことになります（法法61の2⑩）。

　しかしながら、完全親法人となる法人が、従来から親法人株式を保有していた場合または株式交換の契約日後に一定の事由により親法人株式の移転を受けたときは、その契約日または移転を受けた日において、その親法人株式（株式交換により交付する親法人株式を対象）をその契約日または移転を受けた日の価額で譲渡し、かつ、その価額で取得したものとみなします（法法61の2㉒、法令119の11の2③）。つまり、完全親法人が株式交換の対価として交付する親法人の株式で契約日において保有するものについては、その契約日に交付する株式のみを時価により譲渡し、直ちにその価額で取得したものとしてそれまでの含み損益を清算することになります。この取扱いの対象となる親法人株式とは、株式交換の直前に完全親法人となる法人の発行済株式の全部を保有する関係がある法人に該当することが契約日において見込まれる法人の株式をいいます（法法61の2㉒、法令119の11の2①）。

一定の事由による取得

　株式交換の契約日後に一定の事由により親法人株式の移転を受けたときの一定の事由とは、株式交換の対価として親法人株式を交付しようとする法人の次の①から⑤までに掲げる事由をいいます。ただし、完全支配親法人となる法人（その法人が分割承継法人となる③の事由にあっては、その事由に係る分割法人）か

らその親法人株式の移転を受ける場合は除きます（法令119の11の2②）。
① 完全親法人を合併法人・分割承継法人・被現物出資法人または被事後設立法人とする適格合併・適格分割・適格現物出資または適格事後設立
② 完全親法人が有していた法人の株式が被合併法人として金銭等の交付がない合併により消滅し、その交付対価として親法人株式を受け取った場合
③ 完全親法人が有していた法人の株式が金銭等の交付がない分割型分割（金銭等不交付型分割型分割）における分割法人となり、その際の分割対価資産として親法人株式を受け取った場合
④ 完全親法人を分割法人として適格分社型分割（適格三角分社型分割）を行い、分割対価資産として親法人株式の交付を受けた場合
⑤ 完全親法人が有していた法人の株式が金銭等の交付がない株式交換（三角株式交換）により完全親法人となる法人から親法人株式の交付を受けた場合

I 株式交換

○ 親法人株式の取得形態

1. 適格合併等による移転資産の中に親法人株式が含まれている場合〔イ〕

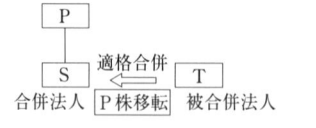

```
        P
        ↓ 適格合併    T
        S  ←――――    被合併法人
    合併法人 P株移転
```

P：見込まれる法人（親法人）
S（S1）：親法人株式を交付しようとする法人
P株：親法人株式

2. 旧株の発行法人の合併等により親法人株式の交付を受ける場合〔ロ～ホ〕

〔ロ〕 ○ 合併（株主適格）のケース

```
         P
    合併法人 ← P株交付
    合併 S1
         S2
       被合併法人
```

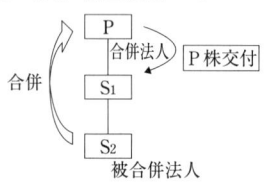

○ 三角合併（株主適格）のケース

```
          P
       /     \
      S1  ← P株交付  S3
      S2              分割承継法人
    分割法人  三角分割型分割
```

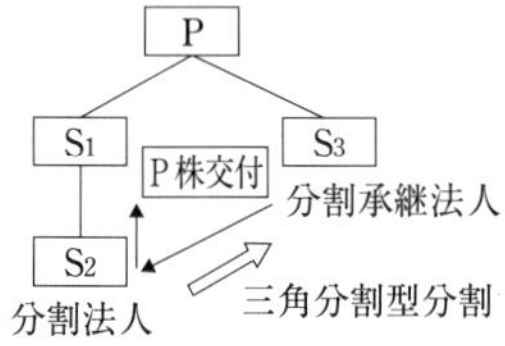

〔ハ〕 ○ 分割型分割（株主適格）のケース

```
         P
    分割型  分割承継法人
    分割   S1
           ← P株交付
           S2
         分割法人
```

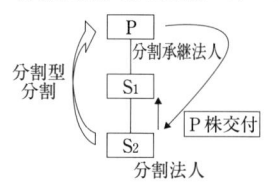

○ 三角分割型分割（株主適格）のケース

```
          P
       /     \
      S1  ← P株交付  S3
                    合併法人
      S2    三角合併
    被合併法人
```

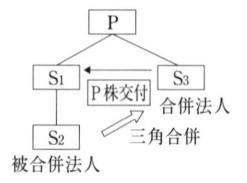

〔ニ〕 ○ 適格三角分社型分割のケース

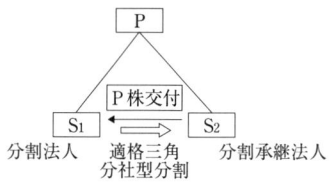

```
          P
       /  P株交付  \
      S1  ←――――  S2
    分割法人  適格三角  分割承継法人
            分社型分割
```

〔ホ〕 ○ 三角株式交換（株主適格）のケース

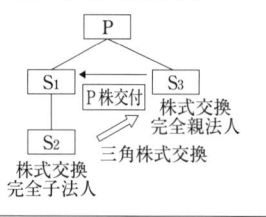

```
          P
       /     \
      S1  P株交付  S3
              株式交換
      S2      完全親法人
    株式交換  三角株式交換
    完全子法人
```

出典：財団法人大蔵財務協会「平成19年　改正税法のすべて」

親法人株式の時価評価後の帳簿価額

　一定の事由により親法人株式の移転を受けた場合のその親法人株式で、みなし譲渡の規定の適用を受ける前のものについては、その法人の移転前から有していた親法人株式と銘柄が異なる株式として、みなし譲渡の規定及び有価証券の1単位当たりの帳簿価額及び時価評価金額に関する規定（法令119～119の16）を適用することになります（法令119の11の2④）。つまり、契約日後に上記の一定の事由により取得した親法人株式は、このみなし譲渡の規定の適用を受け時価相当額の帳簿価額が付された後に、既に所有している親法人株式と同種の有価証券としてその帳簿価額の平均化の計算等が行われることになります。

Q Ⅰ-35【三角株式交換―1株に満たない端数の取扱い】

　交換対価として交付する親法人株式に1株に満たない端数が生じる場合の取扱いについて教えてください。

A

　株式交換において完全支配親法人株式または親法人の株式の数に1に満たない端数が生じる場合において、その端数に応じて金銭が交付されるときは、その端数に相当する部分は完全支配親法人株式はまたは親法人の株式に含まれるものとして取り扱われます。（法令139の3の2③）。株式交換以外の合併及び分割型分割も同様に計算され（法令139の3の2①②）、平成20年4月30日以後に行われる合併、分割型分割、株式交換から適用されます（平成20年改正法令附則14、16①、23）。

1株に満たない株式を保有している場合

　会社法第234条の規定では、完全親法人が一旦端数の合計数に相当する株式を完全子法人となる法人の株主へ交付（共有）され、完全親法人が株主に代わってその株式を売却等をし、その売却対価等である金銭を株主へ交付すると解釈

されているため、税制適格要件の1つである完全親法人の株式以外の資産が交付されないという要件を満たすものとして従来より取り扱われていましたが、三角株式交換における完全支配親法人株式や親法人の株式は、会社法第234条の規定の適用がないと解されているため、1に満たない端数が生じた場合、その端数に代えて金銭が交付されたときに適格要件を満たすものであるか否か明確ではありませんでした。そこで、平成20年度の税制改正において、交換対価として交付すべき完全支配親法人株式の数に1に満たない端数が生じる場合で、その端数に応じて金銭が交付されるときは、その端数に相当する部分は完全支配親法人株式または親法人の株式に含まれるとする改正が行われました（法令139の3の2③）。具体的な処理としては、完全支配親法人株式または親法人株式を一旦完全子法人の株主に交付し、直ちに端数相当金銭を対価として再取得する取扱いと同様な効果が生じる処理となります。

【例】
・完全親法人が株式交換直前に有する完全支配親法人株式6株
・上記の帳簿価額合計60
・完全支配親法人株式の株式交換時の1株当たりの価額12
・完全子法人の株主A（10株）、B（1株）、C（1株）
・株式交換比率は完全子法人株式2株に対して完全親法人株式1株を交付し、端数は1株当たり現金6を交付

端数相当金銭を対価として完全支配親法人株式を再取得する処理となりますので、税務処理は以下のようになります。
　　　完全支配親法人株式　　12（6×2株）　／　現金　　12

1株に満たない株式を保有しない場合

　実際に交付しない端数の合計数相当の完全支配親法人株式または親法人の株式を完全親法人が調達することは税務上の要件とはされていません。そこで交付しない端数の株式を有していない場合の取扱いが平成20年度の税制改正において創設されました。完全親法人がその株式交換の直前においてその1に満た

ない端数の合計数に相当する完全支配親法人株式または親法人の株式の全部または一部を有していないときは、その完全親法人が有していない数に相当する完全支配親法人株式または親法人の株式に係る有価証券の空売りを行ったものとみなして、有価証券の空売りに係る譲渡損益の制度を適用することになります（法令119の10②後段）。この取扱いにおいて、空売りに係る譲渡対価の額は完全支配親法人株式または親法人の株式の1単位当たりのその株式交換時の価額（その株式交換が適格株式交換に該当するときは、その株式交換の直前の帳簿価額をその株式交換により交付した完全支配親法人株式または親法人の株式の数で除して計算した金額）に、その有していない数を乗じて計算した金額（みなし対価額）と、空売りに係る譲渡原価の額はその端数に代えて交付した金銭の額と、譲渡損益の計上をすべき買戻しの特約をした日はその株式交換の日として取り扱うことになります（法令119の10②）。

【例】
- 完全親法人が株式交換直前に有する完全支配親法人株式5株
- 上記の帳簿価額合計50（1株当たり10）
- 完全支配親法人株式の株式交換時の1株当たりの価額12
- 完全子法人の株主A（10株）、B（1株）、C（1株）
- 株式交換比率は完全子法人株式2株に対して完全親法人株式1株を交付し、端数は1株当たり現金6を交付

① みなし対価額：$10 = \dfrac{株式交換の直前の帳簿価額50}{交付した株数5株} \times 有していない株数1株$

② 譲渡原価：$6 \times 2株主 = 12$

③ 譲渡損：$2 = 10 - 12$

また、上記により完全親法人が有していない完全支配親法人株式につき有価証券の空売りを行ったものとみなされた場合には譲渡損益を計上するため、その完全支配親法人株式については株式交換により交付した場合の譲渡損益の計

上を繰り延べる規定（法法61の2⑪）は適用されず譲渡損益は課税所得に算入されます（法令119の10③）。

さらに、適格株式交換により交付すべき1に満たない端数に相当する完全支配親法人株式を有しない場合のみなし対価の額は、完全支配親法人株式の適格株式交換の直前の帳簿価額に含まれるものとして、株式交換において増加する資本金等の額（法令8①十一）を計算することになります（法令119の10④）。

QI-36【三角株式交換―国際的租税回避防止規定（適格性の否認規定）】

コーポレート・インバージョンの目的とその防止規定について教えてください。

A　合併等対価の柔軟化が施行されたことによって、国境を越えたクロスボーダー組織再編成が行いやすい法制度が整備されました。外資系企業にによる日系企業に対するM&Aの機会が増加する一方、日系企業が租税回避を目的として国外へ本社機能等を移転するグループ再編が可能となります。つまりCorporate Inversion（日本の親会社が外国法人の子会社になるもの）による租税回避です。米国で80年代から90年代前半にかけて行われたCorporate Inversionの目的は取引時の節税ではなく、外国子会社が既に得ているもしくは将来得る所得を親法人の所在国を変更し租税回避を行うことが目的でした。同様に、日本法人の外国子会社でタックス・ヘイブン対策税制が適用される所得をその外国子会社が有している場合、日本法人はその子会社からの実際の配当に関係なく、わが国において合算課税が適用されますが、今後は三角型適格組織再編税制を利用して日本法人とその外国子会社の親子関係を反転させることで、日本法人における合算課税の適用を回避することが可能となります。その他、親法人となった外国法人から日本法人へ資金の貸付を行い日本におい

て支払利息を損金算入することで、日本法人の課税所得を圧縮することも可能です。このような国際的な租税回避行為に対応するため、適格三角株式交換以外の適格三角組織再編成が可能な適格合併及び適格分割を含めて、平成19年度の税制改正において適格組織再編成の適格要件を否認する租税回避防止規定が設けられ、平成19年10月1日以降に行われる組織再編成（合併・分割・株式交換または現物出資）から適用されています。なお、この規定の創設と併せて、適格性が否認された場合のその株主に対する課税関係についても租税回避防止規定が創設されています。詳細についてはＱⅠ-37及びＱⅠ-43を参照ください。

適格性の否認

　企業グループ内で行われる株式交換のうち、特定軽課税外国法人に該当する親法人株式を対価とするクロスボーダー型の三角株式交換で、完全子法人となる法人と完全親法人となる法人との間に特定支配関係がある株式交換（以下「特定グループ内株式交換」という）の場合には、その株式交換が形式的に適格要件を満たす場合でも、その適格性が否認され非適格株式交換として取り扱われ、完全子法人となる法人には時価評価課税が適用され（措法68の2の3③）、完全

【三角株式交換を利用した Corporate Inversion の例】

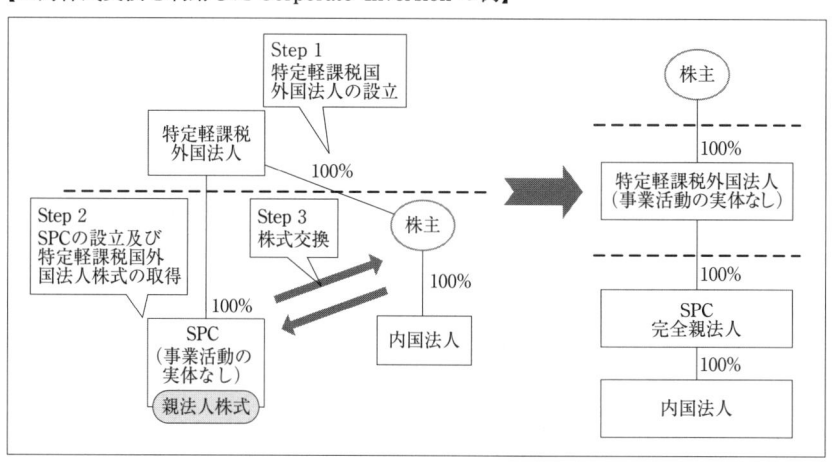

I 株式交換

子法人の株主は親法人株式のみの交付を受ける場合でも完全子法人株式に係る譲渡損益を認識します（措法37の14の3、68の3、68の109の2）。

特定軽課税国外国法人について

特定軽課税国外国法人とは次のいずれかの外国法人をいいます。
① 法人税が存在しない国等に本店等を有する外国法人
② 株式交換が行われる事業年度開始の日前2年以内に開始した事業年度のうちいずれかにおいて所得に対する租税負担割合[47]が25％以下であった外国法人

ただし、特定軽課税国外国法人が次のすべてを満たす場合には特定軽課税外国法人には該当しません（措令39の34の3⑦）。

ⓐ 事業基準

株式・債券の保有、工業所有権その他の技術に関する権利・特別の技術による生産方式もしくはこれらに準ずるものまたは著作権の提供、船舶・航空機の貸付が主たる事業でないこと

ⓑ 実体基準・管理支配基準

本店所在地国において、その主たる事業を行うに必要と認められる事務

---

[47] 租税負担割合の計算は、外国会社の合算税制における外国関係会社の租税負担割合の計算と同様に行うこととされている（措令39の34の3⑥、39の14②）。

【算式】

$$\text{租税負担割合} = \frac{\text{納付外国法人税額}}{\text{本店所在地国の法令に基づく所得の金額} + \text{本店所在地国の法令で非課税とされる所得の金額} + \text{損金算入支払配当} + \text{損金算入外国法人税額} + \text{保険準備金調整額} - \text{還付外国法人税額}}$$

（備考）
1 本店所在地国の外国法人税の税率が所得の金額に応じて高くなる場合には、分子の外国法人税額は、最高税率を用いて計算した額とすることができます。
2 分母の金額が欠損の場合には、租税負担割合は、主たる事業に係る収入金額から所得が生じたとした場合に適用される外国法人税の税率によります。

所、店舗、工場その他の固定施設を有し、かつ、その事業の管理、支配及び運営を自ら行っていること

ⓒ　非関連者基準または所在地国基準

　　株式交換が行われる事業年度開始の日前2年以内に開始したいずれかの事業年度において主たる事業が次の事業に該当する場合に、それぞれの以下の要件を満たすこと。なお、下記の事業区分のうち、その外国法人の行う主たる事業が卸売業、銀行業、信託業、証券業、保険業、水運業または航空運送業については、非関連者基準によって判定されることになり、株式交換が行われる日を含むその外国法人の事業年度開始の日前2年以内に開始した各事業年度のうちいずれかの事業年度において、関連者以外の者との取引が50%を超えており、その外国法人の行う主たる事業が不動産業、物品賃貸業、そのほかの事業である場合には主としてその外国法人の本店所在地国において事業を行っている必要があります。

事業の区分	要件	
卸売業	右記の取引金額の50%超が関連者（当該外国法人との間に50%超の直接・間接の保有関係のある法人）以外の者に対するものであること	棚卸資産の売上または仕入のいずれか一方
銀行業	^	受入利息または支払利息のいずれか一方
信託業	^	信託報酬
証券業	^	受入手数料（有価証券の売買による利益を含む）
保険業	^	収入保険料
水運業又は航空運送業	^	運行及び貸付に係る収入
不動産業	主として本店所在地国にある不動産の売買・貸付・管理等であること	
物品賃貸業	主として本店所在地国にある使用に供される物品の貸付であること	
上記以外の事業	主として本店所在地国で行われていること	

特定支配関係について

　特定支配関係とは次のいずれかの関係をいいます（措法68の2の3⑤二、措令39の34の3⑩）。これは適格株式交換の適格判定において50%超100%未満の支

I 株式交換

配関係と同様となっています。

① 株式交換の直前に株式交換完全親法人と株式交換完全子法人の一方が他方の発行済株式（自己株式を除く）の50％超を直接または間接に保有していること

② 株式交換の直前に株式交換完全親法人となる法人と株式交換完全子法人となる法人とが同一の者によってそれぞれの発行済株式（自己株式を除く）の50％超を直接または間接に保有されていること

特例

上記の適格性の否認規定は、下記に掲げる適格性維持の要件をすべて満たす場合には、特定グループ内株式交換から除かれ、適格株式交換として取り扱われます（措令39の34の3④）。事業関連性の要件は適格株式交換における共同事業要件の事関連性と同様の要件となっています（措規22の20）。

要件	内容
事業関連性	完全子法人の主要な事業のいずれかと完全親法人の事業のいずれかが相互に関連すること
事業規模	完全親法人の株式交換前に継続して営む事業に係る売上金額等の合計額が、完全子法人のこれらの額の概ね1／2を下回るものでないこと
事業内容	完全親法人の交換前に営む主たる事業が次のいずれにも該当しないこと ① 株式または債券の保有 ② 工業所有権その他の技術に関する権利、特別の技術による生産方式もしくはこれらに準ずるものまたは著作権の提供
事業場所・管理・支配・運営	完全親法人が株式交換前に日本において主たる事業を行うに必要と認められる事務所、店舗、工場その他の固定施設を有し、かつ、その事業の管理、支配及び運営を自ら行っていること
特定役員	完全親法人の株式交換前の特定役員（常務以上の役員等）の過半数が次に掲げる者でないこと ① 完全子法人の役員もしくは使用人を兼務している者または役員もしくは使用人であった者 ② 完全親法人の外国親法人の役員もしくは使用人を兼務している者また

は役員もしくは使用人であった者
③ ①及び②に掲げる者と特殊の関係にある者

Q I-37 【三角株式交換―国際的租税回避防止規定】
（株主課税の特例）

適格性が否認された場合の株主課税の特例制度について教えてください。

A 会社法における対価の柔軟化に伴い、クロスボーダー組織再編成を通じた国際的租税回避を防止する目的で、適格組織再編の適格性を否認する租税回避防止規定が創設されています（Q I-36）。完全子法人となる法人の株主課税は、完全親法人またはその親法人の株式のいずれか一方のみが交付される場合には、その株式交換が非適格株式交換であっても課税繰延べが認められましたが、クロスボーダー型三角株式交換でその適格性が否認された場合には、課税繰延は認められないことになります（措法37の14の3③、⑤、68の3③）。

個人株主の場合

居住者または国内に恒久的施設を有する非居住者（以下「居住者等」という）が、平成19年10月1日以降にその保有していた株式を発行した内国法人の行う特定非適格株式交換[48]により完全親法人に対してその旧株式の譲渡をし、かつ、外国完全支配親法人株式の交付を受けた場合において、その外国完全支配親法

---
[48] 特定非適格株式交換とは株式交換で完全子法人の株主等に外国完全支配親法人株式以外の資産（剰余金の配当等として交付される金銭その他の資産及び反対株主に対する買取請求に基づく対価として交付される金銭その他の資産を除く）が交付されなかったもののうち、適格株式交換に該当しないものをいう（措法37の14の3③、37の14の2⑤五）。適格株式交換からは特定グループ内株式交換に該当する株式が除かれている（措法68の2の3③）。特定グループ内株式交換の詳細についてはQ I-36を参照。

人株式にが特定軽課税外国法人[49]の株式に該当するときは、旧株式の譲渡については、株式交換に係る譲渡所得等の課税の特例（旧株式の譲渡がなかったものとみなす規定）は適用されず、旧株式の譲渡に係る譲渡所得等について課税されます（措法37の14の3③）。国内に恒久的施設を有しない非居住者についても、その所得が国内源泉所得に該当するときは、その有する株式につき同様の取扱いを受けます（措法37の14の3⑤）。ただし、非居住者の最終的な課税関係については租税条約により変更されます。当然ながら、外国完全支配親法人株式の取得価額については、その交付を受けた時における株式の取得のために通常要する価額（時価）となります（措令25の14の2③）。

上場株式等の軽減税率等の特例の不適用

個人株主が有していた法人の旧株式が上場株式であり、上場株式等の譲渡等をした場合の軽減税率の特例及び特定上場株式等に係る譲渡所得等の非課税の適用については、租税回避を防止する観点から適用されません（旧措法37の14の3④三）。

法人株主の場合

法人が平成19年10月1日以降に旧株式を発行した内国法人の行った株式交換により外国完全支配親法人株式の交付を受けた場合において、その外国法人の株式が特定軽課税外国法人の株式に該当するときは、旧株の譲渡については帳簿価額による譲渡損益の計上の繰延べを認めず、旧株の時価による譲渡を行ったものとして譲渡損益の計上を行うことになります（措法68の3③、法法61の2⑨、142）。なお、日本に恒久的施設を有していない外国法人の課税関係については、租税条約により変更されます。個人株主同様に、外国完全支配親法人株式の取得価額については、その交付を受けた時における株式の取得のために通常要する価額（時価）となります（措令39の35④）。

---

[49] 特定軽課税外国法人の定義についてはＱⅠ-**36**を参照。

3──完全子法人株主の税務

Q I-38【完全子法人となる法人の株主の取扱い】

完全子法人となる法人の株主の課税関係について教えてください。

A 株式交換によって完全子法人となる法人の株主は、その有する株式との交換により完全親法人となる法人の株式を受け取ることになります。この場合、税務上は完全子法人株式の譲渡があったものとして取り扱うため、原則として株式譲渡損益を認識しますが、完全親法人株式または親法人株式のいずれか一方の法人の株式のみが交付される場合には、課税繰延べが認められます。また、課税繰延べが認められない場合であっても、合併や分割型分割のようにみなし配当は生じません。これは、株式交換が合併や分割型分割と異なり、完全子法人を経由して財産が株主へ交付されたとみなされず、完全子法人の利益積立金に変動が生じないためです。株式交換における株主課税の概要は次のとおりです。

株式交換の区分		非適格株式交換		適格株式交換
		金銭等交付あり	金銭等交付なし(外国親法人株式以外が交付)	金銭等交付なし(外国親法人株式が交付)
株主の区分	居住者・内国法人	課税	課税なし	課税なし
	非居住者・外国法人(国内事業管理株式の場合)	課税	課税なし	課税なし
	非居住者・外国法人(上記以外)	課税	課税なし	課税

注:非居住者・外国法人については租税条約により修正される場合あり。

株主の非課税要件

　株式交換において完全子法人となる法人の株主に対して交付される対価（剰余金の配当等を除く。詳細はＱⅠ-11参照）が、完全親法人の株式または親法人株式（株式交換により完全親法人となる法人の発行済株式等の全部を株式交換の直前に直接保有する関係がある法人の株式）のいずれかの株式である場合には、株式交換に応じる株主に対して課税繰延べが認められます。この場合、法人株主は旧株式の帳簿価額で譲渡したものとして株式譲渡損益を認識せず（法法61の2⑨）、個人株主は旧株式の譲渡がなかったものとして取り扱われます（所法57の4①）。株式交換における株主課税は、その株式交換自体が適格株式交換であるか、非適格株式交換であるかに左右されることなく決定されます。つまり、株式交換により交付を受ける対価が完全親法人株式または親法人株式のいずれかの場合には原則として株主への課税は生じません。ただし、完全子法人となる法人の株主に非居住者または外国法人がいる場合で、三角株式交換により交付を受ける株式が外国株式交換完全支配親法人株式の場合や、国際的租税回避を防止する目的から特定軽課税国にある法人の株式を使った三角株式交換の場合には、株主へ株式のみが交付される場合でも譲渡損益を強制的に認識する取扱いがあります。これらの取扱いの詳細についてはＱⅠ-37、ＱⅠ-39、ＱⅠ-40を参照ください。

　株式以外にも完全子法人となる法人の発行する新株予約権または新株予約権付社債を所有している場合で、株式交換によって当該新株予約権または新株予約権付社債と引き換えに対価を交付された場合には、原則として譲渡損益を認識することになりますが、当該新株予約権または新株予約権付社債に代えて完全親法人の新株予約権または新株予約権付社債のみの交付を受けた場合には、譲渡損益の認識を繰り延べられます（法法61の2⑫、所令116）。

Q I-39 ［非居住者等へ外国親法人株式が交付される場合の取扱い］

　　三角株式交換により非居住者または外国法人へ外国親法人株式が交付される場合の課税関係について教えてください。

A　　完全子法人となる法人の株主に非居住者または外国法人（以下「非居住者等」という）がいる場合で、三角株式交換により交付を受ける株式が外国株式交換完全支配親法人株式（以下「外国親法人株式」という）の場合には、その株式が国内事業管理親法人株式に該当する場合を除き、課税繰延べが認められず譲渡損益を認識することになります（法令188①十七、措法37の14の2③、⑦）。これは、恒久的施設を有しない非居住者等の有する株式が事業譲渡類似株式に該当するときで三角株式交換によって外国親法人株式が交付された場合には、交換後は非居住者等が有する外国法人株式自体の保有・譲渡の状況把握が困難となり、日本における課税権が及びにくくなるため、従来の国内源泉所得の規定に従って、新株が交付された時点で譲渡損益を認識するものです。事業譲渡類似株式に加えて、完全子法人となる法人の株式が不動産関連法人株式に該当するときも新株を交付された時点で譲渡損益を認識することになります。ただし、その非居住者等の居住地国が日本と租税条約を締結しているときは、租税条約を適用することで、課税関係が変更される場合があります（所法162、法法139）。

外国株式交換完全支配親法人株式について

　外国株式交換完全支配親法人株式とは、株式交換の直前に完全親法人となる法人の発行済株式等の全部を保有する外国法人の株式をいいます（措法37の14の2⑤六、措令25の14⑧）。

事業譲渡類似株式について

　事業譲渡類似株式とは内国法人の特殊関係株主等である非居住者等が行うその内国法人の株式等の譲渡により生じる所得をいいます。特殊関係株主等とは、①その内国法人の株主②その株主と同族関係者に規定する特殊の関係等にある者③その内国法人の株主が締結している組合契約による組合が含まれます（所法164①四イ、所令291①三、法法141四イ、法令187①三）。また、ここでいう、株式等の譲渡による所得とは次に掲げる要件を満たす場合をいいます（所令291④、法令187④）。

- 譲渡年または譲渡事業年度終了の日以前3年以内のいずかの時において、内国法人の特殊関係株主等が、その内国法人の発行済株式または出資の総数または総額の25％以上に相当する数または金額の株式または出資を所有していたこと（所有株式数要件）
- 譲渡年または譲渡事業年度において、その譲渡を行った非居住者等を含む内国法人の特殊関係株主等がその内国法人の発行済株式数の総数または総額の5％以上（外国法人の場合には当該事業年度が1年に満たない場合には、5％に事業年度の月数を乗じ、12で除して計算した割合）に相当する数または金額の株式または出資の譲渡をしたこと（譲渡株数要件）

　なお、譲渡株数要件には非適格分割型分割や株式の消却を伴わない減資による払戻し等により金銭等の交付を受ける場合にも、この要件に相当する株式の譲渡があったされる取扱いがあります（法令187⑦）。

不動産関連法人株式について

　不動産関連法人株式とは、法人が有する資産の価額の総額のうちに次に掲げる資産の価額の合計額の占める割合が50％以上である法人（外国法人を含む）をいいます（所令291⑧、法令187⑧）。

- 国内にある土地等（土地、土地の上に存する権利、建物及びその附属設備、構築物をいう。以下同じ）
- 不動産関連特定信託の受益権

・その有する国内になる土地等もしくは不動産関連受益権または他の不動産関連法人の株式の価額の合計額が資産総額の50％以上である法人の株式

また、課税対象となる譲渡の範囲は、非居住者等の有する不動産関連株式の譲渡による所得のうち、次に掲げる譲渡による所得が課税対象となります（所令291⑨、法令187⑨）。また下記の所有割合の判定は、非居住者はその譲渡の日の属する年の前年の12月31日に、外国法人はその譲渡の日の属する事業年度開始の日の前日に行います。

・証券取引所に上場されている不動産関連株式

　　不動産関連法人の特殊関係株主等がその発行済株式等の総数（自己株式を除く）の5％超の株式を所有し、その譲渡をした非居住者等が特殊関係株主等である場合のその譲渡

・上記以外

　　不動産関連法人の特殊関係株主等がその発行済株式等の総数（自己株式を除く）の2％超の株式を所有し、その譲渡をした非居住者等が特殊関係株主等である場合のその譲渡

Q I-40【恒久的施設を有する非居住者等の例外】

三角株式交換により国内に恒久的施設を有する非居住者または外国法人へ外国親法人株式が交付される場合の課税関係について教えてください。

A　日本に支店等の恒久的施設を有する非居住者または外国法人（以下「非居住者等」という）が、株式を国内事業資産として支店等の資産として管理している場合（以下「国内事業管理株式」という）で、その国内事業管理株式に対応して三角株式交換により外国親法人株式（国内事業管理外国株式交換完全支配親法人株式[50]。以下「国内事業管理親法人株式」という）の交付を受けたときは、居住者または内国法人の課税と整合させる観点から、国内株主同

様に課税繰延べが認められます（措法25の14の2③、法令188①十七）。ただし、交付を受けた株式が特定軽課税外国法人の株式に該当する場合には課税繰延べは認められません。また、国内事業管理親法人株式の管理の内容としては、国内において行う事業に係る資産として管理されるものであり、かつ、その株式が非居住者等の国内に有する支店等において管理されることを要件としています。

国内事業管理親法人株式のみなし譲渡

　株式交換後、非居住者等が国内事業管理親法人株式の全部または一部について、次のいずれかの行為を行った場合には、その行為が行われた時の価額で譲渡があったものとみなして、その非居住者等の国内源泉所得に係る所得の金額を計算します（措法37の14の2④、措令25の14②、法令188②）。また、国内事業管理親法人株式と同じ銘柄の国内事業管理親法人株式以外の株式が有している場合には、まず国内事業管理親法人株式から譲渡があったものとして取り扱われることになります（措令25の14⑤、法令188④）。

① 国内において行う事業に係る資産として管理しなくなる行為
② その非居住者等が有する国内の恒久的施設から国外にある、居所、本店または事務所、事業所その他これに準ずるものに移管する行為
③ その他国内の恒久的施設が廃止されるなど国内の恒久的施設で管理しなくなる行為

管理しない場合の取扱い

　国内事業管理親法人株式の全部または一部をその交付を受けた時に国内において行う事業に係る資産として管理しない場合または国内の恒久的施設において管理しない場合には、その管理しない部分について、交付の時に国内において行う事業に係る資産として管理し、かつ、国内の恒久的施設において管理し

---

50 外国株式交換完全支配親法人株式とは、株式交換の直前に完全親法人となる法人の発行済株式等の全部を保有する外国法人の株式（措法37の14の2⑤六、措令25の14⑧）。

本支店間取引の不適用

この国内事業管理親法人株式のみなし譲渡は、国内外にまたがる本支店間の資産移転に該当するため内部取引として取り扱われ、通常は所得が生じないものとされています（所令279③二、法令176③二）。しかしながら、このみなし譲渡の規定では内部取引に関する取扱いは適用されないこととされています（措令25の14④、法令176⑦）。

Q Ⅰ-41【国内事業管理親法人株式の書類手続（非居住者株主）】

国内に恒久的施設を有する非居住者株主が交付を受けた国内事業管理親法人株式に関する書類手続について教えてください。

A 国内に恒久的施設を有する非居住者が国内事業管理親法人株式の交付を受けた場合には、その交付を受けた日の属する年の12月31日において有する国内事業管理親法人株式について、次に掲げる事項を記載した書類を翌年3月15日までにその者の所得税の納税地の所轄税務署長に提出する必要があります（措令25の14⑨、措規18の15の3①）。

1．国内事業管理親法人株式の交付を受けた非居住者の氏名及び居所（国内に居所を有しない場合には国外の住所）並びにその者の国内において行う事業に係る事務所、事業所その他これらに準ずるものの所在地（これらが二以上あるときは、そのうち主たるものの所在地）
2．交付の基因となった合併、分割型分割または株式交換の別
3．交付を受けた年月日
4．交付を受けた国内事業管理親法人株式の銘柄及び数または金額

5．交付を受けた日の属する年の12月31日において有する国内事業管理親法人株式の銘柄及び数または金額
6．その他参考となるべき事項

　また、国内に恒久的施設を有する非居住者がその有する国内事業管理親法人株式について、国内において行う事業に係る資産として管理しなくなる場合のみなし譲渡の規定（措法37の14の2④、措令25の14②、③）の適用を受ける場合には、確定申告書に添付する株式等の譲渡所得等の金額に関する明細書には、次に掲げる事項をあわせて記載して、提出しなければならないこととされています（措令25の14⑩、措規18の15の3②）。

ⓐ　国内事業管理親法人株式について、そのみなし譲渡の適用を受けることとなる行為が行われた年月日
ⓑ　その行為が行われた国内事業管理親法人株式の銘柄及び数または金額
ⓒ　その他参考となるべき事項

Q I-42【国内事業管理親法人株式の書類手続(外国法人株主)】

国内に恒久的施設を有する外国法人株主が交付を受けた国内事業管理親法人株式に関する書類手続について教えてください。

A 国内に恒久的施設を有する外国法人が国内事業管理親法人株式の交付を受けた場合には、その交付を受けた日の属する事業年度終了の日の翌日から2月以内に、その交付を受けた日の属する事業年度終了の時に有する国内事業管理親法人株式について、次に掲げる事項を記載した書類を納税地の所轄税務署長に提出する必要があります（法令188⑤、法規60の4①）。

1. 国内事業管理親法人株式の交付を受けた外国法人の名称、納税地及び代表者の氏名並びに国内において行う事業または国内にある資産の経営または管理の責任者の氏名
2. 交付の基因となった合併、分割型分割または株式交換の別
3. 交付を受けた年月日
4. 交付を受けた国内事業管理親法人株式の銘柄及び数または金額
5. 交付を受けた日の属する事業年度終了の時に有する国内事業管理親法人株式の銘柄及び数または金額
6. その他参考となるべき事項

また、国内に恒久的施設を有する外国法人は、その交付を受けた国内事業管理親法人株式について、交付を受けた日の属する事業年度後の各事業年度においてその有する国内事業管理親法人株式の数または金額に異動があった場合には、その異動があった日の属する事業年度終了の日の翌日から2月以内に次に掲げる事項を記載した書類を納税地の所轄税務署長に提出する必要があります（法令188⑥、法規60の4②）。

ⓐ その有する国内事業管理親法人株式の数または金額に異動（増加または減少）があった外国法人の名称、納税地及び代表者の氏名並びに国内において行う事業または国内にある資産の経営または管理の責任者の氏名

ⓑ その異動があった国内事業管理親法人株式の銘柄及び数または金額、その異動のあった年月日並びに異動の基因となった事実
ⓒ その異動があった日の属する事業年度終了の時に有するその異動に係る国内事業管理親法人株式の銘柄及び数または金額
ⓓ その他参考となるべき事項

3──完全子法人株主の税務　133

国内事業管理親法人株式の交付を受けた場合の届出書・国内事業管理親法人株式の数の増加又は減少があった場合の届出書

※整理番号

税務署受付印

平成　年　月　日

税務署長殿

（フリガナ）	
法　人　名	
本店又は主たる事務所の所在地	〒
納　税　地	〒 電話（　）　―
（フリガナ） 代表者氏名	
（フリガナ） 責任者氏名	㊞
責任者住所	〒 電話（　）　―

国内事業管理親法人株式の　交付を受けた／数の増加又は減少があった　ので届け出ます。

交付を受けた場合

事業年度	自 平成　年　月　日　～　至 平成　年　月　日

交付を受けた日	交付を受けた株式の銘柄	交付の基因となった事実	交付を受けた株式の数（又は出資の金額）	交付を受けた日の属する事業年度終了の時に有する株式の数（又は出資の金額）
平成　年　月　日		□ 合　併 □ 分割型分割 □ 株式交換		
平成　年　月　日		□ 合　併 □ 分割型分割 □ 株式交換		

増加又は減少があった場合

事業年度	自 平成　年　月　日　～　至 平成　年　月　日

増加又は減少があった日	増加又は減少した株式の銘柄	増加又は減少した株式の数（又は出資金額）	増加又は減少の基因となった事実	増加又は減少があった日の属する事業年度終了の時に有する株式の数（又は出資の金額）
平成　年　月　日				
平成　年　月　日				

参考事項

税理士署名押印	㊞

（規格A4）

※税務署処理欄	部門	決算期	業種番号	入力	名簿	通信日付印	年　月　日	確認印

19.06

Q I-43【コーポレート・インバージョン対策合算課税】

コーポレート・インバージョン対策合算課税の内容について教えてください。

平成19年度の税制改正で創設されたコーポレート・インバージョン対策合算課税とは、内国法人の株主が組織再編成等により軽課税国に所在する外国法人を通じてその内国法人の株式の80％以上を間接保有することになった場合には、その外国法人が各事業年度において留保した所得をその持分割合に応じて、その外国法人の株主である居住者または内国法人の所得に合算して課税する制度です（措法40の10〜40の12、66の9の6〜66の9の9、68の93の6〜68の93の9）。この制度は、外国子会社合算税制のような5％以上の保有割合要件は設けられていません。コーポレート・インバージョンの目的についてはQ I-36を参照ください。

制度の前提

この合算課税制度は、組織再編成等により内国法人の株主とその内国法人との間に外国法人を介在させることにより、その株主が外国法人を通じて内国法人を間接所有する形態が生じたこと（コーポレート・インバージョン）を前提としています。コーポレート・インバージョン後の状態を法令上は、特殊関係株主等と特殊関係内国法人との間の特定関係（特殊関係株主等が特殊関係内国法人の発行済株式等の80％以上を間接に保有する関係）と規定しています。80％という数字は、株主が依然として内国法人を手放していない状態として妥当な数字が考慮されたもので、適格組織再編税制における共同事業要件の1つである被合併法人等の株主の株式継続保有要件(80％以上)を参考に規定されています[51]。

---

[51] 財団法人大蔵財務協会「平成19年 改正税法のすべて」p.567

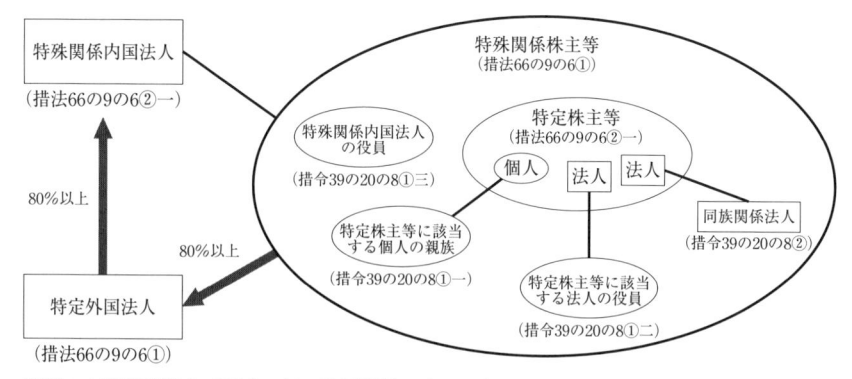

```
                      特殊関係株主等
                     (措法66の9の6①)
  特殊関係内国法人
  (措法66の9の6②一)    特殊関係内国法人    特定株主等
                      の役員        (措法66の9の6②一)
                     (措令39の20の8①三)  個人  法人  法人
   80%以上                                          同族関係法人
          80%以上   特定株主等に該当                    (措令39の20の8②)
                    する個人の親族
                   (措令39の20の8①一)  特定株主等に該当
   特定外国法人                       する法人の役員
                                  (措令39の20の8①二)
   (措法66の9の6①)
```

出所：大蔵財務協会「平成19年　改正税法のすべて」P.567

　特殊関係株主等とは、特定株主等[52]に該当する者並びにこれらの者と特殊の関係にある個人及び法人（措法40の10①、66の9の6①）をいい、特殊の関係とは次のような場合をいいます（措令25の30①、②、39の20の8①、②）。

① 特定株主等の親族
② 特定株主等に該当する法人の役員
③ 特殊関係内国法人の役員
④ ②及び③に掲げる役員の親族
⑤ 特定株主等の1人が他の法人を支配している場合における他の法人
⑥ 特定株主等の1人及びこれと⑤の法人が他の法人を支配している場合における他の法人
⑦ 特定株主等の1人及びこれと上記⑤または⑥の法人が他の法人を支配している場合における他の法人

　特殊関係内国法人等とは、特定内国法人または合併、分割、事業の譲渡その他の事由により特定内国法人の資産及び負債のおおむね全部の移転を受けた内国法人をいい、合算課税の対象となる外国法人は、外国関係法人のうち、本店

---

[52] 特定関係が生じることとなる直前における特定内国法人（特定関係発生前に5人以下の株主グループによって80％以上の株式を保有される内国法人）のすべての株主をいう。

所在地国における税負担割合が著しく低いものとして、法人の所得に対して課される税が存在していない場合や各事業年度の所得に対して課される租税が25％以下である場合の法人が該当します（措法40の10①、66の9の6①、措令25の30⑦、39の20の8⑦）。

適用除外

　この制度は、組織再編成等を通じて軽課税国に所在する外国法人を内国法人と株主との間に介在させることにより、租税負担の軽減を図ることを防止するために創設された規定ですので、介在する外国法人が独立企業としての実体を備え、かつ、その地で事業活動を行うことにつき十分な経済合理性があると認められる一定の要件（適用除外要件）を満たす場合には、合算課税は適用されません（措法40の10④、66の9の6④）。

QⅠ-44【完全親法人株式の取得価額（個人株主の場合）】

> 個人株主が取得した完全親法人株式または親法人株式の取得価額について教えてください。

A　株式交換により完全子法人となる法人の個人株主が取得する完全親法人株式または親法人株式（株式交換により完全親法人となる法人の発行済株式等の全部を株式交換の直前に直接保有する関係がある法人の株式）の税務上の取得価額はそれぞれ次のように取り扱われます。なお、特定軽課税外国法人株式が交付される場合の取扱いの詳細はQⅠ-37を参照ください。

交付株式の区分＼個人株主の分類	居住者	非居住者（国内に居所等有り）	非居住者（国内に居所等無し）
完全親法人株式	旧株の取得価額	旧株の取得価額	旧株の取得価額
国内親法人株式	旧株の取得価額	旧株の取得価額	旧株の取得価額
海外親法人株式（国内事業管理株式）	旧株の取得価額	旧株の取得価額	交付株式の時価
海外親法人株式（国内事業管理株式以外）	旧株の取得価額	交付株式の時価	交付株式の時価
海外親法人株式（特定軽課税外国法人株式）	交付株式の時価	交付株式の時価	交付株式の時価

居住者の場合

　居住者の有する株式（旧株）について、株式交換により完全親法人株式または親法人株式（特定軽課税外国法人株式を除く）のみの交付（非適格交付資産に該当しないものを含む。QⅠ-11参照）を受けた場合には、株式交換が適格また非適格であるかにかかわらず、その旧株の譲渡はなかったものとみなして、譲渡所得等の課税を繰り延べます（所法57の4①）。この特例の適用を受けた居住者が、株式交換により取得した完全親法人株式または親法人株式をその後、譲渡した場合の事業所得の金額、譲渡所得の金額または雑所得の金額の計算において収入金額から控除する取得費の計算の基礎となる完全親法人株式または親法人株式の取得価額は、その株式交換により譲渡した旧株の取得価額（完全親法人株式または親法人株式の取得に要した費用がある場合には、その費用を加算した金額）となります（所令167の7③）。また、課税繰延べの特例の適用を受けない場合の完全親法人株式または親法人株式の取得価額は株式交換時におけるその有価証券の取得のために通常要する価額(時価)となります(所令109①五)。

非居住者の場合

　非居住者が有する株式（旧株）について、株式交換により完全親法人株式または親法人株式（内国法人の株式に限る）のみの交付（非適格交付資産には該当しないものを含む。QⅠ-11参照）を受けた場合には、居住者同様にその旧株の譲渡はなかったものとみなして、譲渡所得等の課税を繰り延べることになりま

す。従って、この特例の適用を受けた非居住者が、株式交換により取得した株式完全親法人株式または親法人株式をその後、譲渡した場合で日本において申告義務があるときの事業所得の金額、譲渡所得の金額または雑所得の金額の計算において収入金額から控除する取得費の計算の基礎となる完全親法人株式または親法人株式の取得価額は、その株式交換により譲渡した旧株の取得価額(完全親法人株式または親法人株式の取得に要した費用がある場合には、その費用を加算した金額)となります。ただし、親法人株式が外国法人の株式である場合には、日本に居所等を有する非居住者で国内事業管理親法人株式(詳細はＱⅠ-**40**参照)に該当する場合を除き、課税は繰り延べられないことになり、事業譲渡類似株式または不動産関連法人株式に該当する場合には日本において申告義務が生じます(ただし、租税条約により課税関係が変更される場合がある)。課税繰延べの特例の適用を受けない場合の完全親法人株式または親法人株式の取得価額は株式交換時におけるその有価証券の取得のために通常要する価額(時価)となります(所令109①五)。

ＱⅠ-45【株式交換により取得する株式の取得価額(法人株主)】

> 法人株主が取得した完全親法人株式または親法人株式の取得価額について教えてください。

A 株式交換により完全子法人となる法人の法人株主が取得する完全親法人株式または親法人株式(株式交換により完全親法人となる法人の発行済株式等の全部を株式交換の直前に直接保有する関係がある法人の株式)の税務上の取得価額はそれぞれ次のように取り扱われます。なお、特定軽課税外国法人株式が交付される場合の詳細はＱⅠ-**37**を参照ください。

法人株主の分類 交付株式の区分	内国法人	外国法人	
		国内に支店等有り	国内に支店等無し
完全親法人株式	旧株の帳簿価額	旧株の帳簿価額	旧株の帳簿価額
国内親法人株式	旧株の帳簿価額	旧株の帳簿価額	旧株の帳簿価額
海外親法人株式（国内事業管理株式）	旧株の帳簿価額	旧株の帳簿価額	交付株式の時価
海外親法人株式（国内事業管理株式以外）	旧株の帳簿価額	交付株式の時価	交付株式の時価
海外親法人株式（特定軽課税外国法人株式）	交付株式の時価	交付株式の時価	交付株式の時価

内国法人の場合

　内国法人の有する株式（旧株）について、株式交換により完全親法人株式または親法人株式（特定軽課税外国法人株式を除く）のみの交付（非適格交付資産に該当しないものを含む。QⅠ-11参照）を受けた場合には、株式交換が適格また非適格であるかにかかわらず、その旧株式の帳簿価額により譲渡したものとして譲渡損益を認識せず、課税が繰り延べられることになります（法法61の2⑨）。この規定の適用を受けた場合の内国法人が有する完全親法人株式または親法人株式の帳簿価額は、株式交換直前の完全子法人株式の帳簿価額に相当する金額（完全親法人株式または親法人株式の取得に要した費用がある場合には、その費用を加算した金額）となります（法令119①八）。また、課税が繰り延べられないときの完全親法人株式または親法人株式の取得価額は株式交換時におけるその有価証券の取得のために通常要する価額（時価）となります（法令119①二十五）。

外国法人の場合

　外国法人が有する株式（旧株）について、株式交換により完全親法人株式または親法人株式（内国法人に限る）のみの交付（非適格交付資産には該当しないものを含む。QⅠ-11参照）を受けた場合には、株式交換が適格また非適格であるかにかかわらず、その旧株式の帳簿価額により譲渡したものとして株式譲渡損益を認識せず、課税が繰り延べられることになります（法法61の2⑨、法令

188①十七)。この規定の適用を受けた場合には、外国法人が有する完全親法人株式または親法人株式の帳簿価額は、株式交換直前の完全子法人の帳簿価額に相当する金額(完全親法人株式または親法人株式の取得に要した費用がある場合には、その費用を加算した金額)となります(法法142、法令119①八)。また、親法人株式が外国法人の株式である場合には、日本に支店等を有する外国法人で国内事業管理親法人株式(ＱⅠ-39及びＱⅠ-40参照)に該当する場合を除き、課税は繰り延べられないことになり、事業譲渡類似株式または不動産関連法人株式に該当する場合には日本において申告義務が生じます(ただし、租税条約により課税関係が変更される場合がある)。課税が繰り延べられないときの完全親法人株式または親法人株式の取得価額は株式交換時におけるその有価証券の取得のために通常要する価額(時価)となります(法法142、法令119①二十五)。

ＱⅠ-46【株式交換における消費税の取扱い】

完全子法人株式を株式交換により譲渡する場合の消費税の取扱いについて教えてください。

A 株式の譲渡には消費税を課されませんが、株式を譲渡した場合には譲渡した課税期間の課税売上割合の計算において、分母にその譲渡対価の５％相当を含める必要があります。株式交換によって完全子法人となる法人の株式と引き替えに完全親法人株式等の対価の交付を受ける取引は株式交換税制の取扱いとは関係なく、資産の譲渡に該当するため、株式交換が行われた課税期間の課税売上割合の計算において、その分母に株式交換により取得する完全親法人株式の価額(交付金銭等があればそれらの価額との合計額)を譲渡対価として、その譲渡対価の５％を分母に算入する必要があります。

課税売上割合について

　課税売上割合とは、課税事業者がその課税期間中に国内において行った資産の譲渡等の対価の額の合計額のうち、その課税期間中の国内において行った課税資産の譲渡等の対価の額の合計額を占める割合をいいます。資産の譲渡等の対価の額及び課税資産の譲渡等の対価の額は、いずれも税抜金額であり、それぞれ売上に係る対価の返還等の金額（輸出取引に係る対価の返還等の金額を含む）を控除した金額により計算します（消法30⑥、消令48①、消基通11-5-5）。

$$課税売上割合 = \frac{その課税期間中に国内において行った課税資産の譲渡等の対価の額の合計額（（売上に係る対価の返還等の金額を控除した金額）税抜）}{その課税期間中に国内において行った資産の譲渡等の対価の額の合計額（（売上に係る対価の返還等の金額を控除した金額）税抜）}$$

仕入税額控除について

　上記算式で計算した課税売上割合が95％以上の場合には課税売上割合による仕入税額控除の調整計算は不要ですが、95％未満の場合には仕入税額控除の計算は個別対応方式または一括比例配分方式のいずれかによって仕入税額控除を計算することになります。従って、通常の課税期間中の課税売上割合が95％程度の場合には、株式交換が行われた課税期間については、課税売上割合が95％未満になる可能性があります。また、一括比例配分方式を適用した事業者については、一括比例配分方式を2年間以上継続した後でなければ、個別対応方式に変更することはできません（消法30⑤）。なお、一括比例配分方式を適用した課税期間の翌課税期間以後の課税期間における課税売上割合が95％以上となり、課税仕入れ等の税額の全額が仕入税額控除の対象とされる場合も、一括比例配分方式を継続適用したものとして取り扱われます（消基通11-2-21）。

4── 完全親法人の税務

Q Ⅰ-47【完全子法人株式の取得価額】

株式交換で取得した完全子法人株式の取得価額について教えてください。

A 完全親法人となる法人が株式交換により取得する完全子法人株式の税務上の取得価額は、適格株式交換の場合には完全子法人となる法人の交換直前の株主数が50人未満であるか50人以上であるかによって異なります。また、非適格株式交換の場合には、株式交換時の完全子法人株式の時価が税務上の取得価額となります。

適格株式交換の場合

❶ 完全子法人の株主が50人未満

完全子法人となる法人の株主の適格株式交換の直前の帳簿価額（株主が個人である場合には適格株式交換の直前の取得価額）の合計額にその株式を取得するために要した費用の額を加算した金額が完全子法人の税務上の取得価額となります（法令119①九イ）。つまり、完全子法人となる法人の株主の税務上の取得価額を完全親法人となる法人は承継することになるため、含み損益がある場合には、その含み損益も承継することになります。

❷ 完全子法人の株主が50人以上

完全子法人となる法人の適格株式交換直前の税務上の、資産の帳簿価額から負債の帳簿価額を減算した金額（以下「簿価純資産」という）に株式を取得するために要した費用を加算した金額が完全子法人の税務上の取得価額となります（法令119①九ロ）。この直前の資産の帳簿価額には、適格株式交換に基因して連結子法人株式の帳簿価額の修正[53]を行う場合のその修正額が含まれます。なお、

完全親法人が株式交換前に完全子法人となる法人の株式を有していた場合には次のように取り扱われることになります。

(ア) 種類株式を発行していない場合

既存の完全子法人株式の取得価額に次の算式で計算した金額と株式を取得するために要した費用の額を加算した金額が完全子法人株式の取得価額となります（法令119①九ロ）。

$$\text{完全子法人株式の取得価額へ追加する金額} = \text{簿価純資産} \times \frac{\text{株式交換により取得した完全子法人の株数}}{\text{株式交換の直前の発行済株式の総数}}$$

(イ) 種類株式を発行している場合

完全子法人が種類株式を発行する法人の場合には、既存の完全子法人株式の取得価額に次の算式で計算した金額と株式を取得するために要した費用を加算した金額、若しくはその他合理的な方法で計算した金額が完全子法人株式の取得価額となります（法規26の9）。

$$\text{完全子法人株式の取得価額へ追加する金額} = \text{簿価純資産} \times \frac{\text{株式交換により取得した完全子法人の種類株式の数} \times \text{株式係数（＊＊）}}{\text{株式交換の直前の基準株式数（＊）}}$$

（＊） 基準株式数とは、会社法施行規則第25条第4項に規定する基準株式数をいう（各種類の株式の数×株式係数）。

（＊＊） 株式係数とは、会社法施行規則第25条第5項に規定する株式係数をいう（普通株式と異なる株数に定めた種類株式の普通株式に対する割合）。

非適格株式交換の場合

非適格株式交換の場合には、完全子法人株式を取得するために通常要する価額（時価）が完全子法人株式の取得価額となります（法令119①25）。

---

[53] 適格株式交換に基因して連結子法人株式の帳簿価額修正が行われる場合とは、完全親法人が連結親法人でない場合で株式交換直後に完全親法人と連結親法人との間に連結完全支配関係がなくなる場合をいう。

Q I-48【完全親法人の資本金等の額の計算】

株式交換によって増加する完全親法人の資本金等の額の計算について教えてください。

A　完全親法人となる法人の株式交換によって増加する資本金等の額は、株式交換により取得した完全子法人の株式の取得価額から完全子法人の株主に交付した金銭の額並びに金銭及び当該法人の株式以外の資産（剰余金の配当として交付した金銭その他の資産を除く）の価額と適格株式交換または非適格株式交換に応じてそれぞれに下記に掲げる調整を行った後の額の合計額を減算した金額となります（法令8①十一）。また、増加する資本金等の額の計算において、適格株式交換によって取得した完全子法人の株式の取得価額に株式を取得するために要した費用（法令119①九）が加算されている場合には除いた金額により計算します。この取扱いは、平成20年度の税制改正で明確化されたもので、平成20年4月30日以降に行う株式交換から適用されています（平成20年改正法令附則5①）。

適格株式交換の場合

　完全親法人となる法人の株式交換によって増加する資本金等の額は、株式交換により取得した完全子法人の株式の取得価額から完全子法人の株主に交付した金銭の額並びに金銭及び当該法人の株式以外の資産（剰余金の配当として交付した金銭その他の資産を除く）の価額並びに次の金額（A－B）の合計額を減算した金額となります。

　　A：完全子法人の消滅した新株予約権に代えて完全親法人が新株予約権を交付した場合には、完全子法人のその消滅した新株予約権の帳簿価額
　　B：債権債務関係を認識すべき契約を締結した場合などで完全親法人が取得したAに対応する債権の価額

　なお、上記の（A－B）の計算は平成19年4月1日以後に行う株式交換で完

全子法人となる法人の新株予約権に対する債権を取得したときは、その債権の価額を控除した金額（新株予約権の帳簿価額より債権の価額が大きいときは、零となる）となり、平成20年4月30日以降に行う株式交換では、減算した金額（マイナスの数値が生じる場合にはマイナスとなる）になります（平成20年度の税制改正）。この平成20年度の税制改正の趣旨は、平成19年11月15日に企業会計基準委員会から公表された「企業結合会計基準及び事業分離等会計基準に関する適用指針」の改正において企業結合に際して旧新株予約権者に交付する新株予約権が取得の対価に準じて処理することなどを踏まえて、株式交換は完全子法人の株主及び新株予約権者の双方から完全子法人を取得するものであるという考え方を徹底したものと解説されています[54]。

【例】増加資本金等の額の計算（旧株主が50人未満）
① 完全子法人株式の取得価額（旧株主の取得価額の合計） 301（付随費用1を含む）
② 株式交換により増加した資本金 50
③ 完全子法人の新株予約権の帳簿価額 20
④ 完全子法人から取得する上記③に対応する債権 10
増加資本金等の額＝300（301－1）（うち50は資本金）

（税務上の仕訳）
完全子法人株式	301	現金	1
未収金	10	増加資本金等の額	300（うち増加資本金50）
前払費用	10	新株予約権	20

非適格株式交換の場合

　完全親法人となる法人の株式交換によって増加する資本金等の額は、株式交換により取得した完全子法人の株式の取得価額から完全子法人の株主に交付した金銭の額並びに金銭及び当該法人の株式以外の資産（剰余金の配当として交

---

[54] 財団法人大蔵財務協会「平成20年　改正税法のすべて」p.345

付した金銭その他の資産を除く）の価額並びに次の金額（A−B）の合計額を減算した金額となります。

　　A：完全子法人の消滅をした新株予約権に代えて完全親法人の新株予約権を交付した場合には、当該新株予約権に価額に相当する金額
　　B：債権債務関係を認識すべき契約を締結した場合などで完全親法人が取得した上記Aに対応する債権の価額

【例】増加資本金等の額の計算
　①　完全子法人株式の取得価額（時価）　600
　②　株式交換により増加した資本金　50
　③　完全子法人の新株予約権の時価　20
　④　完全子法人から取得する上記③に対応する債権　10
　増加資本金等の額＝600　（うち50は資本金）

（税務上の仕訳）
　完全子法人株式　　　600　／　増加資本金等の額　600（うち増加資本金50）
　未収金　　　　　　　10　／
　前払費用　　　　　　10　／　新株予約権　　　　　20

Q Ⅰ-49【株式交換により交付する自己株式の消費税の取扱い】

自己株式を交付する場合の消費税法の取扱いについて教えてください。

A　完全親法人となる法人が株式交換対価として自己株式を交付する場合は消費税法上の資産の譲渡等には該当しません。

　会社法上、自己株式の処分は新株発行の場合と同様の手続となることから、自己株式を処分する場合における株式の引渡しは、所有する株式の譲渡ではなく、新株の発行として取り扱われ、当該株式の引渡しは、消費税法上の資産の譲渡には該当しないことになります（消基通5−2−9）。なお、会社法が施行さ

れる前の旧商法下における消費税法の取扱いでは、自己株式は、税法上、資産として取り扱われていたため、完全親法人となる法人が完全子法人となる法人の株主に対して、自己保有株式を交付する場合のその自己株式の交付は、消費税法上の資産の譲渡等に該当するものとして取り扱われていました。従って、自己株式の譲渡は有価証券の譲渡になるため、課税売上割合の計算に当たって、その譲渡対価の額の5％に相当する額を資産の譲渡等の対価の額（分母）に算入する必要がありました。また、完全親法人となる法人が完全子法人となる法人の株主に対して行う新株の割当ては、旧取扱いにおいても資産の譲渡等に該当することはありません。

Q I-50【適格ストックオプションの承継について】

完全子会社から承継した適格ストックオプションの取扱いについて教えてください。

A 旧商法または会社法の規定により、株式交換により完全子法人が付与していた税制適格ストックオプションに係る義務を完全親法人へ承継させた場合には、法律上明確な規定はありませんが、そのストックオプションの付与株数及び権利行使価額について適正な調整が行われる限り、完全親法人への承継後も引き続き適格ストックオプションとして取り扱えるものと考えます。ただし、株式譲渡請求権[55]及び新株引受権[56]については、会社法上、完全親法人へ承継できないとの法律解釈がとられているため、適格ストックオプションは承継されないものと考えますが、いずれも法律上明確な規定はありません。

---

[55] 平成13年旧商法第210条の2第2項第3号に規定する権利
[56] 旧商法第280の19第2項に規定する新株の引受権

株式交換における新株予約権の取扱い

　株式交換をする場合において、完全親法人が株式会社であるときは、株式交換契約において、新株予約権に関し次の事項を定める必要があります（会768①四、五）。株式交換のその効力発生日に株式交換契約新株予約権は消滅し、その株式交換契約新株予約権の新株予約権者は、株式交換契約の定めに従い完全親法人の新株予約権者となります（会769④）。

① 　株式交換完全親株式会社が株式交換に際して株式交換完全子会社の新株予約権の新株予約権者に対して当該新株予約権に代わる当該株式交換完全親株式会社の新株予約権を交付するときは、当該新株予約権についての次に掲げる事項

　　イ　当該株式交換完全親株式会社の新株予約権の交付を受ける株式交換完全子会社の新株予約権の新株予約権者の有する新株予約権（以下この編において「株式交換契約新株予約権」という）の内容

　　ロ　株式交換契約新株予約権の新株予約権者に対して交付する株式交換完全親株式会社の新株予約権の内容及び数またはその算定方法

　　ハ　株式交換契約新株予約権が新株予約権付社債に付された新株予約権であるときは、株式交換完全親株式会社が当該新株予約権付社債についての社債に係る債務を承継する旨並びにその承継に係る社債の種類及び種類ごとの各社債の金額の合計額またはその算定方法

② 　①に規定する場合には、株式交換契約新株予約権の新株予約権者に対する同号の株式交換完全親株式会社の新株予約権の割当てに関する事項

　また、旧商法では、株式交換が行われるとき、完全子会社となる会社が発行している新株予約権については、一定の要件の下に、当該新株予約権に係る義務を完全親会社となる会社に承継させることができました（旧商法352③）。この一定の要件とは、完全子会社となる会社がその新株予約権についての発行決議(旧商法280の20②)において以下に掲げる決議を行うこととされていました。

① 　完全子会社となる会社が発行する新株予約権に係る義務を完全親会社となる会社に承継させること（旧商法352③一）

② 上記①の場合における(イ)新株予約権の目的たる完全親会社となる会社の株式の種類及び数、(ロ)新株予約権の行使に際して払込みをすべき金額、(ハ)新株予約権を行使することができる期間、(ニ)新株予約権の行使の条件、(ホ)完全親会社がその新株予約権を消却することができる事由及びその消却の条件、(ヘ)新株予約権の譲渡につき取締役会の承認を要するものとするときはその旨についての決定の方針（旧商法352③二）

また、完全親会社が完全子会社の発行した新株予約権に係る義務を承継するときは、株式交換契約書に上記②の(イ)から(ヘ)の事項を記載しなければならず、これらの記載は完全子会社が新株予約権の発行決議で定めた上記②の決定の方針に沿うものでなければなりません（旧商法352③二、352②四の二）。

上記のとおり、株式交換により完全子会社の新株予約権の消滅及び完全親会社の新株予約権の交付が行われたとしても、完全親会社において新たに交付する新株予約権に係る株主総会の決議（会238②）が行われるものではなく、完全子会社とその使用人等の間で締結された付与契約に基づく新株予約権の内容に従って完全親会社の新株予約権が交付されるものですので、その新株予約権の権利行使は、当初の付与契約にしたがって行使するものと考えられます。従って、旧商法及び会社法の規定に基づく株式交換によって完全親会社の新株予約権が交付されたときは、付与株数及び権利行使価額について適正な調整が行われる限り、法律上は明確ではありませんが、租税特別措置法第29条の2（特定の取締役等が受ける新株予約権等の行使による株式の取得に係る経済的利益の非課税等）を引き続き適用することができるものと考えます。なお、合併の場合の取扱いについては、国税庁の質疑応答事例において、その取扱いが明確化されています。

吸収合併により消滅会社のストックオプションに代えて存続会社から交付されるストックオプションについて権利行使価額等の調整が行われる場合

I　株式交換

【照会要旨】

　当社は、吸収合併により消滅することとなったため、取締役等に付与していた税制適格ストックオプションは消滅し、吸収合併契約に基づき存続会社からストックオプションが交付される予定です。

　この存続会社から交付されるストックオプションについては、当社が取締役等に付与していたストックオプションの付与株数及び権利行使価額を基に合併比率で調整されることになりますが、引き続き税制適格要件を満たすものと取り扱って差し支えありませんか。

> (注) 消滅会社のストックオプションに代えて存続会社のストックオプションが交付されることについては、会社法第236条第1項第8号の規定に基づき、ストックオプション（新株予約権）の内容としてあらかじめ定められています。

【回答要旨】

　照会のストックオプションについては、引き続き税制適格要件を満たすものと取り扱って差し支えありません。

　吸収合併が行われた場合、消滅会社のストックオプションは吸収合併の効力が生ずる日において消滅し、その消滅会社のストックオプションに代えて存続会社のストックオプションが交付されたとしても、存続会社において新たに交付するストックオプションに係る株主総会の決議（会社法第238条第2項）が行われるものではなく、消滅会社における付与決議に基づくストックオプションの内容に従って交付されるものであることから、その新株予約権の行使は当初の付与契約の内容に従って行使するものと認められます。

　また、吸収合併に当たってストックオプションの付与株数及び権利行使価額を合併比率によって調整することは、ストックオプションの権利者に対してのみ有利になるような恣意的なものでなければ、株式分割等の場合の権利行使価額の調整と同様に、経済的価値を同額にするための付与株式数と権利行使価額の数字上の調整に過ぎませんので、引き続き税制特例の適格要件を満たすものとして差し支えありません。

【関係法令通達】

租税特別措置法第29条の2、会社法第236条、第238条、第749条、第750条

注記
　平成20年7月1日現在の法令・通達等に基づいて作成しています。
　この質疑事例は、照会に係る事実関係を前提とした一般的な回答であり、必ずしも事案の内容の全部を表現したものではありませんから、納税者の方々が行う具体的な取引等に適用する場合においては、この回答内容と異なる課税関係が生ずることがあることにご注意ください。

Q Ⅰ-51【完全子法人から配当金と所得税額控除の取扱い】

完全子法人から配当金を受ける場合の課税関係について教えてください。

A　完全親法人が完全子法人から配当金を受ける場合で完全子法人株式が関係法人株式等に該当するときは、その事業年度における負債利子の支払額を差し引いた残額が、受取配当金の益金不算入として取り扱われます。ただし、関係法人株式等に該当しない状態で配当金を受ける場合には、益金不算入割合が50％となりますので、配当金の一部が課税所得に算入されます。また、配当の支払いを受ける際には課された所得税については、所有期間の按分計算を行った後、完全親法人の法人税の確定申告において、法人税額から控除され、または還付を受けることになります。

受取配当金の益金不算入制度について

　受取配当金の益金不算入制度とは、内国法人が受ける配当等の額のうち、連結法人株式等及び関係法人株式等に係るものはその全額が、それ以外の法人の

株式等に係るものはその50％相当額が、益金の額に算入されないという制度です（法法23①、②）。また、連結法人株式等以外の株式等に係る負債利子の額がある場合には、これを控除したものが、益金不算入となります（法法23④）。

連結法人株式等について

連結法人株式等とは、株式交換後に完全親法人であった連結法人が受ける配当等の額の計算対象期間の開始の日からその計算対象期間の末日まで継続してその完全親法人であった連結法人とその配当金を支払う完全子法人との間に連結完全支配関係がある場合の株式をいいます（法法23①、法令19①）。計算対象期間とは、完全子法人となる法人の前回の配当等の額の支払日の翌日から今回の配当の基準日までの期間をいいます。

関係法人株式等

関係法人株式等とは、次に掲げる法人の株式等で連結法人株式等に該当しないものをいいます（法法23⑤、法令22の2①）。完全子法人株式は、完全親法人が連結納税制度の適用を受けている法人ではない場合には、通常は関係法人株式等に該当することになりますが、株式交換後、すぐに配当を受ける場合で、下記①の要件を満さないときは、関係法人株式等として取り扱われないため、負債利子を控除した全額が益金不算入とされず、50％相当が益金算入の対象となります。

① 内国法人が他の内国法人の発行済株式等（自己株式を除く）の総数または総額の25％以上に相当する数または金額の株式等を配当等の額の支払いに係る効力が生じる日（その配当等の額がみなし配当に該当する場合には同日の前日）以前6月以上（効力が生じる日以前6月以内に設立された法人である場合にはその設立の日からその効力が生じる日まで）引き続き有している場合

② 株式移転完全親法人であった内国法人が、株式移転に係る株式移転完全子法人であった他の内国法人の発行済株式（自己株式を除く）の総数の25％

以上に相当する数の株式を株式移転によるその内国法人の設立の日から同日以後最初にその株式に係る剰余金の配当の額の支払いに係る効力が生じる日まで引続き有している場合

所得税額控除

　完全親法人が完全子法人から配当を受ける際には、支払配当金の20％の税率で所得税が源泉徴収されます。所得税額控除の規定は、法人が受け取る利子等、配当等、給付ほてん金、利息、利益、差益、利益の分配または賞金について、所得税法第174条各号の規定によって課された所得税額を法人税の課税上調整するものです（法法68）。完全親法人が完全子法人から受けた配当に対して課された所得税の控除については、株式を所有していた期間に対応する部分についてのみ控除が認められる所有期間按分方式となっています。所有期間按分の原則法は、元本の所有期間に対応するものとして、法人税額から控除する所得税の額は、次の算式で計算した金額となります。なお、分数の計算においては小数点以下3位未満の端数があるときは切り上げます（法令140の2②）。月数の計算は暦に従って計算し、1月に満たない端数が生じたときは、これを1月とします（法令140の2⑥）。

（算式）

$$配当に係る所得税 \times \frac{分母の期間のうち元本を所有していた期間の月数}{配当の計算の基礎となった期間の月数}$$

　上記算式で、配当の計算期間の月数について、その配当等が剰余金の分配もしくは利益の配当または金銭の分配である場合には、これらの配当等（以下「判定対象配当等」という）の直前にその判定対象配当等を支払う法人から受けた配当等の支払いに係る基準日の翌日からその判定対象配当等の支払に係る基準日までの期間をもって、その配当等の計算の基礎となった期間とします。なお、直前に受けた判定対象配当等の基準日の翌日が1年前の日以前の日であるときには、その1年前の日の翌日とし、その判定対象配当等がその支払いに係る基準日前1年以内に設立された法人で設立の日以後最初に支払配当である場合に

は、その設立の日がそれぞれ配当の計算の基礎となった期間となります（法令140の2②）。株式交換後の最初の完全子会社からの配当は、この按分計算において所得税額控除の対象外から除かれる所得税が生じないことを確認して、配当を実施する必要があります。

5──株式交換と連結納税制度

Q Ⅰ-52【連結納税制度と株式交換──連結納税制度の適用開始時】

連結納税制度開始時の株式交換税制との関係について教えてください。

A これから連結納税制度の適用を申請する法人が、株式交換により完全子法人とした100％子法人を有する場合には、その株式交換が適格株式交換であるか、非適格株式交換であるかによって、連結納税制度の適用開始時の課税関係が異なります。適格株式交換により完全子法人となった法人については、連結納税制度の適用開始時において時価評価課税が免除されますが、非適格株式交換の場合には時価評価損益を再度認識する必要があります。また、株式交換が適格または非適格であるかは完全子法人となる法人が有する100％子法人の保有期間の通算の仕方が異なります。

連結納税制度について

連結納税制度は、平成14年8月1日に施行され、平成14年4月1日以降に開始し、かつ、平成15年3月31日以降に終了する事業年度から適用されています。連結納税制度の創設は、当時、わが国経済がバブル崩壊後の厳しい経営環境が続いていた中、親会社の事業部門を独立採算制とするための分社化によりグループ会社である子会社に対して、より一層の経営の合理化・効率化を求めるなど、親会社単体だけではなく企業グループを一体として経営戦略を立てる必要が生じた状況にあった一方で、わが国企業が欧米諸国と同等の条件で国際競争が可能となるように、企業法制においても独占禁止法の改正によりから純粋持株会社の解禁（平成9年12月、金融機関は平成10年3月）や、旧商法改正により、純粋持株会社形態によるグループ化の手段となる株式移転制度の創設（平成12年4月）及び会社分割の制度が導入（平成13年4月）され、企業会計制度も

I 株式交換

連結財務諸表制度の本格導入（平成11年4月）という中、税制においても、企業グループの一体経営が急速に進展しつつある実態を鑑みこれ相応しい課税の仕組みを構築する観点から連結納税制度が創設・導入されています。本書では、連結納税制度自体の詳細については割愛しますが、連結納税制度の適用を検討している法人や既に連結納税制度を適用している連結納税グループが、株式交換により完全子会社化した法人を有する場合の課税関係に限って解説します。

連結納税制度開始時の時価評価と繰越欠損金の切捨て
時価評価について

　連結納税制度の開始または加入に際して時価評価課税を行うことや欠損金の繰越控除を認めない理由は、単体納税から連結納税単位という納税単位の変更にあります。これは、単体で事業活動を行って稼得した所得に対しては単体法人を納税単体とした課税を行い、グループで事業活動を行って稼得した所得に対してはグループを納税単位として課税を行うという考え方を基本とし、単体納税制度の下で単体法人を納税単位とする課税関係を清算した後に連結納税制度の適用を受け、または連結納税制度の下でグループを納税単位とする課税関係を清算した後に単体納税制度の適用を受ける仕組みとするのが、税制の本来のあり方と考えられているからです[57]。連結納税制度の適用開始前においては、連結子法人となる法人が適用開始前に生じた含み損益を連結納税制度の下で実現させることで税負担を回避することが可能となるため、一定の要件のもとに、その子会社の資産を時価評価し、単体課税での課税関係を清算する必要があるとされています（法法61の11①、法令122の12①四）。また、この時価評価の対象となる資産は、非適格株式交換における時価評価と同じ資産の範囲とされています。ただし、連結納税制度の適用開始に際して、次のいずれかに該当する場合には租税回避目的によるものではないと考えられるため時価評価が免除されています（法法61の11①）。

---

[57] 財団法人日本税務協会「平成14年　改正税法のすべて」p.243

① 株式移転により完全子会社となった法人

　株式移転によって完全親法人を設立して完全子法人となった法人は、完全子法人となって以後、完全支配関係が一度も崩れていない場合には、その完全子法人は完全親法人と実質的に同じといえることから最初の連結親法人事業年度開始の日の5年前の日からその開始の日までの間に行われた株式移転によって設立された完全親法人が連結親法人となり、その株式移転に係る完全子法人の発行済株式の全部をその株式移転の日から継続して直接または間接に保有している場合には、その完全子法人であった法人については資産の時価評価は適用されません（法法61の11①一）。なお、この時価評価の判定、株式移転が適格株式移転によるものか、非適格株式移転によるものかは関係なく適用されることになります。その完全子法人が直接または間接にその発行済株式の全部を保有していた100％法人については、適格株式移転の場合には、適格株式移転の日以前の完全子法人による所有期間と、適格株式移転の日以後の完全親法人の所有期間を通算して時価評価の有無を判定することになります。通算した期間が最初の連結親法人事業年度開始の日から5年前の日（完全子法人により最初の連結親法人事業年度開始の日の5年前の日から適格株式移転までの日に設立した法人の場合にはその設立の日）から開始の日まで継続しているときは、その会社の資産についても時価評価は適用されません（法法61の11①五）。なお、この時価評価の判定は、適格株式移転の施行日である平成18年10月1日以降の取扱いに限定されている点に注意が必要です（旧租税特別措置法の株式移転の場合には、完全子法人が100％子法人を連結納税開始日前5年超保有もしくは、100％子法人の設立日から連結納税開始日まで継続して保有している法人であれば時価評価は免除される）（平成18年改正法附則36②）。

② 5年以前より完全子会社である法人（長期保有子法人）

　長期にわたって保有されている法人については租税回避の可能性が低いことから、そのような完全子法人については資産の時価評価が適用されません。長期とは、5年超の期間を指しており、最初の連結親法人事業年度

I 株式交換

開始の日の5年前の日以前からその開始の日まで継続して連結親法人となる法人が直接または間接にその発行済株式の全部を保有している法人となります（法法61の11①二）[58]。

③ 親会社またはその完全子会社によって設立され、連結納税適用開始の日まで完全子会社である法人

　最初の連結親法人事業年度開始の日の5年前の日からその開始の日までの間に、連結親法人となる法人またはその100％子会社によって設立された100％子会社で、設立の日からその開始の日まで継続して連結親法人となる法人にその発行済株式の全部を直接または間接に保有されている法人は、実質的に親法人または他の100％保有会社と一体であり、租税回避の可能性が低いことから、資産の時価評価は適用されません（法法61の11①三）。

④ 適格株式交換によって完全子会社となった法人

　最初連結親法人事業年度開始の日の5年前の日から開始の日までの間に、連結親法人となる法人または連結親法人となる法人の100％子法人[59]が適格株式交換を行った場合で、適格株式交換の日から連結納税開始の日まで継続して発行済株式の全部を直接または間接に保有している完全子法人については、連結親法人となる法人の完全子法人となって以後、完全親子関係が崩れていない場合には時価評価の対象となりません（法法61の11①四）。

⑤ 適格合併・合併類似適格分割型分割[60]の被合併法人・分割法人の完全子会社

---

[58] 経過措置として、平成18年12月31日以前に開始する連結事業年度において、最初の連結事業年度開始の日の5年前の日は、平成14年1月1日とされている（平成14年改正法附則9③）。

[59] 三角株式交換を行った場合にも連結親法人となる法人による間接的な完全支配があるため、時価評価不要とされている。

[60] 合併類似分割型分割とは、事業全部が移転し、分割法人が遅滞なく解散することが確実な分割型分割のことであり、次の要件と満たすものをいう（法令112①）。
　① 分割法人の主要な事業が分割承継法人において分割後に引き続き営まれることが見込まれること
　② 分割法人の分割直前の資産及び負債の全部が分割承継法人に移転すること
　③ 分割期日より前に分割法人は解散の決議を行い、かつ、分割期日後直ちに（概ね2ヶ月以内に）解散すること

最初の連結親法人事業年度開始の日の5年前の日からその開始の日までの間に、連結親法人となる法人が適格合併または合併類似適格分割型分割（以下「適格合併等」という）により、被合併法人または分割法人の100％子会社の株式の全部を直接または間接に保有することとなった場合には、連結親法人となる法人による恣意的な操作の余地はないことから、適格合併等の日の前日以前における被合併法人または分割法人による所有期間と適格合併等の日以後の連結親法人となる法人の所有期間を通算して、その期間が最初の連結親法人事業年度開始の日の5年前の日（被合併法人または分割法人が5年前の日から適格合併等の日までに設立した法人の場合にはその設立の日）から継続していれば、当該被合併法人または分割法人の100％子会社の資産については時価評価は適用されません。

⑥　法令の規定に基づく株式の買取りによって完全子会社となった法人

　100％子法人とすることについて、親会社側に選択の余地がないため、その100％子法人の資産については時価評価課税を適用しないとする規定です。具体的には単元未満株式の買取りやこれに類する買取りとして、例えば、事業譲渡・譲受等の反対株主の株式買取請求に基づくもの（会469）や合併の反対株主の株式買取請求に基づくもの（会785）が考えられますが、買取りの対象となった株式以外の株式（取得済株式等）は最初の連結事業年度開始の日の5年前の日（買収された法人が最初の連結事業年度開始の日の5年前の日から買取りの日までに設立された場合には、設立の日）から買取りの日まで、継続して連結親法人となる法人がその取得済株式等の全部を直接または間接に保有している必要があります。なお、譲渡制限付株式を親会社が買取る場合や、合弁事業について、相手側の事情により合弁を解消し相手側の出資分を取得させざる得ない場合はこの規定には該当せず、時価評価が必要となります。

適用開始または加入時の欠損金の切捨て

　上記のとおり、連結納税制度は単体納税における課税関係を清算し、企業グループを1つの納税主体とする課税主体の変更を伴うため、連結納税制度を開始するときや新に加入するときには、過去の課税関係を清算することが求められています。欠損金についても同様に、連結納税以前の欠損金を引き継げた場合には他の連結法人の所得と相殺して税額を減額することが可能となったり、多額の欠損金を保有する法人を買収して連結グループに取り込むことで、連結所得を減額するような租税回避行為が行われるという懸念があります[61]。そこで連結納税制度の適用開始前や連結グループ加入前に生じた各連結法人の個別繰越欠損金については、原則として、連結納税制度上は利用できないものとされています。従って、株式交換によって、連結子法人となる株式交換完全子法人及びその完全子法人の100％子法人の連結納税制度適用前または加入前に生じた繰越欠損金については、連結納税制度上は繰越控除は認められず、切り捨てられることになります[62]。ただし、例外として次に掲げる法人が有する繰越欠損金については、連結納税制度の適用開始前に生じた欠損金額を連結欠損金とみなして、利用することが認められています（法法81の9②）。

① 連結納税制度適用開始前7年以内に生じた連結親法人の欠損金額
② 連結納税制度適用開始前5年以内に行われた株式移転により設立された完全親法人が継続して株式の全部を保有している場合における、完全子法人の連結納税制度適用開始前7年以内の欠損金額または連結欠損金額の個別帰属額（株式移転が適格株式移転ではないときは、株式移転の日の属する事業年度前の欠損金は除く）（法法81の9②二）

---

[61] 米国の連結納税制度では、連結納税子法人となる法人の連結納税加入前に保有していた欠損金及び含み損資産の特定期間内に生じる実現損についても同様に使用制限が課されているが、制限対象はその欠損金保有法人が連結納税グループ加入後にグループの課税所得に寄与した額までは利用することが可能とされている（Separate Return Limitation Year（SRLY））。
[62] 法人住民税及び事業税は単体納税であるため、法人税法上、連結納税の開始または加入に伴って、切り捨てられた連結子法人の連結納税適用前の繰越欠損金額については、引き続き繰越控除が可能である。

③　連結親法人が、完全支配関係がない法人との間でその連結親法人を合併法人または分割承継法人とする適格合併または合併類似適格分割型分割（以下「適格合併等」という）が行われた場合における被合併法人または分割法人の当該適格合併等の日7年以内に開始した事業年度において生じた未処理欠損金額または連結欠損金額の個別帰属額（法法81の9②三）

株式交換完全子法人の場合
❶ 時価評価について

　最初連結親法人事業年度開始の日の5年前の日から開始の日までの間に、連結親法人となる法人またはその法人の100％子法人[63]が適格株式交換を行った場合で、適格株式交換の日から連結納税開始の日まで継続して発行済株式の全部を直接または間接に保有している完全子法人については、連結親法人となる法人の完全子法人となって以後、完全親子関係が崩れていないときは時価評価課税の対象から外れます（法法61の11①四）。租税特別措置法に規定されていた旧株式交換税制により完全子法人となった100％子法人については、連結納税開始後に、資産の譲渡、評価換え、貸倒れ、除却等による利益・損失の計上は見込まれていないという要件が課されていましたが、平成18年10月1日以降は適格株式交換に該当する場合には、時価評価が免除されるように改正されています。また、非適格株式交換によって完全子法人となった法人については、時価評価が適用されます。

---

[63] 三角株式交換を行った場合にも連結親法人となる法人による間接的な完全支配があるため、時価評価不要とされている。

【完全子法人の時価評価】

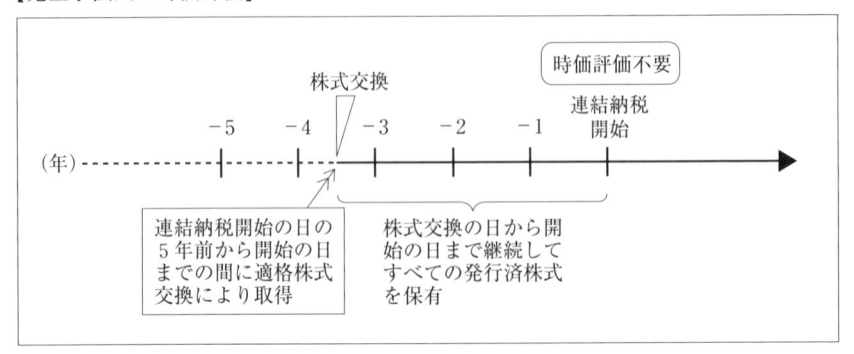

```
                              株式交換
                                 ▽              時価評価不要
             -5      -4      -3      -2      -1   連結納税
                                                   開始
(年) ----|-------|-------|-------|-------|-------|----------→
                         ↑
              ┌──────────────┐  ┌──────────────┐
              │連結納税開始の日の│  │株式交換の日から開│
              │5年前から開始の日│  │始の日まで継続して│
              │までの間に適格株式│  │すべての発行済株式│
              │交換により取得   │  │を保有          │
              └──────────────┘  └──────────────┘
```

❷ 繰越欠損金の取扱い

完全子法人の連結納税制度適用開始前に生じていた繰越欠損金については、株式交換が適格株式交換または非適格株式交換で行われているかに関係なく連結納税制度上は繰越控除が認められません。

完全子法人の100%子法人の場合

❶ 時価評価について

最初連結親法人事業年度開始の日の5年前の日から開始の日までの間に、適格株式交換の完全子法人が、その5年前の日もしくは設立日から株式交換の日まで継続して発行済株式の全部を直接または間接に保有していた法人で、連結親法人となる法人が株式交換の日から連結納税開始の日まで継続して発行済株式の全部を直接または間接に保有する法人（長期保有子法人）については、時価評価が免除されます。ただし、適格株式交換の場合でも、完全子法人がその100%保有する子法人を買収等によって取得した場合で、かつ、連結親法人の保有期間を通算しても、最初連結親法人事業年度開始の日の5年前の日から開始の日までの保有期間が5年超にならないときは時価評価の対象とされます。非適格株式交換によって完全子法人化された法人が有する法人については、その完全子法人の保有期間は通算されず、上記❷の長期保有子法人に該当しない場合には時価評価が適用されます（法法61の11①五）。

【完全子法人の長期保有法人の時価評価】

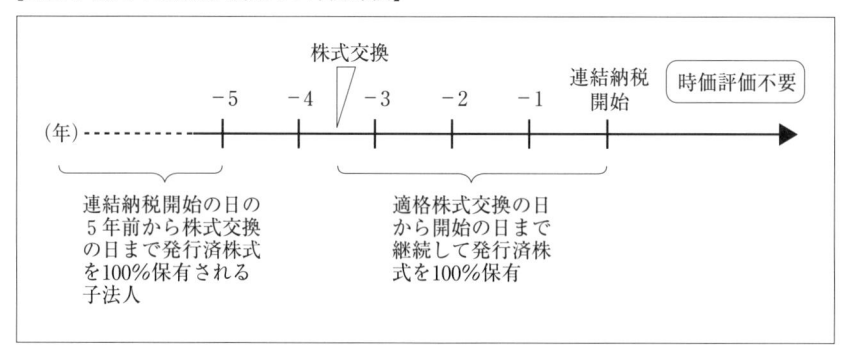

```
                    株式交換
    -5    -4    ▽ -3    -2    -1  連結納税  [時価評価不要]
(年)---|-----|-----|-----|-----|-----|開始──────────→
    └──────┬──────┘   └──────────┬──────────┘
    連結納税開始の日の          適格株式交換の日
    5年前から株式交換           から開始の日まで
    の日まで発行済株式          継続して発行済株
    を100%保有される            式を100%保有
    子法人
```

❷ 繰越欠損金の取扱い

完全子法人の100％子法人についても、連結納税制度適用開始前に生じていた繰越欠損金については、連結納税制度上は繰越控除が認められません。

QⅠ-53【連結納税制度と株式交換─連結納税制度の加入時】

> 株式交換により連結納税制度に加入する場合の課税関係について教えてください。

A 連結納税制度の適用を受けている連結法人グループが、100％子法人でない法人を株式交換の完全子法人した場合には、その株式交換が適格株式交換か非適格株式交換かによって連結納税制度に加入する際の課税関係が異なります。適格株式交換により完全子法人とされた連結子法人については、連結納税制度加入時において時価評価損益の計上が免除されますが、非適格株式交換の場合には、時価評価損益を認識する必要があります。また、株式交換が適格であるか非適格であるかは、完全子法人となる法人が有する子会社の保有期間の取扱いに差が生じるため、時価評価の取扱いに影響します。連結納税制度の概要については、QⅠ-52を参照ください。

連結納税制度加入時の時価評価と欠損金の切捨て

❶ 時価評価について

　連結納税制度の加入にあたっては、連結納税制度の適用開始の場合と同様に連結法人となる法人が連結納税制度の加入前に生じた含み損益を連結納税制度の下で実現させることで税負担を回避することが可能となるため、一定の要件のもとに、子会社の資産を時価評価し、単体納税での課税関係を清算した上で、連結納税制度に加入する必要があります（法法61の12①、法令122の12①四）。この時価評価の対象資産は、非適格株式交換における時価評価と同じ資産の範囲とされています。ただし、連結納税制度の加入時において、適格合併の場合など恣意的な操作の余地がなく法人に過度な事務負担を生じさせない等という観点から以下の場合には時価評価が免除されます（法法61の12①）。

　①　新設法人

　　　連結親法人またはその連結子法人により設立された100％子法人については、実質的にこれらの法人と一体であり、連結納税制度の適用下で設立される法人であるため、単体納税における課税関係の清算の必要性はないことから時価評価は適用されないことになります（法法61の12①一）。

　②　適格株式交換によって完全子法人となった法人

　　連結親法人または連結子法人[64]が適格株式交換によりその法人の発行済株式の全部を有することになったときは、その完全子法人の資産について時価評価は適用されません（法法61の12①二）。

　③　適格合併、合併類似適格分割型分割または適格株式交換による100％子法人

　　　連結親法人が適格合併、合併類似適格分割型分割または適格株式交換（以下「適格合併等」という）により、被合併法人、分割法人または完全子法人（以下「被合併法人等」という）が保有する100％子法人の株式の全部を

---

[64] 三角株式交換を行った場合にも連結親法人による間接的な完全支配があるため、時価評価不要とされている。

直接または間接に保有することになった場合には、その100％子法人が被合併法人等によって、適格合併等の日の５年前の日（適格合併等の日の５年前の日から適格合併等の日の前日までに設立した100％子会社については、その設立の日）から適格合併等の日の前日まで、継続して100％子法人の株式の全部を直接または間接に保有する場合には、その100％子法人については時価評価が適用されません（法法61の12①三）[65]。

④　法令の規定に基づく株式の買取りによる100％子法人

　これは100％子法人とすることに連結親法人に選択の余地がないため、このような100％子法人の資産については時価評価を適用しないとする規定です。具体的には単元未満株式の買取りやこれに類する買取りとして、例えば、事業譲渡・譲受け等の反対株主の株式買取請求に基づくもの（会469）や合併の反対株主の株式買取請求に基づくもの（会785）が考えられますが、買取りの対象となった株式以外の株式（取得済株式等）は５年前の日（買収された法人が最初の連結事業年度開始の日の５年前の日から買取りの日までに設立された場合には、設立の日）から買取りの日まで、継続して連結親法人がその取得済株式等の全部を直接または間接に保有している必要があります。なお、譲渡制限付株式を親会社が買い取る場合や、合弁事業について、相手側の事情により合弁を解消し相手側の出資分を取得させざる得ない場合はこの規定には該当せず、時価評価が必要となります。

⑤　連結子法人の清算により取得する他の連結子法人

連結子法人の解散（合併による解散を除く）により、その連結子法人によって株式を保有される他の連結法人も連結納税グループから離脱することになりますが、解散した連結子法人からの残余財産の分配により、連結親法人が離脱した他の連結子法人の株式を取得し、再度、完全支配関係が生じた結果、当該連結子法人が連結グループに加入する場合には、連結加入時

---

[65] 経過措置として、平成18年12月31日以前に適格合併等の加入事由が生じる場合には、平成14年１月１日時点で100％子法人であれば、時価評価は免除される（平成14年改正法附則10③）。

の時価評価は適用されません（法法61の12①五）。なお、その再加入した他の連結子法人は、解散した連結子法人がその解散しない場合には、連結親法人との間に完全支配関係が継続する場合に限るとされています（法令122の13②）。

❷ 加入時の欠損金の切捨て

連結納税制度を採用している連結納税グループへ加入する場合の欠損金の切捨てに関する詳細についてＱⅠ-**52**を参照ください。

株式交換完全子法人の場合
❶ 時価評価について

連結親法人または連結子法人[66]が適格株式交換によりその法人の発行済株式の全部を有することになったときは、その完全子法人の資産について時価評価は適用されません（法法61の12①二）。前述のとおり平成18年度の税制改正によって、株式交換税制が改正されており、適格株式交換によって、連結親法人の100％子法人となった場合には、一律に時価評価は適用されないことになりました。

❷繰越欠損金の取扱い

株式交換完全子法人の連結納税制度加入前に生じていた繰越欠損金については、株式交換が適格株式交換または非適格株式交換で行われているかに関係なく連結納税制度上は繰越控除が認められません。

完全子法人の100％子法人
❶ 時価評価について

適格株式交換の完全子法人が、適格株式交換の日の５年前の日（適格株式交

---

[66] 三角株式交換を行った場合にも連結親法人による間接的な完全支配があるため、時価評価不要とされている。

換の日の5年前の日から適格株式交換の日の前日までに設立した100%子会社については、その設立の日）から適格株式交換の日の前日まで、継続して100%子法人の株式の全部を直接または間接に保有する場合には、その100%子法人については時価評価が適用されません（法法61の12①三）。

【完全子法人の長期保有法人の時価評価】

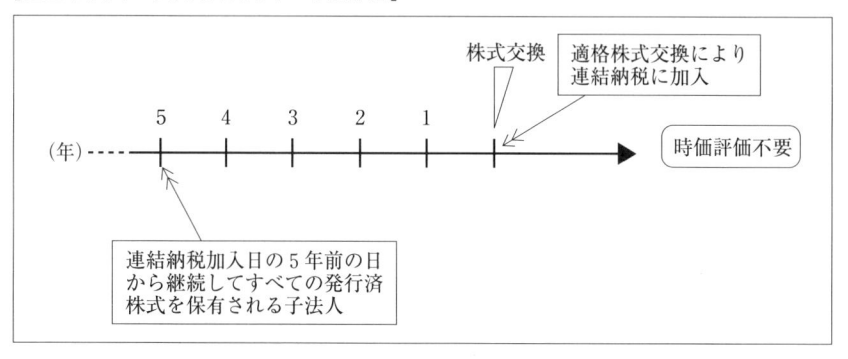

```
           株式交換   適格株式交換により
                     連結納税に加入
  5  4  3  2  1
(年)─┼──┼──┼──┼──┼──┼──────→   時価評価不要
     │
     連結納税加入日の5年前の日
     から継続してすべての発行済
     株式を保有される子法人
```

❷ 繰越欠損金の取扱い

　株式交換完全子法人の100%子法人についても、連結納税制度適用加入前に生じていた繰越欠損金については、連結納税制度上は繰越控除が認められません。

QⅠ-54【連結納税制度と旧税制の株式交換】

　連結納税グループが租税特別措置法の旧株式交換を行っていた場合の課税関係について教えてください。

A 　租税特別措置法に規定されていた旧株式交換により100%子法人とした場合には、連結納税加入後に、資産の譲渡、評価換え、貸倒れ、除却等による利益・損失の計上が見込まれていない場合に限って、完全子法人

I 株式交換

の資産の時価評価課税が免除されていました。また、平成18年10月1日以降は適格株式交換に該当する場合には、一律に時価評価が免除されるように改正されています。

連結親法人が租税特別措置法に規定する旧株式交換[67]により法人の発行済株式等の全部を直接または間接に有することになった場合で、以下の要件のすべてを満たす100％子法人については資産の時価評価は適用されませんでした（旧法法61の12①四）。また、その100％子法人が100％子法人を有している場合には、株式交換の日の5年前の日（または設立の日）からその発行済株式の全部を直接または間接に保有している場合にも下記の要件を満たす場合には、時価評価が免除されます。

（要件）
① 株式交換の時において、時価評価資産（棚卸資産である土地等及び株式交換に伴って法令の規定により保有を制限されることとなるもの及びこれに類するものを除く）の全部につき、株式交換後に譲渡、評価換え、貸倒れ、除却その他これらに類する事由による利益の額または損失の額を益金の額または損金の額に算入することが見込まれていないこと（旧法法61の12①四イ）[68]。
② 株式交換の日の前日に属する事業年度に係る確定申告書の提出期限までに、次の事項を記載した下記の届出書を納税地の所轄税務署長に提出していること（旧法法61の12①四ロ、法規27の13の3）
　(ア) 時価評価資産の種類、名称、所在する場所

---

[67] 連結納税制度の時価評価が免除される株式交換とは、旧租税特別措置法（旧67の9）に規定されている課税繰延べの要件とは異なっており、両者の間に関連性はなく、連結納税制度上で時価評価が免除される株式交換は、旧租税特別措置法による株式交換の課税繰延の要件を満たすものに限定されているものではない。
[68] 事後設立によりその時価評価資産を譲渡することが予定されている場合であっても、その事後設立が株式交換の時において適格事後設立に該当することが見込まれているときは、利益の額または損失の額を益金の額または損金の額に算入することが見込まれることに該当しないこととされていた（旧法基通12の3－1－3）。

(イ) 時価評価の適用除外としようとする法人の名称及び本店または主たる事務所の所在地並びに代表者の氏名
(ウ) 連結親法人の名称及び納税地並びに代表者の氏名
(エ) 株式交換の日
(オ) 時価評価資産の開始直前事業年度終了の時における帳簿価額
(カ) その他参考となるべき事項

I 株式交換

連結納税の開始等に伴う時価評価資産に関する届出書

※整理番号	
※●●●●	

提出法人

①連結子法人となる法人
②株式交換の日の前日の属する連結事業年度の連結親法人

平成　年　月　日

税務署長殿

(フリガナ)
法人名等

本店又は主たる事務所の所在地　〒　電話（　）－

納税地　〒　電話（　）－

(フリガナ)
代表者氏名　㊞

事業種目　　　　　業

資本金又は出資金の額　　　　　円

旧法人税法第61条の11第1項第6号ロ　に規定する連結納税　の開始
旧法人税法第61条の12第1項第4号ロ　　　　　　　　　　　への加入
に伴う時価評価資産に関する届出書を提出します。

| 時価評価資産の状況 | 連結納税の開始等に伴う時価評価資産に関する届出書付表（時価評価資産の状況）のとおり |

連結親法人となる法人又は連結親法人	加入する連結子法人
(フリガナ)　法人名等	(フリガナ)　法人名等
納税地　〒　電話（　）－	本店又は主たる事務所の所在地　〒　電話（　）－
(フリガナ)　代表者氏名	(フリガナ)　代表者氏名
事業種目　　　業	事業種目　　　業
資本金又は出資金の額　　　円	資本金又は出資金の額　　　円

| 申請書を提出した日及び税務署 | 平成　年　月　日　税務署 | 最初連結親法人事業年度 | 自平成　年　月　日　至平成　年　月　日 | 参考事項 |
| 申請した旨の書類を提出した日及び税務署 | 平成　年　月　日　税務署 | 加入の書類を提出した日及び税務署 | 平成　年　月　日　税務署 | |

税理士署名押印　㊞

| ※税務署処理欄 | 部門 | 決算期 | 業種番号 | 入力 | 備考 | 通信日付印 | 年　月　日 | 確認印 |

（規格A4）

20.06改正

5──株式交換と連結納税制度　*171*

連結納税の開始等に伴う時価評価資産に関する届出書
付表（時価評価資産の状況）

法人名等	

開始直前事業年度等	自 平成　年　月　日　至 平成　年　月　日
株 式 交 換 の 日	平成　年　月　日

時　価　評　価　資　産

種　類	名　　　称	所 在 す る 場 所	帳 簿 価 額
			円

（規格A4）

20.06改正

I 株式交換

「連結納税の開始等に伴う時価評価資産に関する届出書 付表（時価評価資産の状況）」の記載要領

1 この付表（時価評価資産の状況）は、平成18年改正前の法人税法（以下「旧法」といいます。）第61条の11（連結納税の開始に伴う資産の時価評価損益）又は旧法第61条の12（連結納税への加入に伴う資産の時価評価損益）の規定により、次に掲げる場合の区分に応じ、それぞれに掲げる時価評価資産の種類、名称、所在する場所等を記載して「連結納税の開始等に伴う時価評価資産に関する届出書」（以下「届出書」といいます。）に添付してください。
 (注) この付表において記載する「時価評価資産」とは、固定資産、棚卸資産である土地等、有価証券、金銭債権及び繰延資産で次に掲げるもの等以外のものをいいます（旧法令122の12①、旧法規27の13の2②三）。
  ① 前5年以内事業年度等において国庫補助金等で取得した固定資産等の圧縮額の損金算入などの規定の適用を受けた減価償却資産
  ② 売買目的有価証券
  ③ 償還有価証券
  ④ 帳簿価額が千万円に満たない資産
 (1) 連結納税の開始に伴い届出を行う場合
  連結子法人となる法人の最初連結親法人事業年度開始の日の前日の属する事業年度（以下「開始直前事業年度」といいます。）終了の時の時価評価資産（旧法規27の13の2②）
 (2) 連結納税への加入に伴い届出を行う場合
  連結子法人となる法人の株式交換の時の時価評価資産（旧法規27の13の3）
2 各欄の記載要領
 (1) 「法人名等」欄は、連結子法人となる法人の名称を記載してください。
 (2) 「開始直前事業年度等」欄は、届出書が旧法第61条の11第1項第6号ロの規定により連結納税の開始に伴い提出するものである場合には、開始直前事業年度を記載してください。
  また、旧法第61条の12第1項第4号ロの規定により連結納税への加入に伴い提出するものである場合には、株式交換の日の前日の属する事業年度を記載してください。
 (3) 「時価評価資産」の各欄は次により記載してください。
  イ 「種類」欄は、時価評価資産の種類（建物、土地、有価証券、金銭債権など）を記載してください。
  ロ 「名称」欄は、時価評価資産の名称（事務所、宅地、㈱○○（銘柄）、㈲○○（債務者名）など）を記載してください。
  ハ 「帳簿価額」欄は、次に掲げる区分に応じそれぞれに掲げる時価評価資産の帳簿価額を記載してください。
   a 連結納税の開始に伴い届出を行う場合
    時価評価資産の開始直前事業年度終了の時における帳簿価額
   b 連結納税への加入に伴い届出を行う場合
    時価評価資産の株式交換の時における帳簿価額
   (注) 「時価評価資産」の欄は、次表の区分に応じそれぞれに掲げる単位ごとに記載してください。

区 分		単 位
金 銭 債 権		一の債務者ごと
減価償却資産	建 物	一棟（区分所有である場合には、区分所有権）ごと
	機 械 及 び 装 置	一の生産設備又は一台若しくは一式（通常一組又は一式をもって取引の単位とされるものは、一組又は一式）ごと
	その他の減価償却資産	「建物」又は「機械及び装置」に準じた区分
土 地 等		一筆（一体として事業の用に供される一団の土地等はその一団の土地等）ごと
有 価 証 券		その銘柄の異なるごと
そ の 他 の 資 産		通常の取引の単位を基準とした区分

3 留意事項
 ○ 法人課税信託の名称の併記
  法人税法第2条第29号の2に規定する法人課税信託の受託者がその法人課税信託について、国税に関する法律に基づき税務署長等に申請書等を提出する場合には、申請書等の「法人名等」欄には、受託者の法人名又は氏名のほか、その法人課税信託の名称を併せて記載してください。

○参考【届出書の提出法人等】

区 分			提出法人	「連結親法人となる法人又は連結親法人」欄に記載する法人	「加入する連結子法人」欄に記載する法人
連 結 納 税 の 開 始			連結子法人となる法人	連結親法人となる法人	記載不要
連結納税への加入	株式交換の日の前日の属する事業年度が連結納税適用なし		連結子法人となる法人	連結親法人となる法人又は連結親法人	記載不要
	株式交換の日の属する事業年度の前日が連結納税適用あり	株式交換の日の前日の属する連結事業年度において連結親法人	株式交換の日の前日の属する連結事業年度の連結親法人	連結親法人となる法人又は連結親法人	記載不要
		株式交換の日の前日の属する連結事業年度において連結子法人	株式交換の日の前日の属する連結事業年度の連結親法人	連結親法人となる法人又は連結親法人	加入する連結子法人

Q I-55【連結法人間取引と非適格株式交換】

連結法人の有する譲渡損益調整資産について、非適格株式交換による時価評価が行われた場合の取扱いについて教えてください

A 　連結法人が譲渡損益調整資産を有している場合で、その連結法人を株式交換完全子法人とする非適格株式交換が行われたときは、他の連結法人（譲渡法人）が繰り延べていた譲渡損益のうち、非適格株式交換における時価評価益または評価損に対応する部分の戻入れを行う必要があります。

譲渡損益調整資産について

　連結納税制度は連結グループ全体を1つの課税単位とみなす制度のため、連結グループで他の連結法人に譲渡された一定の資産については、その譲渡損益を繰延べることが認められています。この繰延べの対象となる資産は個別申告制度との関係や実務上の取扱いを配慮して次の資産に限定されています（法法61の13①、81の10①、法令122の14①）。ただし、下記の資産のうち、譲渡直前の帳簿価額が1千万円未満のものは除かれます（法令122の14①）。従って、多額の含み益がある場合でも、譲渡直前の帳簿価額が1千万円未満のものは繰り延べられず課税されることになります。

① 　固定資産
② 　棚卸資産[69]である土地（土地の上に存する権利を含む）
③ 　金銭債権
④ 　有価証券（売買目的有価証券、譲受連結法人にて売買目的有価証券とされるものを除く）
⑤ 　繰延資産

---

[69] 土地等を除く棚卸資産は譲渡損益の調整対象から除外されている。棚卸資産は短期的に連結グループ外へ移転することから繰延べの対象外とされているものと考えられるが、譲渡損益の調整は譲渡法人側で行うため、棚卸資産に該当するか否かは譲渡側の法人の保有区分によって決定する。

譲渡損益の戻入れを行う場合

　連結法人が他の連結法人に譲渡した譲渡損益調整資産について、譲受法人が連結グループ内外の法人へ再譲渡した場合には、調整を行った譲渡法人である連結法人は、その事由の生じた連結事業年度において、譲渡損益の調整額を益金または損金の額に戻し入れ、繰り延べられていた譲渡損益が実現することになります（法法81の10②）。これは連結グループ内において、同一の資産が2度、3度と転売されることは通常は想定されないことから、連結グループ内への再譲渡の場合であっても、再譲渡が行われたときは、先の譲渡で繰り延べられていた譲渡損益を認識させる趣旨です。再譲渡以外の場合でも、譲受法人が有する譲渡損益調整資産について、償却、評価換え、貸倒れ、除却等が行われたときも、譲渡法人において繰り延べられていた譲渡損益について、戻入れを行う必要があります（法令155の22③）。

非適格株式交換における戻入れ

　譲渡損益調整資産が非適格株式交換の時価評価資産（法法62の9①）に該当し、譲受法人を株式交換完全子法人とする非適格株式交換が行われ、その譲渡損益調整資産について時価評価による評価益または評価損が認識された場合には、譲受法人の繰延譲渡損益のうち、次の算式で計算した金額の戻入れを行うことになります（法令155の22③八）。

$$戻入額 = 繰延譲渡損益 \times \frac{譲渡損益調整資産の時価評価益または損の金額}{譲受法人の資産の取得価額}$$

【例】
　繰延譲渡損益　　　100
　譲受法人の資産の取得価額　　　300
　譲渡損益調整資産の非適格株式交換時の評価益　　　30
　戻入額10 = $100 \times \frac{30}{300}$

II

株式移転

1——株式移転税制の概要

Q II-1【株式移転の概要】

株式移転制度の概要について教えてください。

A 株式移転とは1または2以上の株式会社がその発行済株式の全部を新に設立する株式会社に取得させる制度です(会2三十二)。株式移転の当事者のうち、新設会社は1社ですが、株式を取得される会社は1社または2社に限られるものでなく、複数の会社にすることが可能です。会社法上、株式移転によって設立する会社を株式移転設立完全親会社といい、既存の法人で株式を取得される法人を株式移転完全子会社と称しています(会773①一、五)。

完全子会社は株式会社に限定されていますが、株式交換とは異なり完全親会社も株式会社に限定されており合同会社は完全親会社になることは認められていません。これは、仮に合同会社が完全親会社になることが認められた場合であっても、株主全員の同意を必要とすべきこととなる上、合同会社には現物出資についての検査役の調査の手続が存在しないなど、結局、株主全員が完全子会社となる会社の株式を現物出資して合同会社を設立する場合に必要とされる手続きに差異が生じず、あえて別の制度として認める必要性に乏しいためと解説されています[1]。また、株式会社のうち、特例有限会社については、株式移転に関する規定は適用除外とされており、この点は株式交換と同様です(整備38)。

株式移転は新設型組織再編であるため、株式交換と異なり完全子会社の株主に対して、金銭その他の財産や対価を交付することが認められていません。新

---
[1] 株式会社商事法務「立法担当者による新・会社法の解説」p.183

II 株式移転

設型再編は、当時会社が単独でまたは共同して消滅会社もしくは分割会社の権利義務または完全子会社の株式を出資して新に会社を設立するという性質を有するものであるため、対価の柔軟化が図られておらず、会社法の下でも消滅会社等の株主に対しては、必ず新設会社の株式を交付しなければならないとされています[2]。従って、完全子会社の株主の一部に対しては、新設会社の株式を交付する必要があります(会773①五、②)が、新設会社の社債・新株予約権・新株予約権付社債を交付することは可能です(会773①七)。また、完全子会社が種類株式を発行している場合には、ある種類の株式を持っている株主に対して、完全親会社の株式を割当ことも可能とされています(会773②)。なお、株式移転の効力は、完全親会社の成立の日となりますので、その本店の所在地において設立の登記がされた日に生じることになります(会774)。税法上も完全親法人の設立登記の日を組織再編成の日として時価評価損益の計上時期を判断することになります(法基通1-4-1)[3]。

また、完全子会社の株主は効力発生日において株式移転計画の定めに従い、移転対価の交付を受けることになりますが、すべての株主に対して移転対価の交付がされることになります(会773①六、八)。従って、完全子会社が保有する自己株式(買取請求の対象となった株式を含む)及び他の完全子会社株式に対して移転対価の交付がされることになります。自己株式に対して完全親会社株式が交付された場合の税務上の帳簿価額は零となりますので、株式移転の効力

---

[2] 株式会社商事法務「立法担当者による新・会社法の解説」p.184
[3] (組織再編成の日)
　　1-4-1　法人が合併、分割、現物出資、事後設立又は株式交換若しくは株式移転(以下1-4-1において「組織再編成」という。)を行った場合における当該組織再編成の日は、当該組織再編成により当該法人が合併法人、分割承継法人、被現物出資法人若しくは被事後設立法人にその有する資産及び負債の移転をした日又は株式交換若しくは株式移転を行った日をいうのであるから、留意する。
　　(注)　合併又は分割の場合における当該移転をした日は、合併の効力を生ずる日(新設合併の場合は、新設合併設立法人の設立登記の日)又は分割の効力を生ずる日(新設分割の場合は、新設分割設立法人の設立登記の日)をいう。
　　　　また、株式交換又は株式移転を行った日とは、株式交換の効力を生ずる日又は株式移転完全親法人の設立登記の日をいう。

発生前に自己株式を消却する（会178）例が多くあります。自己株式に関する税務上の取扱いについては、株式交換税制のＱⅠ-9において解説していますので、詳細についてはそちらを参照ください。

【株式移転の概要図】

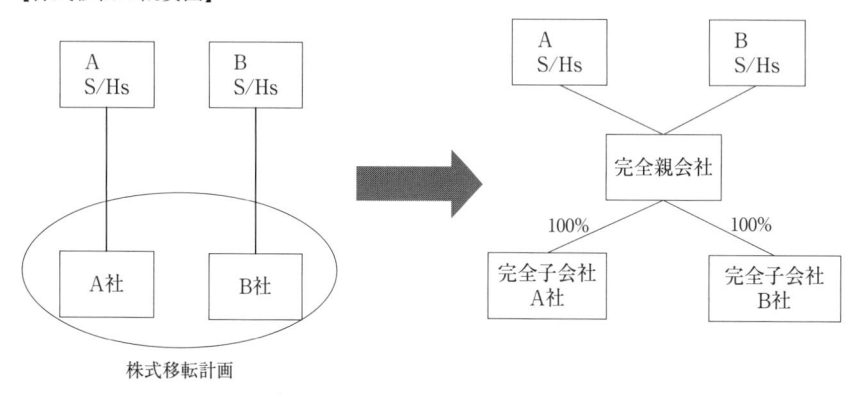

Q Ⅱ-2【株式移転税制の概要】

株式移転税制の概要について教えてください。

A　株式交換税制と同様に、平成18年度の税制改正によって、株式移転税制は租税特別措置法の規定から合併や分割などと同様に組織再編税制の１つとして、法人税法に規定されることになりました。改正によって、平成18年10月１日以後に実施する株式移転を非課税組織再編として行うためには、他の再編同様に組織再編税制における適格要件を充足する必要があります（法法２十二の十七、法令４の２⑱、⑲、⑳、㉑、平成18年改正法附則24①、④）。

適格要件を満たさない場合には、非適格組織再編として取り扱われ、株式移転の場合には完全子法人となる各法人へ課税関係（時価評価課税）が生じます

II 株式移転

(法法62の9)。これは、株式移転が親子関係を創設する組織法上の行為として位置づけられることから、株式移転に対する課税を合併や分割等に係る課税関係と整合性のあるものにするためですが、合併や分割のように資産及び負債の移転は行われないため、時価評価課税を通じて同様の効果が生じる課税関係へ改正されています。時価評価の対象は連結納税制度の時価評価資産と同様に株式移転直前の時において有する固定資産・土地（土地の上に存する権利を含み、固定資産に該当するものを除く）・有価証券・金銭債権及び繰延資産のうち特定の資産に限定されており、負債側の時価評価は行われません。また、株式移転に係る税制が租税特別措置法から組織再編税制へ本則化されたことに伴い、組織再編成に係る行為または計算の否認の規定の対象に含まれています（法法132の2）[4]。

---

[4] （組織再編成に係る行為又は計算の否認）
第132条の2　税務署長は、合併、分割、現物出資若しくは事後設立（第2条第12号の6（定義）に規定する事後設立をいう。）又は株式交換若しくは株式移転（以下この条において「合併等」という。）に係る次に掲げる法人の法人税につき更正又は決定をする場合において、その法人の行為又は計算で、これを容認した場合には、合併等により移転する資産及び負債の譲渡に係る利益の額の減少又は損失の額の増加、法人税の額から控除する金額の増加、第1号又は第2号に掲げる法人の株式（出資を含む。第2号において同じ。）の譲渡に係る利益の額の減少又は損失の額の増加、みなし配当金額（第24条第1項（配当等の額とみなす金額）の規定により第23条第1項第1号（受取配当等の益金不算入）に掲げる金額とみなされる金額をいう。）の減少その他の事由により法人税の負担を不当に減少させる結果となると認められるものがあるときは、その行為又は計算にかかわらず、税務署長の認めるところにより、その法人に係る法人税の課税標準若しくは欠損金額又は法人税の額を計算することができる。
　一　合併等をした一方の法人又は他方の法人
　二　合併等により交付された株式を発行した法人（前号に掲げる法人を除く。）
　三　前2号に掲げる法人の株主等である法人（前2号に掲げる法人を除く。）

Q II-3【旧株式移転税制の概要】

旧株式移転税制の概要及びその特徴について教えてください。

A 旧税制における株式移転は株式交換同様に租税特別措置法に規定されており（旧措法67の9）、平成11年10月1日に施行され平成18年9月30日まで適用されていました。旧株式移転税制における特定子会社となる法人（株式移転により旧商法第364条第1項の完全子会社となる法人をいう）の株主の課税繰延要件は、現行税制とは異なり、課税・非課税の取扱いは、株式移転により特定子会社の株式を取得する特定親法人（株式移転により旧商法第364条第1項の完全親法人となる法人をいう）側の税務処理により決定されていました。これは、株式移転が特定子会社となる株主の意思によるのではなく、株式移転を行う特定親会社側にその主体があったためと思われます。特定親法人側の税務処理は、完全子法人となる法人の株主数によって、課税繰延べの要件が区分され、株主数が50人未満の場合には特定親会社が特定子会社株式を有していた旧株主の帳簿価額以下で特定子会社株式の受入処理をすることで課税繰延べが可能となり、株主数が50人以上の場合には特定子会社の税務上の簿価純資産価額以下で特定子会社株式の受入処理をすることで特定子会社となる法人の株主の課税繰延が可能となる制度でした。また、現行の適格組織再編税制では認められていない金銭等の交付がある場合でも、交付株式の時価と当該交付金銭等の合計の5％未満の金銭等の交付があった場合でも課税繰延べが認められていました。なお、現行税制と異なり、旧税制の株式移転において特定子会社となる法人の株主の課税繰延が認められなかった場合でも、特定子会社となる法人への時価課税は適用されませんでした。

II 株式移転

【旧法の課税繰延要件の概要】

特定子会社となる会社の株主数	特定親会社の特定子会社株式の受入価額	備 考	法 令
50人未満	特定子会社の旧株主の直前の旧株の簿価（税務上の簿価）	株主が個人の場合は取得価額	旧措法37の14、67の9 旧措令25の13、39の30
50人以上	特定子会社の税務上の簿価純資産価額	同 上	

　また、株式移転税制の改正によって、株式移転後に特定子会社となる会社が株式移転を行う前から所有する100％子会社（孫会社）の株式を一定期間内に子会社化する場合にその譲渡益を下記に掲げる要件のもとで非課税とする特例措置が廃止されています（旧措法67の10、68の105）。この特例措置は、株式移転により新設された持株会社が孫会社株式を子会社から譲渡により取得する場合の特例措置ですが、売却益が発生する場合には譲渡益に相当する金額を損金の額に算入することで課税が繰り延べられ、売却損が発生する場合には、そのまま損金算入されるという取扱いでした（旧措法67の10）。

(要件)
1．株式譲渡益が生じること
2．持株会社が孫会社の株式を特定子会社の税務上の帳簿価額以下で受入処理をすること
3．株式移転により設立される持株会社の設立から1年以上前から特定子会社が100％所有している株式であること
4．上記3．の株式を持株会社の設立から1年を経過する日を含む持株会社の事業年度末までに特定子会社が持株会社にすべて譲渡すること

Q II-4【現行の株式移転税制の概要】

現行の株式移転税制の概要及びその特徴について教えてください。

A　平成18年度の税制改正によって株式移転税制は租税特別措置法の規定から、合併や分割税制と同様に法人税法に規定される組織再編税制の1つとして位置づけられています。この改正によって、平成18年10月1日以後に実施する株式移転が適格株式移転または非適格株式移転として取り扱われるかは、組織再編税制における適格要件によって判断されることになります（法法2十二の十七、法令4の2⑱、⑲、⑳、㉑）。法人税法では、株式移転完全親法人とは、株式移転により他の法人の発行済株式の全部を取得した当該株式移転により設立された法人（法法2十二の七）をいい、株式移転完全子法人とは株式移転により、その株主の有する株式を当該株式移転により設立された法人に取得させた当該株式を発行した法人（法法2十二の六の五）とそれぞれ定義されています。

株式移転税制における適格要件の概要は次のとおりです。

【適格要件の概要】

グループ内要件		共同事業要件
100%関係 （完全支配関係）	50%超〜100%未満 （支配関係）	0%〜50%以下
1．完全親法人株式のみが交付されること 2．株式移転後、100%の完全支配関係が継続する見込みであること	1．完全親法人株式のみが交付されること 2．各完全子法人の主要な事業の継続が見込まれること 3．各完全子法人の従業者の概ね80%以上が引き続き業務に従事する見込みがあること 4．株式移転後、50%超の支配関係が継続する見込みで	1．完全親法人株式のみが交付されること 2．完全子法人の主要な事業と他の完全子法人の事業が相互に関連すること 3．完全子法人と他の完全子法人となる法人の規模が概ね1：5の範囲内にあること。または、事業規模に代えて、常務以上の役員が1

	あること	人も役員を退任しないこと
		4．完全子法人の主要な事業と他の完全子法人の事業（関連する事業）の継続が見込まれること
		5．完全子法人または他の完全子法人の従業者の概ね80％以上が引き続き業務に従事する見込みがあること
		6．完全子法人または他の完全子法人の株主が完全親法人株式を継続して保有することが見込まれること（株主50人以上の場合は不要）
		7．株式移転後に100％の完全支配関係が継続する見込みであること

　非適格株式移転の場合には、株式移転直前の時において有する固定資産・土地（土地の上に存する権利を含み、固定資産に該当するものを除く）・有価証券・金銭債権及び繰延資産について、株式移転直前の時価と帳簿価額を比較して、評価益又は評価損を認識させて非適格株式移転の日の属する事業年度の所得の金額の計算上、益金または損金の額に算入することになります（法法62の9）。

Q II-5 【平成19年度の税制改正における改正点】

　株式移転税制に関する平成19年度の主な改正点について教えてください。

A　平成19年度の株式移転税制に関連する主な改正事項は次のとおりです。

1．単独株式移転後の2次再編の適格要件の緩和（QⅡ-**17**）
2．50％超グループ法人の適格株式移転後の2次再編の要件緩和（QⅡ-**18**）
3．共同事業を営む適格株式移転後の適格合併の範囲の明確化（QⅡ-**19**）
4．完全親法人の増加する資本金等の額から新株予約権に対応する債権を取得する場合の取扱い整備（QⅡ-**25**）

　株式交換税制については、会社法の合併等対価の柔軟化の解禁を受け、適格株式交換の適格交付資産の範囲に株式交換完全支配親法人株式が追加される改正が行われていますが、株式移転税制については適格株式移転後の2次再編における適格要件が緩和や明確化される改正が行われています。それぞれの詳細については、個別のQ&Aを参照ください。

QⅡ-6【平成20年度の税制改正における改正点】

> 株式移転税制に関する平成20年度の主な改正点について教えてください。

A　平成20年度の株式移転税制に関連する主な改正事項は株式移転により増加する資本金等の額の計算について整備が行われています。これは株式移転により増加する資本金等の額の計算に際して、完全子法人の株式の取得価額に取得に要する費用の額が含まれているときは、その費用の額を控除した金額により、完全親法人の資本金等の額の計算の基礎とすることを明確化したものです。詳細についてはQⅡ-**25**を参照ください。

2 ── 適格要件と完全子法人の課税関係

2-1　適格株式移転

Q II-7【適格株式移転の要件（100%）】

100%グループ法人の適格株式移転の適格要件について教えてください。

A　100%グループ法人の適格株式移転のうち、株式移転において金銭等の交付（QII-8参照）がなく、株式移転前に完全子法人となる法人と他の完全子法人となる法人との間に同一の者によってそれぞれの発行済株式等（自己株式を除く）の全部を直接または間接に100%保有される関係（以下「完全支配関係」という）があり、株式移転後に完全子法人と他の完全子法人との間に同一の者による完全支配関係の継続することが見込まれている株式移転、または、一の法人のみが完全子法人となる株式移転（単独株式移転）で、株式移転後に完全親法人と完全子法人の完全支配関係の継続が見込まれている株式移転はそれぞれ適格株式移転として取り扱われます。

完全支配関係について

　100%の保有関係の判定は、完全子法人となる法人が種類株式を発行している場合には、そのすべての種類株式を含めて完全支配関係の有無を判定します。例えば、同一の者が議決権付の普通株式を100%保有しており、完全子法人となる法人の経営を支配している場合であっても、他の株主が優先株式を保有している場合には、完全支配関係があるとして取り扱われないことになります。また、株式を保有しているどうかは、株主名簿、社員名簿または定款に記載または記録されている株主等により判定しますが、その株主等が単なる名義人であって、他に実際の権利者がいる場合には、その実際の権利者が保有するもの

として保有関係を判定することになります（法基通1-4-3）。

【100％グループ内株式移転】(同一の者)

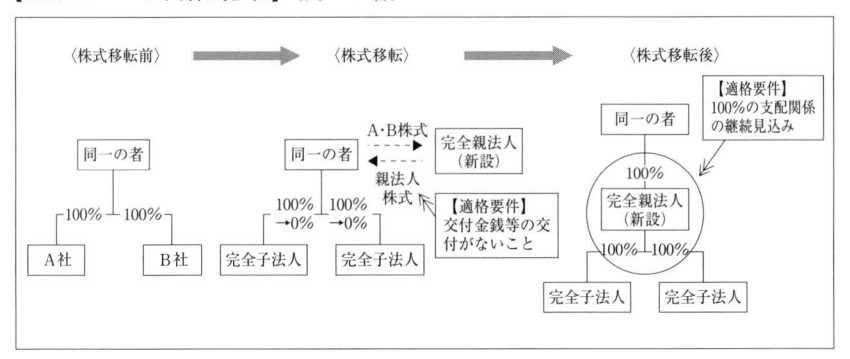

【単独株式移転】

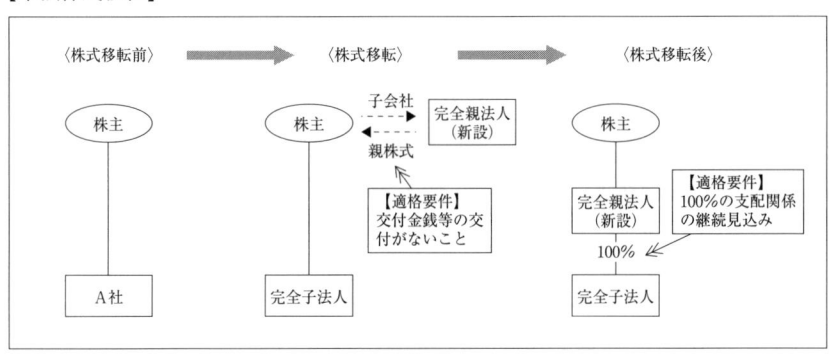

同一の者は必ずしも法人である必要はなく、個人である場合にはその個人と特殊の関係のある以下の個人が含まれることになります（法令4）。

一　株主等の親族[5]

二　株主等と婚姻の届出をしていないが事実上婚姻関係と同様の事情にある者

三　株主等（個人である株主等に限る。次号において同じ）の使用人

---

[5] 配偶者、6親等内の血族及び3親等内の姻族

四　前3号に掲げる者以外の者で株主等から受ける金銭その他の資産によって生計を維持しているもの

五　前3号に掲げる者と生計を一にするこれらの者の親族

平成19年度の税制改正では、単独株式移転後に適格組織再編成を行うことが見込まれている場合の適格要件が緩和されています。詳細はQⅡ-17を参照ください。

QⅡ-8【適格交付資産について】

> 適格株式移転として取り扱われる交付資産について教えてください。

A 租税特別措置法における旧株式移転制度では対価の95％以上が特定親会社[6]株式であれば特定子会社となる法人の株主への課税繰延べが認められていましたが、現行法は他の組織再編税制と同様に非課税で株式移転を行うためには、株式移転における交付資産は完全親法人株式のみとされ、反対株主の買取請求を除き、移転交付金銭等は認められなくなりました（法法2十二の十七）。なお、完全親法人株式の種類については、会社法上の株式であればよく、例えば、完全子法人の株主が保有している株式とは異なる種類の株式を交付する場合や複数の種類の株式を交付する場合でも適格交付資産として取り扱われるものと考えます。

移転交付金銭から除かれる金銭等

反対株主の買取請求に基づく対価として交付される金銭その他の資産は、完全親法人の株式以外の資産から除かれていますが、会社法上はそもそも株式移

---

[6] 特定親会社及び特定子会社とは租税特別措置法で定義されていた用語で、旧商法第352条の株式交換及び旧商法364条の株式移転に基づき100％の親子間関係が成立した親会社及び子会社のことである。

転により交付する移転対価とは異なるものとされています。なお、反対株主の買取請求により交付される金銭等は、完全子法人となる法人による自己株式の取得として取り扱われるため、反対株主においてみなし配当が生じる場合があります（法法24①四）。また、株式移転では、通常は、株式移転交付金の支払いは考えられませんが、複数の会社が共同して株式移転をする場合には、株式移転比率の関係上、完全親法人となる法人が完全子法人となる法人の株主へ1株未満の株式の譲渡代金を交付する場合があります。この1株未満の株式については、会社法第234条（1に満たない端数の処理）の規定により、その端数の合計数に相当する数の株式を他に譲渡しまたは自ら買取りをし、かつ、その端数に応じてその譲渡により得られた代金または買い取った代金を旧株主へ交付するものと整理されています。このように、1株未満の端数の合計数に相当する株式が、いったん当該端数部分の所有者に共有された上で、完全親法人がその所有者に代わってその1株未満の株式の合計数に相当する数の株式を適宜一括して譲渡し、その代金を交付するものであるため、税法上は、交換交付金銭等には含まれないことになります（法基通1-4-2）。なお、同通達のただし書以下において、その交付された金銭が、その交付の状況その他の事由を総合的に勘案して実質的に当該株主等に対して支払う株式移転の対価であると認められるときは、金銭交付があったとして取り扱うとされています。つまり租税回避目的で特定の株主へ意図的に完全親法人の株式ではなく金銭を交付することを目的として株式移転比率の調整を行った場合などには、移転交付金銭等が交付されたものとして、取り扱われる場合があるということをただし書において、明らかにされています。

Q II-9【適格株式移転の要件（50％超100％未満）】

50％超100％未満のグループ法人の適格株式移転の適格要件について教えてください。

A　資本関係が50％超100％未満のグループ法人の株式移転は、株式移転時において金銭等の交付（QII-8参照）がなく、完全子法人となる各法人の従業者の継続従事ならびに主要事業の継続の2要件を満たす株式移転で、株式移転前の支配関係が次のいずれかに該当する場合には適格株式移転として取り扱われます。なお、下記のいずれのケースにおいても株式移転後に適格合併などの適格組織再編（2次再編）が予定されている場合には、1次再編の支配関係等の要件が緩和される取扱いがあります。株式移転後に2次再編が予定されている場合の取扱いについては、QII-18を参照ください。

当事者間の支配関係（下記同一の者に該当する場合を除く）

株式移転前に、完全子法人となる法人（移転前の親会社）と他の完全子法人となる法人（移転前の子会社）の間に発行済株式等の50％超100％未満を直接または間接に保有する関係（以下「支配関係」という）があり、株式移転後に完全

【50％超グループ（親子関係）】

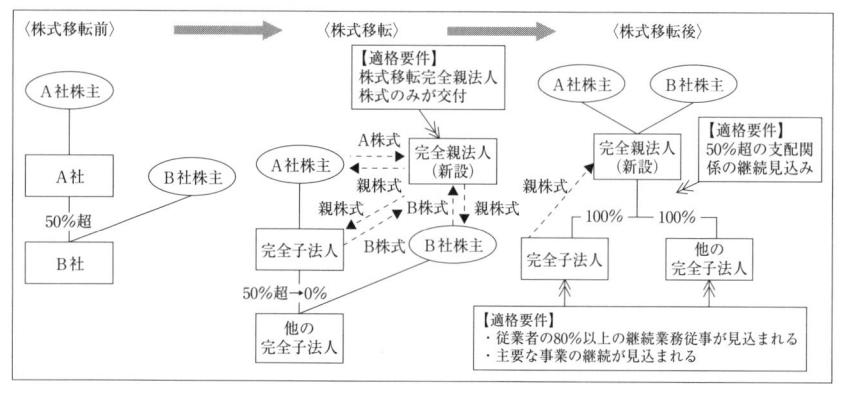

親法人により、各完全子法人株式について支配関係の継続が見込まれていること。

同一の者による支配関係

　同一の者による支配関係があるグループ法人の株式移転の場合には、同一の者を軸として適格要件の判定を行うことになります。これは他の適格組織再編税制も同様ですが、再編当事者において直接または間接に株式等を保有する関係が成立する場合でも、同一の者による支配関係がある場合には、同一の者による支配関係を優先して適格要件を満たすものであるか否か検討する必要があります。同一の者による支配関係がない場合には、上記の当事者間の関係の要件を満たす必要があります。同一の者は必ずしも法人である必要はなく、個人である場合にはその個人と特殊の関係のある以下の個人が含まれることになります（法令4）。

　一　株主等の親族[7]
　二　株主等と婚姻の届出をしていないが事実上婚姻関係と同様の事情にある

【50%超グループ（同一の者）】

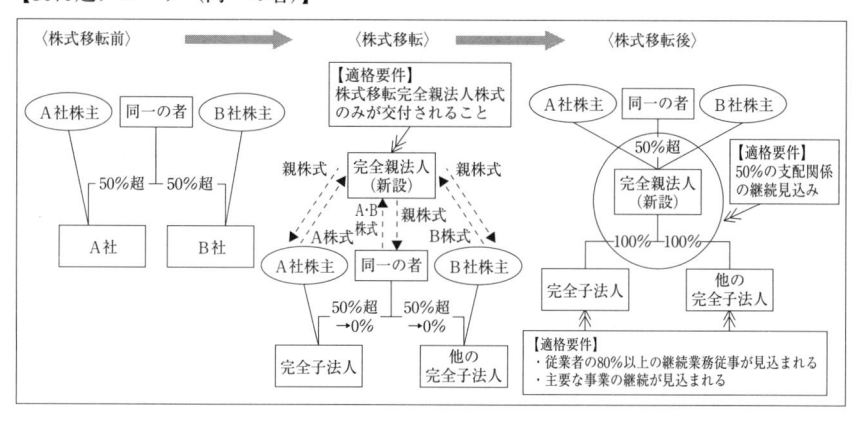

---
[7] 配偶者、6親等内の血族及び3親等内の姻族

者

三　株主等（個人である株主等に限る。次号において同じ）の使用人
四　前3号に掲げる者以外の者で株主等から受ける金銭その他の資産によって生計を維持しているもの
五　前3号に掲げる者と生計を一にするこれらの者の親族

支配関係判定上の留意点

　この50％超100％未満の支配関係の判定は、完全子法人または他の完全子法人となる法人がそれぞれ種類株式を発行している場合には、そのすべての種類株式を含めてそれぞれの支配関係を判定します。その理由は、適格組織再編税制におけるグループの判定は、再編時における移転資産の所有関係が再編後もグループの支配下にあるか否かが重要とされているからです。例えば、無議決権株式を保有している株主がいる場合で、議決権付株式の50％超を保有している株主がいる場合でも、その無議決権株式を保有している株主が再編対象法人の発行済株式総数（自己株式を除く）の50％超を保有している場合には、経営を支配していない当該株主において組織再編税制上の支配関係があるものとして取り扱われることになります。

> 【例】
> 同一の者：A社議決権付株式100株及びA社無議決権優先株式300株を保有
> B社議決権付株式　500株（無議決権優先株式は発行していない）を保有
> A社（完全子会社となる法人）の優先株式（300株）を除く発行済株式総数：300株
> B社（他の完全子会社となる法人）の発行済株式総数：500株
> 同一の者によるA社の議決権付株式の持株比率：100株／300株＝33.3％
> A社の総発行済株式総数の持株比率：（100株＋300株）／（300株＋300株）＝66.6％
> B社の総発行済株式総数による持株比率：500株）／500株＝100％
> 　つまりA社は同一の者により議決権ベースでは過半数超を保有されていませんが、優先株式を含めて持株比率を計算する場合には、50％超保有されて

いることになり、50％超の支配関係の継続が再編時において見込まれている場合には、A社とB社を完全子法人とする株式移転は50％超100％未満の適格組織再編成の適格要件を満たすことで非課税で再編が可能となります。

　また、株式を保有しているどうかは、株主名簿、社員名簿または定款に記載または記録されている株主等により判定しますが、その株主等が単なる名義人であって、他に実際の権利者がいる場合には、その実際の権利者が保有するものとして保有関係を判定することになります（法基通1－4－3）。

従業者の引継要件
　50％超100％未満のグループ法人内の適格株式移転では従業者の引継要件と事業継続要件を満たす必要があります。従業者の引継要件では、完全子法人となる各法人の株式移転直前の従業者のうち、その総数の概ね80％以上に相当する数の者が、引き続き完全子法人の業務に従事することが見込まれていることが要件とされています（法法2十二の十七ロ①）。この要件の従業者とは、他の組織再編税制と同様に雇用契約の有無や雇用形態のいかんにかかわらず、役員、使用人その他の者で完全子法人となる法人の株式移転直前に従事する者のすべてが含まれます。従って、完全子法人となる各法人が株式移転の時において他の法人から出向者を受け入れている場合や人材派遣会社から派遣社員を受け入れている場合には、完全子法人の事業に従事する者であれば、この従業者数に含める必要があります。ただし、下請先の従業者が自社の工場内の特定のラインを継続的に請け負っている場合の下請先の従業者については、下請先企業の事業に従事する従業者であるため含まれません（法基通1－4－4）。

2次再編が見込まれている場合
　株式移転後に完全子法人を被合併法人、分割法人、現物出資法人または事後設立法人とする適格合併、適格分割、適格現物出資または適格事後設立（以下「適格合併等」という）を行うことが予定されており、その適格合併等に伴い完

194 Ⅱ 株式移転

全子法人の従業者が引き継がれることが見込まれているときは、適格株式移転後にその完全子法人の業務に従事し、その後、適格合併等による合併法人等の業務に従事することが見込まれ、かつ、引き継がれていない従業者が完全子法人の業務に引き続き従事することが見込まれている場合には、最初の１次再編である株式交換の従業者の引続要件を満たすことになります。また、平成19年３月31日以前に行われた適格株式移転では、分割承継法人、被現物出資法人または被事後設立法人は、完全親法人または同一の者により50％超の資本関係がある法人に限られていましたが、平成19年度の税制改正により、平成19年４月１日以降は、50％超の資本関係がある法人以外の法人へ緩和されています（旧法法２十二の十七ロ①、旧法令４の２⑲）。

事業継続要件

　事業継続要件とは、各完全子法人の株式移転前に営む主要な事業が移転後も、各完全子法人において引き続き営まれることが見込まれるというものです（法法２十二の十七ロ②）。この要件において継続が求められる主要な事業とは、完全子法人となる各法人が株式移転前に営む主要な事業です。どの事業が主要な事業であるかの判断は、それぞれの事業に属する収入金額または損益の状況、従業者の数、固定資産の状況等を総合的に勘案して判定して決定されます（法基通１−４−５）。

２次再編が見込まれている場合

　従業者の引継要件と同様に、株式移転後に完全子法人を被合併法人、分割法人、現物出資法人または事後設立法人とする適格合併、適格分割、適格現物出資または適格事後設立（以下「適格合併等」という）を行うことが予定されており、その適格合併等に伴い主要な事業が移転することが見込まれているときは、その主要な事業が適格株式移転後に完全子法人において営まれ、その後、適格合併等による合併法人等において引き続き営まれることが見込まれている場合には、最初の１次再編である株式移転の事業継続要件を満たすものとして取り

扱われます。また、平成19年3月31日以前に行われた適格株式移転では、分割承継法人、被現物出資法人または被事後設立法人は、完全親法人または同一の者により50％超の資本関係がある法人に限られていましたが、平成19年度の税制改正により、平成19年4月1日以降は50％超の資本関係がある法人以外の法人へ緩和されています（旧法法2十二の十七ロ①、旧法令4の2⑲）。

Q II-10【適格株式移転の要件（共同事業要件）】

共同事業を営むための適格株式移転の適格要件について教えてください。

A　企業グループの株式移転に該当しない場合でも、共同して事業を行う目的で株式移転を行う場合には、株式移転において金銭等の交付（Q II-8参照）がなく、次に掲げる要件のすべてを満たす株式移転は適格株式移転として取り扱われ非課税で株式移転を行うことが可能となります。

① 完全子法人となる法人の主要な事業と他の完全子法人となる法人の事業が相互に関連すること（法令4の2㉑一、法規3①）

② 完全子法人となる法人と他の完全子法人となる法人の規模（関連する事業の売上金額、従業員数等）が概ね5倍の範囲内にあること。または、完全子法人となる法人もしくは他の完全子法人となる法人のいずれかの特定役員（常務取締役以上の役員）が1人も役員を退任しないこと（法令4の2㉑二）

③ 各完全子法人となる法人の従業者の概ね80％以上が引き続き業務に従事する見込みがあること（法令4の2㉑三）。なお、2次再編が見込まれている場合にはこの要件が変更される。

④ 各完全子法人となる法人の主要な事業の継続が見込まれること（法令4の2㉑四）。なお、2次再編が見込まれている場合にはこの要件が変更される。

⑤ 各完全子法人となる法人の株主の80％以上が交付された完全親法人株式

II 株式移転

（いずれも議決権のない株式を除く）を継続して保有することが見込まれること。ただし、完全子法人となる法人の株主が50人以上の場合はこの要件は不要（法令4の2㉑五）。なお、旧株主に2次再編が見込まれている場合にはこの要件が変更される。

⑥ 株式移転後、完全親法人と各完全子法人との間に100％の完全支配関係が継続する見込みであること（法令4の2㉑六）。なお、株式の保有関係に影響が生じるような2次再編が株式移転時において見込まれている場合には、この完全支配関係が緩和される取り扱いが定められている。

上記の適格要件の詳細についてはQⅡ-11〜QⅡ-16にて解説しますのでそちらを参照ください。

【共同事業の適格要件】

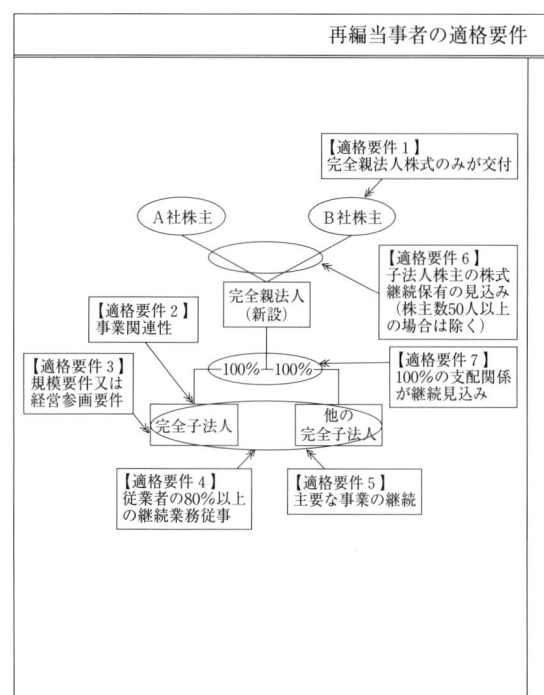

再編当事者の適格要件	
【適格要件1】完全親法人株式のみが交付 A社株主　B社株主 【適格要件2】事業関連性 【適格要件3】規模要件又は経営参画要件 完全親法人（新設） 【適格要件6】子法人株主の株式継続保有の見込み（株主数50人以上の場合は除く） 100%―100% 【適格要件7】100％の支配関係が継続見込み 完全子法人　他の完全子法人 【適格要件4】従業者の80％以上の継続業務従事 【適格要件5】主要な事業の継続	1．完全親法人株式のみが交付されること 2．完全子法人の主要な事業のいずれかと他の完全子法人の事業のいずれかが相互に関連すること 3．完全子法人と他の完全子法人となる法人の事業規模が概ね5倍の範囲内にあること（規模要件）、規模要件に代えて、常務以上の役員が1人も役員を退任しないこと（経営参画要件） 4．完全子法人と他の完全子法人事業（相互に関連する事業に限る）の継続か見込まれること 5．完全子法人または他の完全子法人の従業者の概ね80％以

	上が引き続き業務に従事する見込みがあること
	6．完全子法人または他の完全子法人となる株主が完全親法人株式を継続して保有する見込みであること（株主が50人以上の場合は不要）
	7．完全親法人の各完全子法人株式のすべてを保有する関係の継続が見込まれていること

Q II-11【共同事業要件の詳細1─事業関連性】

事業関連性要件について教えてください。

A　共同で事業を行うための適格株式移転の要件に完全子法人となる法人の主要な事業と他の完全子法人となる法人の事業が相互に関連するという要件があります。相互に関連するものとは、例えば「○×小売業と○×小売業というように同種の事業を営んでいるもの」や「製薬業における製造と販売のように、その業態が異なっても薬という同一の製品の製造と販売を行うなど、それぞれの事業が関連するもの」などがこれに該当すると考えられています[8]。また、株式交換とは異なり、株式移転の場合には2以上の法人が株式移転により完全親法人を設立することが可能ですが、2以上の法人が同時に株式移転を行う場合の事業関連性の判定においては、完全子法人となる法人のすべての法人が事業関連性要件を満たす必要があります。従って、完全子法人となる法人の1社が事業関連性要件や他の要件を満たさない場合には、その株式移転すべてが非適格株式移転として取り扱われます。

---

[8] 国税庁質疑応答事例「持株会社と事業会社が合併する場合の事業関連性の判定について」より。

主要な事業について

完全子法人となる法人の主要な事業とは、一義的には収入金額の多寡で判断されるとも考えられますが、損益の状況や従業者の数、固定資産の状況等を総合的に勘案して判断することになります（法基通1－4－5）。

事業性の有無について

事業関連性の大前提として、株式移転の当事者である完全子法人及び他の完全子法人が実態を有する事業を行っていることが必要となります。この事業性及び事業関連性については、会社法による合併等対価の柔軟化の解禁に伴い、平成19年度の税制改正において、納税者の予見可能性の向上を図るため、従来の運用実態を踏まえてその判定基準が明確化されました[9]。

再編当事者に事業の実体があるか否かを判定する3要件として、次のすべてを満たす必要があるとされています。

① 国内に事務所・店舗・工場等を所有または賃借していること
② 従業者がいること（役員のみの会社の場合にはその事業に専ら従事する役員がいること）
③ 自己の名義をもって、かつ自己の計算で事業を行っていること

この自己の計算とは、合併後においても、上記③に該当するかどうかの判定を行う法人自らがその判定を行う際の要件となる商品販売等により収益を獲得することが見込まれる状態にあることとされています。つまり、③に掲げる事業が行われている場合でも、それが合併の相手方のために行われるものと認められる場合には、合併後にその判定を行う法人においてその行為により収益を獲得する見込みではあるといえないため、③の要件を充足しないことになります。

---

[9] 繰越欠損金の引き継ぎ等の制限に係るみなし共同事業要件の事業関連性の判定についてもこの事業性及び事業関連性に基づき判定される（法規26）。

事業関連性について

　事業関連性については、前述の相互に関連するものであることの説明とも重複する点もありますが、再編当事者の事業について、組織再編の直前に次のいずれかの関係がある必要があります。

① 同種の事業を営んでいる場合
② 商品や資産またはサービスまたは経営資源が同一のものまたは類似する場合
③ 再編後に②に掲げるものを活用する場合

　以上の事業性及び事業関連性について国税庁ホームページ「共同事業を営むための組織再編成（三角合併等を含む）に関するQ&A（平成19年4月）」では、事業関連性要件の概要として次のようにまとめています。

事業関連性要件の概要

1　50％超の株式等の保有関係がある適格合併に該当する合併以外の合併（注1）が次に掲げる要件のすべてに該当するものである場合には、被合併事業（注2）と合併事業（注3）とが相互に関連するものに該当するものとする。
　一　被合併法人及び合併法人が当該合併の直前においてそれぞれ次に掲げる要件のすべてに該当すること。
　　イ　事務所、店舗、工場その他の固定施設（その本店又は主たる事務所の所在地がある国又は地域にあるこれらの施設に限る。）を所有し、又は賃借していること。
　　ロ　従業者（役員にあっては、業務に専ら従事するものに限る。）があること。
　　ハ　自己の名義をもって、かつ、自己の計算において次の①～⑦のいずれかの行為をしていること。
　　　①　商品販売等（商品の販売、資産の貸付け又は役務の提供で、継続して対価を得て行われるものをいい、その商品の開発若しくは生産又は役務の開発を含む。）
　　　②　広告又は宣伝による商品販売等に関する契約の申込み又は締結の勧誘

　　　　③　商品販売等を行うために必要となる資料を得るための市場調査
　　　　④　商品販売等を行うに当たり法令上必要となる行政機関の許認可等の申請又は当該許認可等に係る権利の保有
　　　　⑤　知的財産権（特許権、実用新案権、育成者権、意匠権、著作権、商標権その他の知的財産に関して法令により定められた権利又は法律上保護される利益に係る権利をいう。）の取得をするための出願若しくは登録（移転の登録を除く。）の請求若しくは申請（これらに準ずる手続を含む。）、知的財産権（実施権及び使用権を含むものとし、商品販売等を行うために必要となるものに限る。以下「知的財産権等」という。）の移転の登録（実施権及び使用権にあっては、これらの登録を含む。）の請求若しくは申請（これらに準ずる手続を含む。）又は知的財産権若しくは知的財産権等の所有
　　　　⑥　商品販売等を行うために必要となる資産（固定施設を除く。）の所有又は賃借
　　　　⑦　上記①～⑥に掲げる行為に準ずるもの
　二　被合併事業と合併事業との間に当該合併の直前において次に掲げるいずれかの関係があること。
　　　イ　当該被合併事業と合併事業とが同種のものである場合における当該被合併事業と合併事業との間の関係
　　　ロ　当該被合併事業に係る商品、資産若しくは役務（それぞれ販売され、貸し付けられ、又は提供されるものに限る。）又は経営資源（注4）と当該合併事業に係る商品、資産若しくは役務又は経営資源とが同一のもの又は類似するものである場合における当該被合併事業と合併事業との間の関係
　　　ハ　当該被合併事業と合併事業とが当該合併後に当該被合併事業に係る商品、資産若しくは役務又は経営資源と当該合併事業に係る商品、資産若しくは役務又は経営資源とを活用して営まれることが見込まれている場合における当該被合併事業と合併事業との間の関係
2　合併に係る被合併法人の被合併事業と当該合併に係る合併法人の合併事業とが、当該合併後に当該被合併事業に係る商品、資産若しくは役務又は経営資源と当該合併事業に係る商品、資産若しくは役務又は経営資源とを活用して一体として営まれている場合には、当該被合併事業と合併事業とは、前項第二号に掲げる要件に該当するものと推定する。
　　（注）1　合併以外の組織再編成についても、基本的には上記の整理と同様

となる（法規3③、26参照）
2　被合併法人の合併前に営む主要な事業のうちいずれかの事業をいう。
3　合併法人の合併前に営む事業のうちのいずれかの事業をいう。なお、当該合併が法人を設立する合併である場合にあっては、他の被合併法人の被合併事業をいう。
4　「経営資源」とは、事業の用に供される設備、事業に関する知的財産権等、生産技術又は従業者の有する技能若しくは知識、事業に係る商品の生産若しくは販売の方式又は役務の提供の方式その他これらに準ずるものをいう。

QII-12【共同事業要件の詳細2──従業者の引継要件】

従業者の引継ぎ要件について教えてください。

A　従業者の引継要件では、50%超100%未満の資本関係のあるグループ法人の適格株式移転の要件と同様に完全子法人となる各法人の株式移転の直前の従業者のうち、その総数の概ね80%以上に相当する数の者が、各完全子法人の業務に従事することが見込まれている必要があります（法令4の2㉑三）。

従業者の範囲

　従業者とは、雇用契約の有無や雇用形態のいかんにかかわらず、役員、使用人その他の者で完全子法人となる法人の移転直前に従事する者のすべてが含まれます。従って、完全子法人となる法人が株式移転の時において他の法人から出向者を受け入れている場合や人材派遣会社から派遣社員を受け入れている場合についても、完全子法人の事業に従事する者であれば、従業者に含めることになります。ただし、下請先の従業者が自社の工場内の特定のラインを継続的

に請け負っている場合の下請先の従業者については、下請先企業の事業に従事する従業者のため含まれません（法基通1-4-4）。

2 次再編が見込まれている場合

株式移転後に完全子法人を被合併法人、分割法人、現物出資法人または事後設立法人とする適格合併、適格分割、適格現物出資又は適格事後設立（以下「適格合併等」という）を行うことが予定されており、その適格合併等に伴い従業者が引き継がれることが見込まれているときは、適格株式移転後に完全子法人の業務に従事し、その後、適格合併等による合併法人等の業務に従事することが見込まれ、かつ、引き継がれていない従業者がいる場合には、完全子法人の業務に引き続き従事することが見込まれている場合には、最初の1次再編の従業者の引続要件を満たすとされています（法令4の2㉑三）。

Q II-13【共同事業要件の詳細3──事業継続要件】

事業継続要件について教えてください。

A 事業継続要件は、50%超100%未満の資本関係のあるグループ法人の適格株式移転の要件とは異なり、完全子法人となる法人の株式移転直前に営む主要な事業と他の完全子法人となる法人の関連のある事業が、株式移転後に各完全子法人において引き続き営まれることが見込まれるという要件です（法令4の2㉑四）。この要件において継続が求められる主要な事業とは、完全子法人が株式移転前に営む主要な事業とされており、Q II-11の事業関連性要件に記載した他の完全子法人となる法人のいずれかの事業と関連性がある事業です。従って、事業関連性のない事業については、株式移転前から譲渡もしくは撤退すること等が見込まれていても、この適格要件には影響しません。また、この事業継続要件は、株式移転時において引き続き事業を営むことが見

込まれているという要件ですので、株式移転後の経営環境の変化等からやむを得ず主要な事業を売却または撤退しても、この適格要件には影響しないと考えられます。ただし、株式移転後に事業継続要件に抵触しない事業の譲渡等が見込まれている場合であっても、QⅡ-12の従業者の引継要件は満たすこと必要があります。

2 次再編が見込まれている場合

　従業者の引継要件と同様に、株式移転後に完全子法人を被合併法人、分割法人、現物出資法人または事後設立法人とする適格合併、適格分割、適格現物出資または適格事後設立（以下「適格合併等」という）を行うことが予定されており、その適格合併等に伴い主要な事業や事業関連性のある事業が移転することが見込まれているときは、その主要な事業や事業関連性のある事業が適格株式移転後に完全子法人または他の完全子法人において営まれ、その後、適格合併等による合併法人等において引き続き営まれることが見込まれている場合には、1次再編の事業継続要件を満たすものとされています。

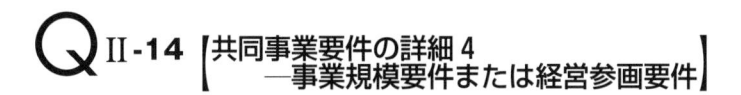

QⅡ-14【共同事業要件の詳細4　―事業規模要件または経営参画要件】

> 事業規模要件と経営参画要件について教えてください。

A　**事業規模要件**

　事業規模要件とは、QⅡ-11において採用した完全子法人の株式移転直前の主要な事業と他の完全子法人の株式移転直前の事業（完全子法人の主要な事業と関連する事業に限る）の売上金額または従業者数もしくはこれらに準ずるものの事業規模が5倍以内という要件です（法令4の2㉑二）。これらに準ずるものの規模とは、その業種・業態により様々な規模が考えられますが、例

えば、金融機関では預金量が、飲料販売業であれば自動販売機の数等が考えられます。つまり、再編当事者の客観的・外形的な観点からその事業の規模を表すものとして認められる指標が該当します。この指標は売上金額や従業者数などのいずれか採用した一の指標が5倍を超えなければ満たすことになり、売上金額または従業者数等のすべての事業規模を5倍以内とする必要はありません。事業規模要件で売上金額を指標として採用する場合には、法令上は明記されていませんが、通常は株式交換の直前1年間の売上金額で比較することになります（法基通1－4－6）。

経営参画要件

　事業規模要件に代えて経営参画要件を満たすことでこの適格要件を満たすことが可能となります（法令4の2㉑二）。経営参画要件とは、完全子法人となる各法人の株式移転前の特定役員のいずれかが株式移転に伴って役員を退任しないという適格要件です。特定役員とは、社長・副社長・代表取締役・代表執行役[10]・専務取締役・常務取締役またはこれらに準ずる者で法人の経営に従事している者をいい、平取締役・監査役・執行役員は含まれません。また、これらに準ずる者とは、役員または役員以外の者で、社長・副社長・代表取締役・代表執行役・専務取締役または常務取締役と同等に法人の経営の中枢にいる者をいい、この要件は必ずしも会社法上の役員に限られてはいません（法基通1－4－7）。また、株式移転に伴って役員を退任する場合の退任からは、完全親法人の役員（特定役員とは限らない）への就任に伴う退任は除かれています。

2次再編が見込まれている場合

　経営参画要件を採用する場合で、株式移転後に完全子法人を被合併法人、分割法人、現物出資法人または事後設立法人とする適格合併、適格分割、適格現

---

[10] 平成18年度の税制改正において代表執行役が含まれることが明示されている。なお、代表執行役は、従前からも代表取締役に準ずる役員として特定役員に含まれると考えられており、実質的な改正ではないとされている（財団産法人日本税務協会「平成18年　改正税法のすべて」p.292）。

物出資または適格事後設立が予定されている場合には、完全子法人の特定役員が、合併法人、分割承継法人、被現物出資法人または被事後設立法人の役員への就任するときも前述の退任から除かれています。

QⅡ-15【共同事業要件の詳細5─株主の継続保有要件】

各完全子法人となる株主の継続保有要件について教えてください。

A　継続保有要件とは、各完全子法人となる法人の株主（以下「旧株主」という）で株式移転により交付を受ける完全親法人株式（議決権のないものを除く）の全部を継続して保有することが見込まれる者の株式（議決権のないものを除く）の数を合計した数が、各完全子会社の発行済株式等の総数の80％以上であるとする要件です。ただし、完全子法人となる法人の株主が50人以上の場合には、その完全子法人についてはこの保有割合を管理することが事実上困難であるという理由から除かれています（法令4の2㉑五）。

【例】

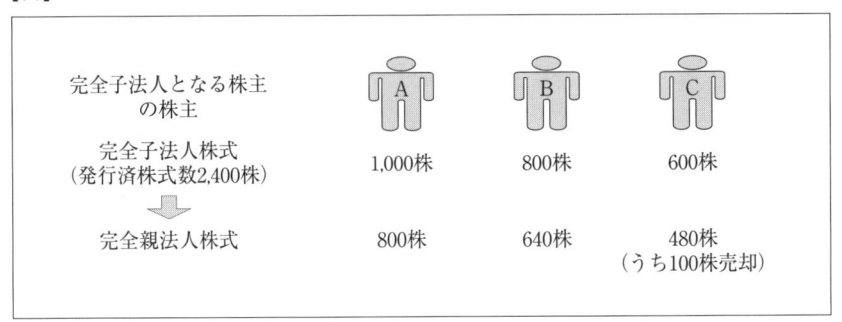

完全子法人となる株主の株主	A	B	C
完全子法人株式（発行済株式数2,400株）	1,000株	800株	600株
完全親法人株式	800株	640株	480株（うち100株売却）

上の例の場合には、完全子法人となる法人の発行済株式総数が2,400株であり、旧株主のうち、株式移転によって取得した完全親法人株式を継続して保有

している株主の完全子法人株式の保有割合が75％（＝（1,000株＋800株）／2,400株）となるため、この適格要件を満たすことができなくなります。

議決権のない株式

　継続保有が求められる株式は議決権のある株式であり、議決権のない株式の継続保有は求められていません。この議決権のない株式は議決権のないことが常態となっているものを対象しており、自己株式を除き、所有者のステータスによって議決権が一時的に行使できないものを除くことは想定されていません。例えば、会社法第308条で規定されている25％以上の相互保有株式については議決権のない株式には含まれないことになります。平成18年度の税制改正において、会社法による株式の種類ごとの議決権の設定の多様化や無議決権株式の発行限度の撤廃等により、多様な種類株式の発行が想定されることから、議決権のない株式の範囲を例示する規定が設けられています（法規3の2①、②）。また、優先配当を受ける権利を有する株式で既存の法人の発行するものについては、連続して3年（1年決算法人であれば、3回）程度優先配当の支払いがあり、議決権のない状態が継続しているような場合には、議決権のない株式に該当するものと考えて良いとされています[11]。

　イ）議決権のない株式に含まれるもの
　　・自己株式
　　・一定の事由が生じたことを条件として議決権を有する旨の定めがある株式で、その事由が生じていないもの
　ロ）議決権のない株式に含まれないもの
　　・会社法第879条第3項の規定により議決権を有するものとみなされる株式
　　・会社法第109条第2項の規定により株主総会において決議事項の全部につき議決権を行使することができない旨を定められた株主が有する株式

---

[11] 財団法人日本税務協会「平成13年　改正税法のすべて」p.141

・単元株式数に満たない株式

80％の算定方法

80％以上の算定は、完全子法人となる法人の株式移転前の発行済株式から議決権のない株式を除いた株数のうち、旧株主が株式移転により取得した完全親法人株式を譲渡等により処分をしたまたはする見込みである旧株主の有する完全子法人の株式数を除いた割合が80％以上である必要があります。

① 分母の計算は次のとおりです。

・完全子法人となる法人の発行済株式総数	○○○株
・他の完全子法人となる法人が有する完全子法人株式	△○○○株
・議決権のない株式数	△○○○株
・会社法等により保有を制限される株式	△○○○株
計	：○○○株

会社法等により保有を制限される株式とは、平成19年度の税制改正において明確化された取扱いですが、株式移転により交付を受ける完全親法人株式が、会社法第135条第3項（親会社株式の取得の禁止）その他の法令の規定によりその株主等による保有が制限されるものである場合には、その株主が有していた完全子法人となる法人の株式を除いて判定することが明確化されています。その他の法令の規定については、特段明確にされていませんが、例えば、私的独占の禁止及び公正取引の確保に関する法律の第9条（事業支配力が過度に集中する持株会社の禁止）に抵触する場合には、除いて判定することになるものと思われます。それ以外の具体的なケースについては明確にされていませんので個別に照会する必要があります。

② 分子の計算は、次のとおりです。

・株式交換により交付を受ける完全親法人株式の全部を保有することが見込まれる株主が有する完全子法人の株式	○○○株
・上記の完全子法人株式のうち議決権のない株式	△○○○株
計	：○○○株

■2 次再編が見込まれている場合

　株式移転後に完全子法人の旧株主を被合併法人とする適格合併を行うことが見込まれている場合には株式移転後にその株主が交付を受けた株式の全部を保有し、適格合併後、その適格合併に係る合併法人がその株式を引き続き継続して保有することが見込まれる場合には、株式継続保有要件を満たすことになります。また、株式移転後に完全親法人を被合併法人とする適格合併を行うことが見込まれている場合には、その株式移転の時からその適格合併の直前の時までその株式の全部を保有することが見込まれている場合にはこの株式継続保有要件を満たすことになります（法令4の2㉑五）。

QⅡ-16【共同事業要件の詳細6─完全支配関係の継続要件】

　完全親法人の完全子法人株式の完全支配関係の継続について教えてください。

A　共同事業を営む場合の適格株式移転の場合には、株式移転後において完全親法人となる法人は、各完全子法人となる法人の発行済株式等の全部を直接または間接に保有する関係の継続が見込まれている必要があります（法令4の2㉑六）。従って、株式移転後に完全子法人や完全親法人にこの要件に影響が生じるような組織再編が見込まれているときは、この適格要件に対して注意が必要ですが、株式移転を使った組織再編では株式移転後の次の組織再編を行うことがあらかじめ想定されているケースが実務上多くあります。この適格株式移転の要件が2次再編を進めるに際して障害となるような場合には、組織再編が中途半端になり効果的な組織再編を進めることが困難となるため、株式移転後に特定の適格組織再編成が行われることが見込まれているときは、この完全支配関係の継続要件を緩和する取扱いが定められています。2次再編が見込まれている場合の取扱いは、QⅡ-22を参照ください。

Q II-17【2次再編が予定されている場合(100%グループ)】

適格株式移転後に2次再編が見込まれている場合の取扱いについて教えてください。

A　100%グループの適格株式移転の適格要件はQ II-7にて説明したとおりですが、適格株式移転後に次の適格組織再編成を行うことがあらかじめ見込まれている場合には、同一の者や完全親法人における完全支配関係の継続見込要件が緩和され、最初の株式移転の適格性を維持しつつ2次再編を実行できる取扱いがあります。

　株式移転を使った組織再編成の場合には、株式移転後に完全子法人と他の完全子法人を合併するなどの2次再編が移転時から予定されている場合があります。株式移転の適格要件が2次再編を進めるに際して、障害となるような場合には、組織再編成が中途半端となり効果的な組織再編成を行い難くなる場合があります。そこで、株式移転税制では2次再編が一定の適格組織再編成により行われることが見込まれているときは、当初の適格要件が次の2次再編の時までとされる等の取扱いが規定されています。各再編当事者において可能な2次再編は次のとおりです。

再編当事者	2次再編の種類
同一の者	適格合併
完全親法人	適格合併
各完全子法人	適格合併

同一の者による完全支配関係

❶ 同一の者

再編対象法人が同一の者の場合の取扱いは次のとおりです。

再編対象法人：同一の者	
2次再編の内容	同一の者を被合併法人とする適格合併
1次再編の適格要件	完全親法人と完全子法人株式の全部保有要件

【株式移転～適格合併】
・株式移転後に各完全子法人と完全親法人との間に同一の者による完全支配関係があり、かつ、適格合併の直前まで完全親法人が各完全子法人の発行済株式等の全部を保有する関係が継続すること

【適格合併以降】
・適格合併後に合併法人が完全親法人株式及び各完全子法人株式の発行済株式の全部を直接または間接に保有する関係の継続が見込まれること。つまり、同一の者を被合併法人、完全子法人または完全親法人を合併法人とする適格合併（逆さ合併）は、非適格株式移転として取り扱われる

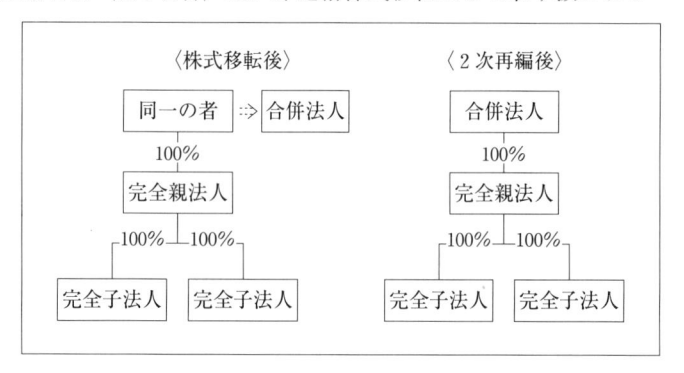

〈株式移転後〉

同一の者 ⇢ 合併法人
　　100%
完全親法人
　100%　100%
完全子法人　完全子法人

〈2次再編後〉

合併法人
　100%
完全親法人
　100%　100%
完全子法人　完全子法人

❷ 完全親法人

再編対象法人が完全親法人の場合の取扱いは次のとおりです。

再編対象法人：完全親法人	
2次再編の内容	完全親法人を被合併法人とする適格合併
1次再編の適格要件	各完全子法人株式の全部保有要件

【株式移転～適格合併】
・株式移転後に各完全子法人と完全親法人との間に同一の者による完全支配関係があり、かつ、適格合併の直前の時まで完全親法人が各完全子法人の発行済株式等の全部を保有する関係が継続すること

【適格合併以降】
・合併法人が同一の者によってその発行済株式等の全部を直接又は間接に保有される関係のない法人の場合には、適格合併後にその合併法人により各完全子法人の発行済株式等の全部を直接または間接に保有する関係の継続が見込まれること。従って、同一の者を合併法人とする適格合併も可能。ただし、完全子法人を合併法人とする適格合併（さかさ合併）は非適格株式移転として取り扱われる。

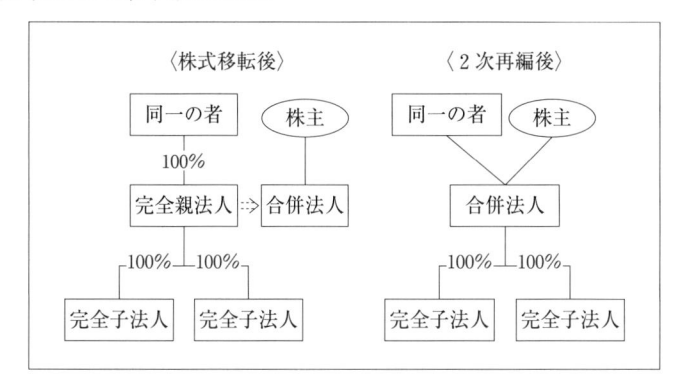

❸ 各完全子法人

再編対象法人が各完全子法人の場合の取扱いは次のとおりです。

再編対象法人：各完全子法人	
2次再編の内容	各完全子法人を被合併法人とする適格合併
1次再編の適格要件	各完全子法人自体に課されている適格要件はなし

【株式移転～適格合併】
・株式移転後に各完全子法人と完全親法人との間に同一の者による完全支配関係があり、かつ、適格合併の直前まで完全親法人が各完全子法人の発行済株式等の全部を保有する関係が継続すること

【適格合併以降】
・完全親法人と適格合併を行っていない完全子法人との間に同一の者による発行済株式の全部を直接または間接に保有される関係が継続すること（完全法人同士の適格合併も同様）
・完全親法人を合併法人として、各完全子法人を被合併法人とする適格合併の場合には、合併後、同一の者が完全親法人の発行済株式の全部を直接または間接に保有する関係が継続すること

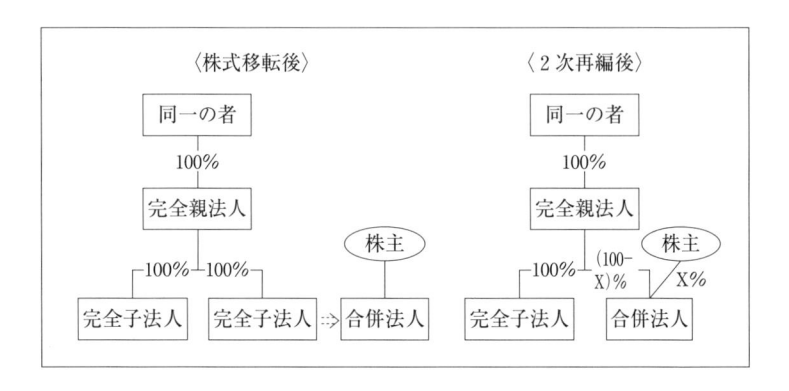

```
〈株式移転後〉                    〈2次再編後〉
    同一の者                         同一の者
      │100%                           │100%
   完全親法人        株主           完全親法人          株主
   ┌──┴──┐       │            ┌──┴──(100-X)%  │X%
  100%   100%      │           100%        │    │
 完全子法人 完全子法人⇢合併法人    完全子法人    合併法人
```

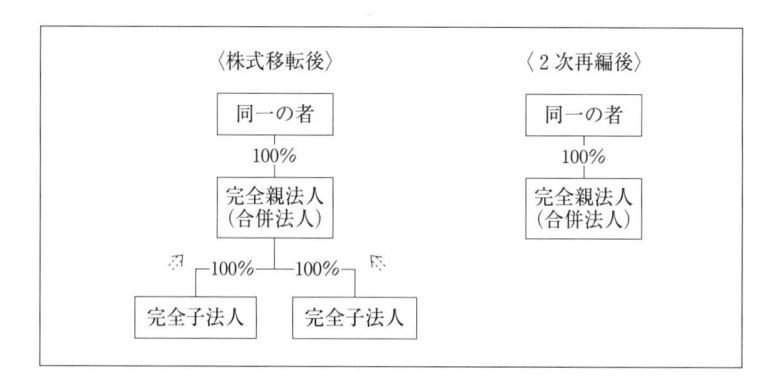

```
〈株式移転後〉              〈2次再編後〉
   同一の者                  同一の者
     |100%                     |100%
   完全親法人                完全親法人
   (合併法人)                (合併法人)
   /        \
 100%      100%
完全子法人  完全子法人
```

単独株式移転の場合

　平成19年度の税制改正において単独株式移転後に適格組織再編成を行うことが見込まれている場合の適格要件が緩和されました。改正後は、単独株式移転後に完全子法人を合併法人、分割承継法人または被現物出資法人とする適格合併（合併親法人株式が交付されるものを除く）、適格分割（分割承継親法人株式が交付されるものを除く）または適格現物出資（以下「適格合併等」という）が見込まれている場合の完全親法人が完全子法人の発行済株式の全部を直接または間接に保有する関係の継続については、その適格合併等後は完全親法人が完全子法人のその適格合併等の直前の発行済株式の全部に相当する数の株式を継続して保有することへ改正されました。この改正は平成19年4月1日以後に行われる株式移転について適用され、同日前に行われた株式移転については従前どおりとされています（平成19年改正法附則33②、平成19年改正法令附則3）。従って、平成19年度の税制改正後は単独株式移転の場合には次の2次再編が最初の適格性を維持しながら実施することが可能となります。

II 株式移転

❶ 完全親法人

再編対象法人が完全親法人の場合の取扱いは次のとおりです。

再編対象法人：完全親法人	
2次再編の内容	完全親法人を被合併法人とする適格合併
1次再編の適格要件	各完全子法人株式の全部保有要件

【株式移転〜適格合併】
・株式移転後、適格合併の直前の時まで完全親法人が完全子法人の発行済株式等の全部を保有する関係が継続すること

【適格合併以降】
・適格合併に係る合併法人が完全子法人の発行済株式等の全部を直接または間接に保有する関係の継続が見込まれること

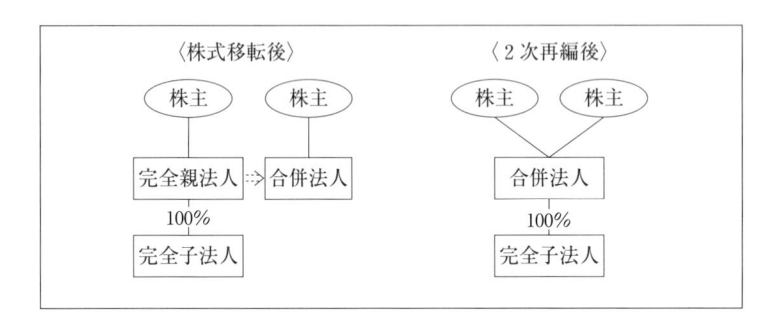

```
     〈株式移転後〉              〈2次再編後〉
   株主    株主              株主    株主
     \    /                    \    /
   完全親法人 ⇢ 合併法人         合併法人
       │100%                      │100%
    完全子法人                  完全子法人
```

❷ 完全子法人

再編対象法人が完全子法人の場合の取扱いは次のとおりです。

再編対象法人：完全子法人	
2次再編の内容	完全子法人を被合併法人とする適格合併
1次再編の適格要件	完全子法人自体に課されている適格要件はなし

【株式移転〜適格合併】
・株式移転から適格合併の直前まで、完全親法人が完全子法人の発行済株式等の全部を保有する関係が継続すること

【適格合併以降】
・適格株式移転に関する要件はないが、適格合併における共同事業要件の1つである被合併法人となる法人（完全子法人）の株主（完全親法人）へ合併法人株式の継続保有要件が課される。

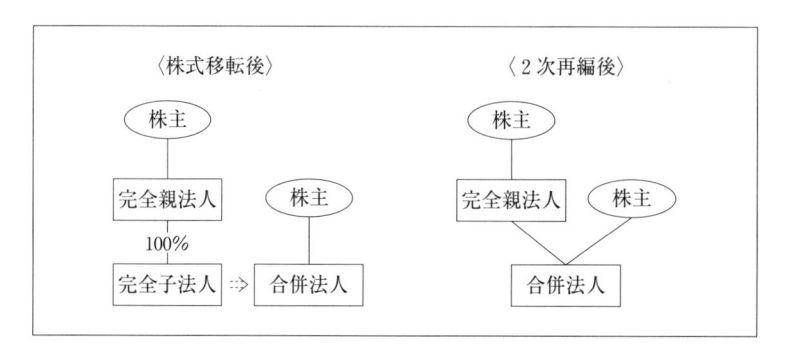

```
〈株式移転後〉                    〈2次再編後〉
   株主                             株主
    |                                |
  完全親法人   株主              完全親法人   株主
    |100%      |                    |        |
  完全子法人⇒合併法人              合併法人
```

再編対象法人：完全子法人	
2次再編の内容	完全子法人を合併法人、分割承継法人、被現物出資法人とする適格合併、適格分社型分割、適格現物出資（以下「適格合併等」という）
1次再編の適格要件	完全子法人自体に課されている適格要件はなし

【株式移転〜適格合併等】
・株式移転から適格合併等の直前まで、完全親法人が各完全子法人の発行済株式等の全部を保有する関係が継続すること

【適格合併等以降】
・完全親法人が再編を行った完全子法人の適格合併等直前の発行済株式等の全部に相当する数の株式を継続して保有すること

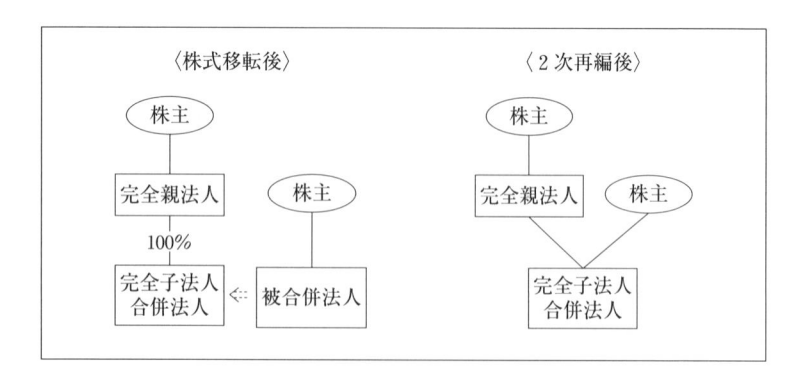

```
          〈株式移転後〉                    〈2次再編後〉
            株主                              株主
             │                                │
         ┌───────┐   ┌───┐              ┌───────┐   ┌───┐
         │完全親法人│   │株主│              │完全親法人│   │株主│
         └───────┘   └───┘              └───────┘   └───┘
          100%│        │                      │      │
         ┌───────┐ ┌───────┐              ┌───────┐
         │完全子法人│←┤被合併法人│            │完全子法人│
         │合併法人 │ └───────┘              │合併法人 │
         └───────┘                        └───────┘
```

Q II-18 【2次再編が予定されている場合 (50％超100％未満グループ)】

適格株式移転後に2次再編が見込まれている場合の取扱いについて教えてください。

A 50％超100％未満グループの適格株式移転の適格要件はQ II-9にて説明したとおりですが、適格株式移転後に次の適格再編を行うことがあらかじめ見込まれている場合には、同一の者や完全親法人における支配関係の継続見込要件が緩和され、最初の株式移転の適格性を維持しつつ2次再編が実行できる取扱いがあります。また、各完全子法人については、株式移転時の適格要件である従業者の80％以上の従事及び主要な事業の継続が2次再編後においても引き続き要件を満たすものであれば、最初の株式移転の適格性が維持されることになります。各再編当事者において可能な2次再編は次のとおりです。

再編当事者	2次再編の種類
同一の者	適格合併
完全親法人	適格合併
完全子法人	適格合併・適格分割・適格現物出資・適格事後設立

直接または間接保有の場合の2次再編

❶ 完全親法人

再編対象法人が完全親法人の場合の取扱いは次のとおりです。

再編対象法人：完全親法人	
2次再編の内容	完全親法人を被合併法人とする適格合併
1次再編の適格要件	各完全子法人株式の全部保有要件

〈2次再編の適格要件〉

【株式移転〜適格合併】

・株式移転の時から適格合併の直前まで完全親法人が各完全子法人の発行済株式等の全部を直接保有する関係[12]が継続すること

【適格合併以降】

・合併法人が、各完全子法人の発行済株式等の全部[13]を直接または間接に保有する関係の継続が見込まれること。つまり、完全子法人を合併法人、完全親法人を被合併法人とする適格合併（逆さ合併）は、非適格株式移転として取り扱われる。

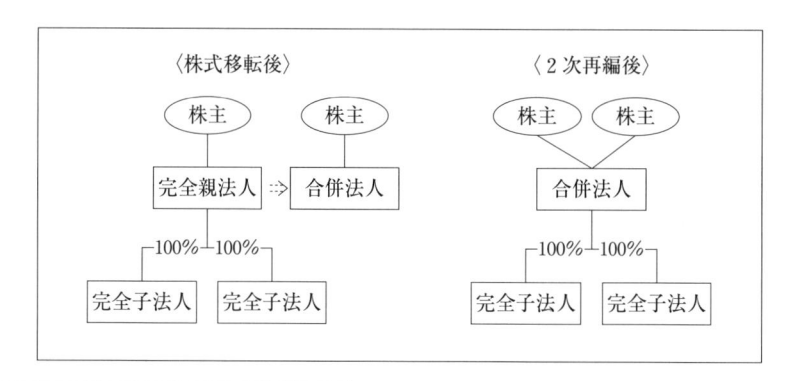

〈株式移転後〉　　　〈2次再編後〉

株主 — 株主　　　　株主 — 株主
　↓　　　　　　　　　　↓
完全親法人 ⇒ 合併法人　　合併法人
 ├100%─100%┤　　 ├100%─100%┤
完全子法人 完全子法人　完全子法人 完全子法人

---

[12] 2次再編が見込まれていない場合には、完全親法人による各完全子法人株式の保有要件は支配株式（50%超）を直接または間接に保有する関係が継続することが適格要件とされているが、2次再編が見込まれている場合には、2次再編までは各完全子法人株式の全部を直接保有する必要がある。

[13] 上記同様に2次再編が行われた場合には、合併法人による各完全子法人株式の全部を保有する要件となっており、1次再編と2次再編で要件が異なる点に留意が必要である。

❷ 各完全子法人

再編対象法人が各完全子法人の場合の取扱いは次のとおりです。

再編対象法人：各完全子法人	
2次再編の内容	各完全子法人を被合併法人とする適格合併
1次再編の適格要件	従業者の80％以上の従事要件 主要な事業の継続要件

【株式移転～適格合併】
- 株式移転の時から適格合併の直前まで完全親法人が各完全子法人の発行済株式等の全部を保有する関係が継続すること
- 各完全子法人の80％以上の従業者が業務に従事すること
- 各完全子法人の主要な事業が継続すること

【適格合併以降】
- 完全親法人が適格合併を行っていない完全子法人の株式の50％超を直接または間接に保有する関係が見込まれること[14]
- 適格合併における共同事業要件の1つである被合併法人となる法人（完全子法人）の株主（完全親法人）へ合併法人株式の継続保有要件が課される。
- 完全子法人を合併法人、完全親法人を被合併法人とする適格合併（逆さ合併）は、非適格株式移転として取り扱われる。
- 合併法人の業務へ上記従業者に相当する数の者の全部が従事すること
- 完全子法人の主要な事業が合併法人及び他の完全子法人において継続すること

---

[14] 2次再編を実施していない完全子法人株式の保有要件は全部保有から50％超保有へ変更され、50％超100％未満のグループの適格株式移転の要件になる。

```
        〈株式移転後〉                    〈2次再編後〉
         株主                              株主
          │                                │
       完全親法人                        完全親法人
      ┌─100%─100%─┐                ┌─100%─(100-X)%─┐   株主
      │           │                │               │    │X%
   完全子法人  完全子法人 ⇒ 合併法人   完全子法人     完全子法人
```

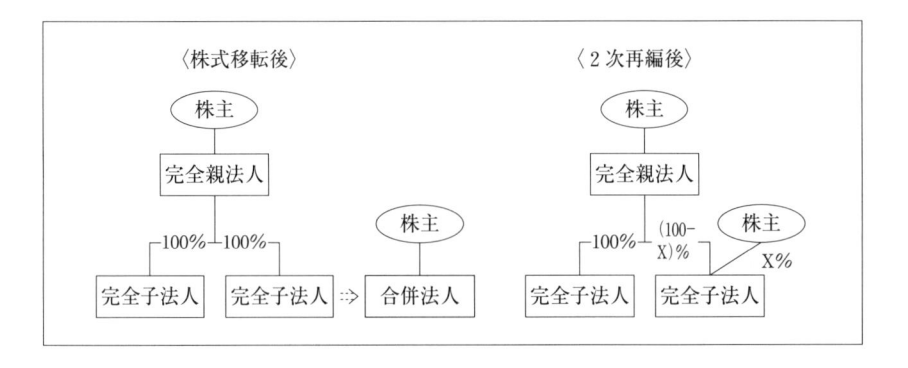

再編対象法人：各完全子法人	
2次再編の内容	各完全子法人を分割法人・現物出資法人・事後設立法人とする適格分割・適格現物出資・適格事後設立（以下「適格分割等」という）
1次再編の適格要件	従業者の80％以上の従事要件 主要な事業の継続要件

【株式移転～適格分割等】

・完全親法人が各完全子法人の発行済株式等の50％超を直接または間接に保有する関係が継続すること
・各完全子法人の80％以上の従業者が業務に従事すること
・各完全子法人の主要な事業が継続すること

【適格分割等以降】

・完全親法人が各完全子法人の発行済株式等の50％超を直接または間接に保有する関係が継続すること（この再編では完全親法人における各完全子法人株式の支配関係の要件へ抵触しないため、1次再編における株式移転と同様の要件となる）。
・分割承継法人等の業務へ上記従業者に相当する数の者の全部が従事するか、または、移転していない従業者がいる場合には、完全子法人の業務に引き続き従事すること

- 完全子法人の主要な事業が分割承継法人・被現物出資法人・被事後設立法人（以下「分割承継法人等」という）または完全子法人において引続き営まれること

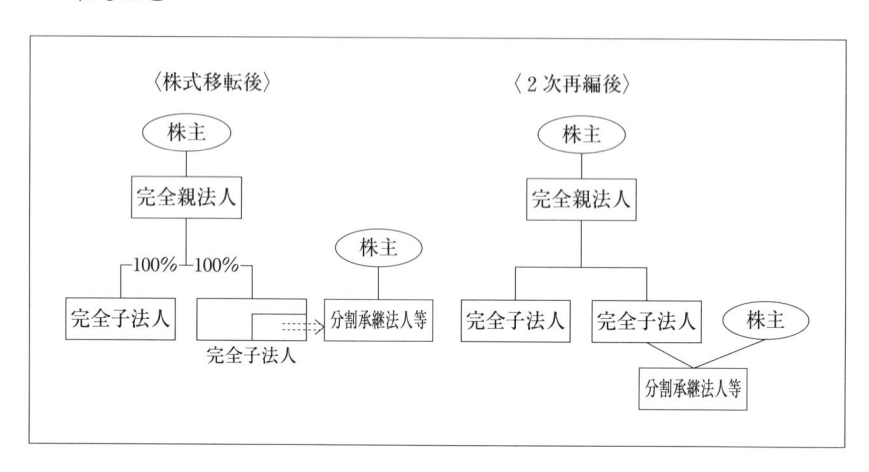

```
〈株式移転後〉                              〈2次再編後〉
      株主                                    株主
       │                                      │
   完全親法人                              完全親法人
   ┌──┴──┐                            ┌──┴──┐
 100%  100%      株主                      │      │      株主
   │    │        │                        │      │       │
 完全  完全 ┄┄> 分割承継法人等         完全   完全
 子法人 子法人                          子法人 子法人
                                                │
                                          分割承継法人等
```

同一の者の場合の2次再編

❶ 同一の者

再編対象法人が同一の者の場合の取扱いは次のとおりです。

再編対象法人：同一の者	
2次再編の内容	同一の者を被合併法人とする適格合併
1次再編の適格要件	完全親法人と各完全子法人株式の50％超保有要件（完全親法人は各完全子法人株式の全部直接保有）

【株式移転〜適格合併】
- 株式移転後に各完全子法人と完全親法人との間に同一の者による支配関係があり、かつ、適格合併の直前まで完全親法人が各完全子法人の発行済株式等の全部を保有する関係が継続すること

【適格合併以降】

・合併法人により各完全子法人株式及び完全親法人株式の発行済株式の50%を直接または間接に保有する関係が継続すること（完全親法人または完全子法人を合併法人、同一の者を被合併法人とする合併（逆さ合併）は非適格株式移転となる）

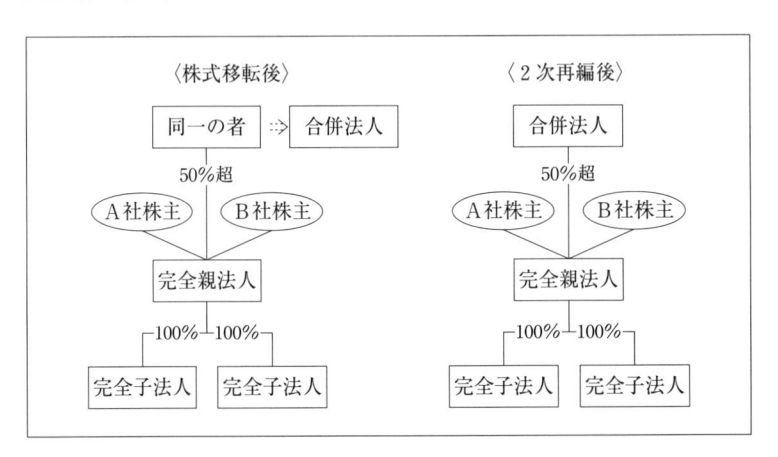

〈株式移転後〉

同一の者 ⇢ 合併法人
　　　50%超
A社株主　B社株主
　　　　↓
　　完全親法人
　　100%　100%
完全子法人　完全子法人

〈2次再編後〉

合併法人
　　　50%超
A社株主　B社株主
　　　　↓
　　完全親法人
　　100%　100%
完全子法人　完全子法人

❷ 完全親法人

再編対象法人が完全親法人の場合の取扱いは次のとおりです。

再編対象法人：完全親法人	
2次再編の内容	完全親法人を被合併法人とする適格合併
1次再編の適格要件	各完全子法人株式の全部保有要件

【株式移転〜適格合併】

・株式移転後に各完全子法人と完全親法人との間に同一の者による支配関係があり、かつ、適格合併の直前の時まで完全親法人が完全子法人の発行済株式等の全部を直接に保有する関係[12]が継続すること

II 株式移転

【適格合併以降】

・合併法人が各完全子法人の発行済株式等の全部[13]を直接または間接に保有する関係の継続が見込まれること。つまり、完全子法人を合併法人、完全親法人を被合併法人とする適格合併（逆さ合併）は、非適格株式移転として取り扱われる。

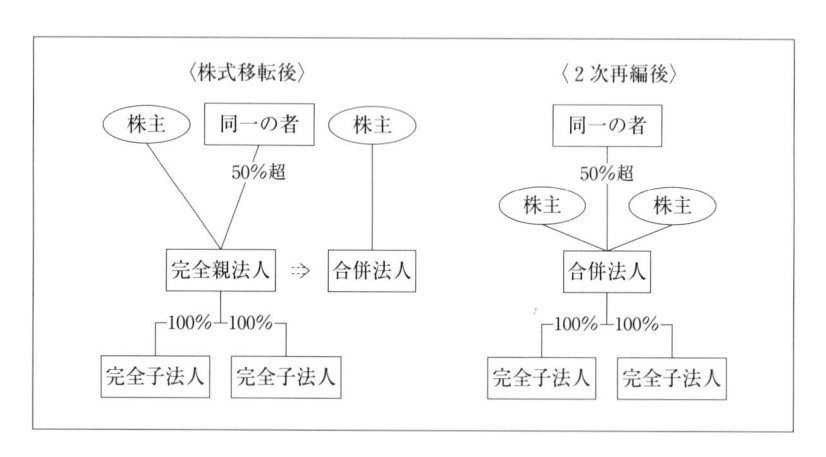

❸ 各完全子法人

再編対象法人が各完全子法人の場合の取扱いは次のとおりです。

再編対象法人：各完全子法人	
2次再編の内容	各完全子法人を被合併法人とする適格合併
1次再編の適格要件	従業者の80％以上の従事要件 主要な事業の継続要件

【株式移転～適格合併】

・株式移転後に各完全子法人と完全親法人との間に同一の者による支配関係があり、かつ、適格合併の直前まで完全親法人が各完全子法人の発行済株式等の全部を保有する関係が継続すること
・各完全子法人の80％以上の従業者が業務に従事すること
・各完全子法人の主要な事業が継続すること

2 ── 適格要件と完全子法人の課税関係

【適格合併以降】

- 完全親法人が適格合併を行っていない完全子法人の株式の50%超を直接または間接に保有する関係が見込まれること[15]。なお、適格合併により消滅した完全子法人については、適格合併における共同事業要件の1つである被合併法人となる法人（完全子法人）の株主（完全親法人）へ合併法人株式の継続保有要件が課される
- 合併法人の業務へ上記従業者に相当する数の者の全部が従事すること
- 完全子法人の主要な事業が合併法人において継続すること

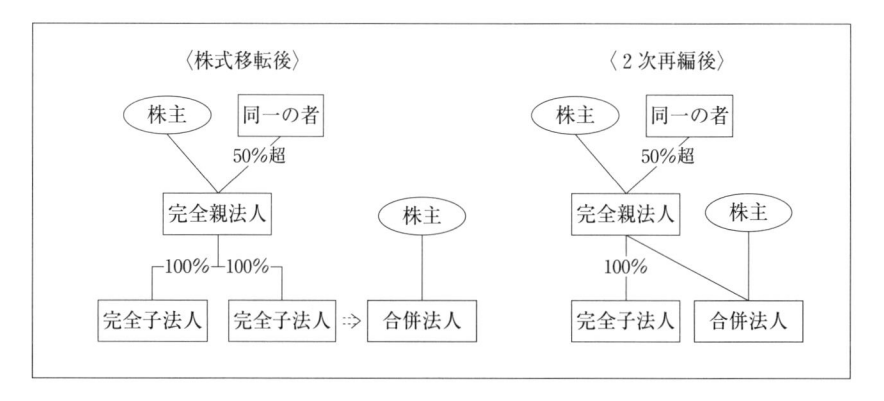

〈株式移転後〉

株主 ── 同一の者
          │ 50%超
         完全親法人   株主
       100%│ │100%
    完全子法人 完全子法人 ⇒ 合併法人

〈2次再編後〉

株主 ── 同一の者
          │ 50%超
         完全親法人   株主
          │ 100%
       完全子法人   合併法人

再編対象法人：各完全子法人	
2次再編の内容	各完全子法人を分割法人・現物出資法人・事後設立法人とする適格分割・適格現物出資・適格事後設立（以下、「適格分割等」という）
1次再編の適格要件	従業者の80％以上の従事要件 主要な事業の継続要件

【株式移転～適格合併】

- 株式移転後に各完全子法人と完全親法人との間に同一の者による支配関係が継続すること

---

[15] 2次再編を実施していない完全子法人株式の保有要件は全部保有から50%超保有へ50%超100％未満の適格株式移転の要件となる。

224 Ⅱ　株式移転

- 各完全子法人の80％以上の従業者が業務に従事すること
- 各完全子法人の主要な事業が継続すること

【適格分割等以降】

- 株式交換後に各完全子法人と完全親法人との間に同一の者による支配関係が継続すること（この再編では完全親法人における各完全子法人株式の支配関係の要件へ抵触しないため、1次再編における株式移転と同様の要件となる）。
- 分割承継法人等の業務へ上記従業者に相当する数の者の全部が従事するか、または、移転していない従業者がいる場合には、完全子法人の業務に引き続き従事すること
- 完全子法人の主要な事業が分割承継法人・被現物出資法人・被事後設立法人（以下「分割承継法人等」という）または完全子法人において引き続き営まれること

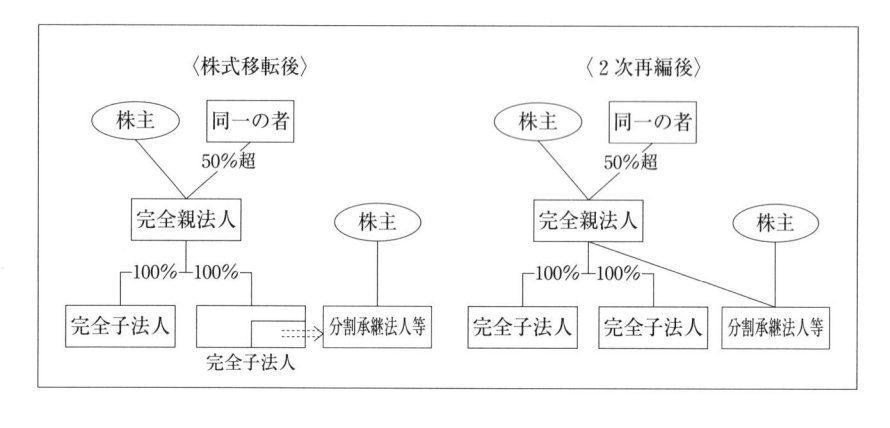

QII-19【2次再編が予定されている場合(共同事業要件)】

共同事業を営む場合の適格株式移転後に2次再編が見込まれている場合の取扱いについて教えてください。

共同事業を営む場合の適格株式移転の適格要件はQII-10〜QII-16にて説明したとおりですが、適格株式移転後に次の適格再編を行うことがあらかじめ見込まれている場合には、完全親法人における完全支配関係の継続見込要件が緩和され、最初の株式移転の適格性を維持しつつ2次再編が実行できる取り扱いがあります。また、各完全子法人については、株式移転時の適格要件である従業者の80%以上の従事要件(QII-12参照)、主要な事業の継続要件(QII-13参照)、経営参画要件(QII-14)が2次再編後においても引き続き要件を満たすものであり、各完全子法人の旧株主についても2次再編後も引き続き株式継続保有要件(QII-15)を満たす場合には、最初の適格株式移転の適格性が維持されることになります。各再編当事者において可能な2次再編は次のとおりです。

再編当事者	2次再編の種類
完全親法人	適格合併
各完全子法人	適格合併・適格分割・適格現物出資・適格事後設立
各完全子法人の旧株主	適格合併

❶ 完全親法人

再編対象法人が完全親法人の場合の取扱いは次のとおりです。

再編対象法人:完全親法人	
2次再編の内容	完全親法人を被合併法人とする適格合併
1次再編の適格要件	完全子法人株式の全部保有要件

226　II　株式移転

【株式移転〜適格合併】
・株式移転の時から適格合併の直前の時まで、完全親法人が各完全子法人の発行済株式等の全部を直接に保有する関係が継続すること

【適格合併以降】
・適格合併後に合併法人が各完全子法人の発行済株式等の全部を直接または間接に保有する関係が継続することが見込まれていること。従って、完全親法人を被合併法人、完全子法人を合併法人とする合併（逆さ合併）は、非適格株式移転として取り扱われる。

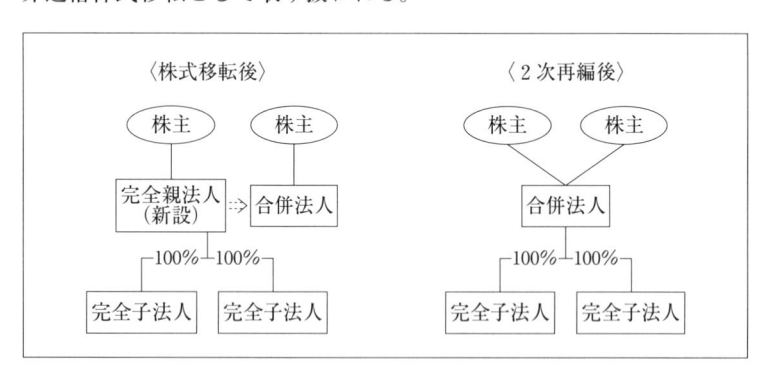

❷　各完全子法人

再編対象法人が各完全子法人の場合の取扱いは次のとおりです。

再編対象法人：各完全子法人	
2次再編の内容	各完全子法人を被合併法人とする適格合併
1次再編の適格要件	従業者の80％以上の従事要件 事業関連性のある事業の継続要件 経営参画要件（採用した場合）

【株式移転～適格合併】
- 株式移転の時から適格合併の直前の時まで、完全親法人が各完全子法人の発行済株式の全部を直接に保有する関係の継続すること
- 各完全子法人の80％以上の従業者が業務に従事すること
- 各完全子法人の事業関連性のある事業が継続すること
- 経営参画要件を採用した場合には特定役員のいずれかが退任しないこと（ただし、完全親法人の特定役員の就任に伴う退任を除く）

【適格合併以降】
- 完全親法人が適格合併を行っていない完全子法人の発行済株式等の全部を直接または間接に保有する関係が継続すること。完全親法人を合併法人、各完全子法人を被合併法人とする適格合併の場合には適格合併以降は各完全子法人が消滅しているため、適格合併以降は株式継続保有要件は適用されない。
- 合併法人の業務へ上記従業者に相当する数の者の全部が従事すること
- 完全子法人の事業関連性のある主要な事業が合併法人において継続すること
- 経営参画要件を採用した場合には特定役員のいずれもが合併法人の役員に就任すること

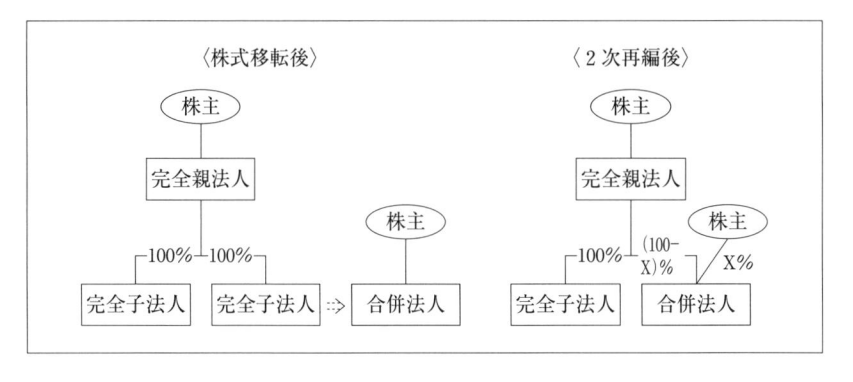

〈株式移転後〉

株主 → 完全親法人 —100%→ 完全子法人
　　　　　　　　　 —100%→ 完全子法人

株主 → 合併法人

〈2次再編後〉

株主 → 完全親法人 —100%→ 完全子法人
　　　　　　　　　 —(100−X)%→ 合併法人

株主 —X%→ 合併法人

II 株式移転

再編対象法人：各完全子法人	
2次再編の内容	各完全子法人を合併法人（合併親法人株式が交付されるものを除く）・分割承継法人（分割承継親法人株式が交付されるものを除く）・被現物出資法人とする適格合併・適格分割・適格現物出資（以下「適格合併等」という）
1次再編の適格要件	従業者の80％以上の従事要件 事業関連性のある事業の継続要件 経営参画要件（採用した場合）

【株式移転～適格合併等】
・株式移転の時から適格合併等の直前まで、完全親法人が各完全子法人の発行済株式等の全部を直接に保有する関係が継続すること
・各完全子法人の80％以上の従業者が業務に従事すること
・各完全子法人の事業関連性のある事業の継続すること
・経営参画要件を採用した場合には特定役員のいずれかが退任しないこと
（ただし、完全親法人の特定役員の就任に伴う退任を除く）

【適格合併等以降】
・完全親法人が適格合併を行っていない完全子法人の発行済株式等の全部を直接または間接に保有する関係が継続すること
・適格合併等後に完全親法人がその完全子法人の適格合併等の直前の発行済株式等の全部に相当する数の株式を継続して保有すること
・完全子法人の80％以上の従業者が業務に従事すること
・完全子法人の事業関連性のある事業が継続すること
・経営参画要件を採用した場合には特定役員のいずれかが退任しないこと
（ただし、完全親法人の特定役員の就任に伴う退任を除く）

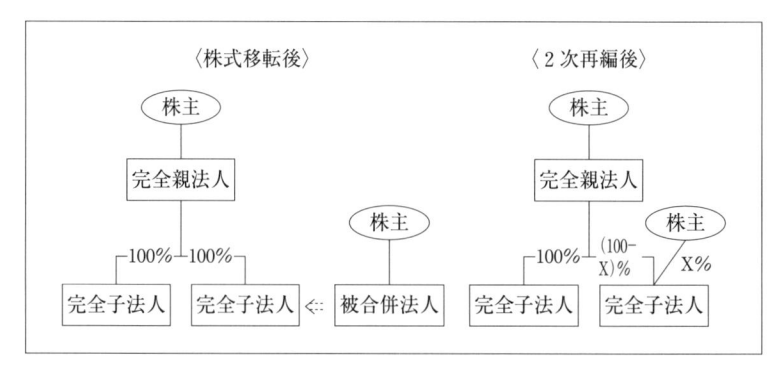

2——適格要件と完全子法人の課税関係

再編対象法人：各完全子法人	
2次再編の内容	各完全子法人を分割法人・現物出資法人・事後設立法人とする適格分割・適格現物出資・適格事後設立（以下、「適格分割等」という）
1次再編の適格要件	従業者の80％以上の従事要件 事業関連性のある事業の継続要件 経営参画要件（採用した場合）

【株式移転～適格分割等】

・株式移転の時から完全親法人が各完全子法人の発行済株式等の全部を直接または間接に保有する関係が継続すること
・各完全子法人の80％以上の従業者が業務に従事すること
・各完全子法人の事業関連性のある事業の継続すること
・経営参画要件を採用した場合には特定役員のいずれかが退任しないこと（ただし、完全親法人の特定役員の就任に伴う退任を除く）

【適格分割等以降】

・株式移転の時から完全親法人が各完全子法人の発行済株式等の全部を直接または間接に保有する関係が継続すること（この再編では完全親法人における完全子法人株式の完全支配関係の要件へ抵触しないため株式移転時と同様の要件となる）
・分割承継法人等の業務へ上記従業者に相当する数の者の全部が従事し、ま

II 株式移転

たは残りの従業者が完全子法人の業務に従事すること
・完全子法人の事業関連性のある事業を分割承継法人等または完全子法人で継続すること
・経営参画要件を採用した場合には特定役員のいずれかが退任しないこと（ただし、分割承継法人、被現物出資法人または事後設立法人の特定役員の就任に伴う退任を除く）

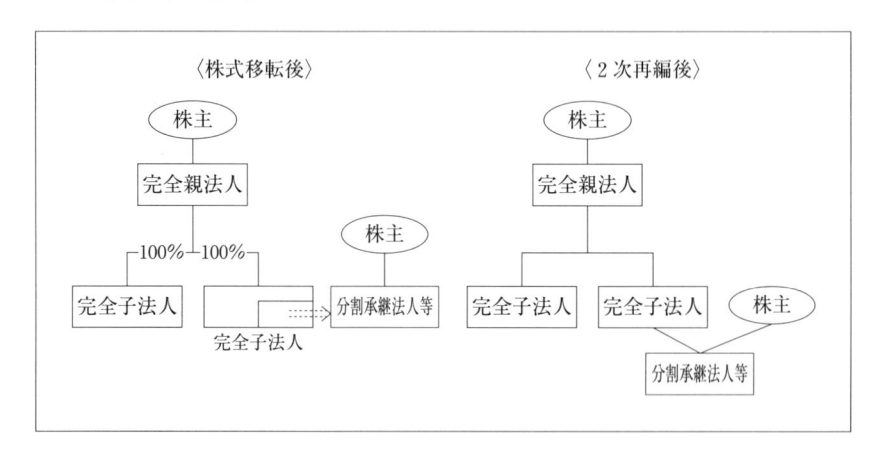

〈株式移転後〉

```
        株主
         │
       完全親法人
      ┌──┴──┐
    100%  100%      株主
      │    │        │
   完全子法人 ┆─→ 分割承継法人等
         完全子法人
```

〈2次再編後〉

```
        株主
         │
       完全親法人
      ┌──┴──┐
   完全子法人 完全子法人   株主
              └──┬──┘
           分割承継法人等
```

❸ 各完全子法人の旧株主

再編対象法人が旧株主の場合の取扱いは次のとおりです。

再編対象法人：各完全子法人の旧株主	
2次再編の内容	旧株主を被合併法人とする適格合併
1次再編の適格要件	旧株主による完全親法人株式の継続保有要件

【株式移転〜適格合併】
・株式移転の時から適格合併の直前の時まで旧株主が完全親法人の発行済株式等の全部を保有する関係が継続すること

【適格合併以降】

- 適格合併後に合併法人が完全親法人の発行済株式等の全部を保有する関係が継続することが見込まれていること。従って、旧株主を被合併法人として、完全親法人を合併法人とする合併は、非適格株式移転として取り扱われる。なお、この旧株主の継続保有要件において、旧株主自身の再編ではなく、完全親法人を被合併法人とする適格合併を行うことが見込まれている場合には株式移転のときから適格合併の直前まで交付を受けた株式の全部を継続して保有することが見込まれているときは、株式継続保有要件を満たすものとして取り扱われます。

2-2 非適格株式移転

Q II-20【非適格株式移転の取扱い（概要）】

非適格株式移転の場合の税務上の取扱いを教えてください。

A　株式移転が非適格株式移転に該当する場合には、完全子法人となる各法人が株式移転の直前において有する特定資産について時価評価を行う必要があります。株式移転は移転を通じて親子関係を創設する組織法上の行為であるといえることから、同じ組織法である合併と会社財産の取得が可能となる点で共通の行為といえます。非適格合併の場合には、被合併法人の資産及び負債について譲渡損益を認識することになりますが、非適格株式移転の場合も他の組織再編税制の取扱いとの整合性を図るため、株式移転直前の時において完全子法人となる各法人が有する特定の資産について時価評価を行い株式移転の日の属する事業年度の所得の金額の計算上、評価損益を益金または損金の額に算入します（法法62の9①）。時価評価の対象については、合併等と同様に全ての資産及び負債とすることも考えられるところですが、資産自体に取引行為が行われるものではないことや制度間の整合性等を勘案し、連結納税の時価評価資産と同じ範囲とされています[16]。なお、この時価評価が適用される場合には、資産の評価益の益金不算入の規定（法法25①）及び資産の評価損の損金不算入の規定（法法33①）は適用されません（法令123の11③）。

非適格株式移転における時価評価課税の取扱いは、非適格株式交換の取扱いと同様になりますので、非適格株式移転に関する詳細は株式交換のQ&A（QⅠ-23〜QⅠ-32）を参照ください。なお、株式移転の場合には完全子法人とな

---

[16] 財団法人日本税務協会「平成18年　改正税法のすべて」p.314

る法人が1社とは限られず、複数社となる場合がありますが、非適格株式移転に該当する場合には、すべての完全子法人について時価評価の必要があります。

3 ── 完全子法人株主の税務

Q II-21【完全子法人となる法人の株主の課税関係】

完全子法人となる法人の株主の課税関係について教えてください。

A　株式移転によって完全子法人となる各法人の株主は、その有する株式と交換に完全親法人となる法人の株式を受け取ります。この場合、税務上は完全子法人株式の譲渡として取り扱うため原則として株式譲渡損益を認識しますが、完全親法人株式のみが交付される場合には課税繰延べが認められます。また、課税繰延べが認められない場合であっても、他の組織再編税制のようにみなし配当は生じません。これは、株式移転が合併や分割型分割と異なり完全子法人を経由して財産が株主へ交付されたとみなさず、完全子法人の利益積立金に変動が生じないためと考えられます。株主課税の概要は次のとおりです。

【株主課税の概要】

非適格株式移転		適格株式移転
金銭等交付あり	金銭等交付なし	金銭等交付なし
課税	課税なし	課税なし

株主の非課税要件

　株式移転において完全子法人となる各法人の株主に対して交付される対価が、完全親法人の株式である場合には、株式移転に応じる株主に対して課税繰延べが認められます。この場合、法人株主は、旧株式の帳簿価額をもって譲渡したものとして株式譲渡損益を認識しないことになり（法法61の2⑪）、個人株主は旧株式の譲渡がなかったものとして取り扱われます（所法57の4②）。株式

移転における株主課税は、当該株式移転が適格株式移転であるか非適格株式移転であるかに関係なく決定されます。つまり、株式移転により交付を受ける対価が完全親法人株式の場合には株主への課税は生じません。その他、株式以外にも完全子法人となる法人の発行する新株予約権または新株予約権付社債を所有している場合で、株式移転によって当該新株予約権または新株予約権付社債と引き換えに対価を交付された場合には、株式の場合と同様に原則として譲渡損益を認識することになりますが、当該新株予約権または新株予約権付社債に代えて完全親法人の新株予約権または新株予約権付社債のみの交付を受けた場合には、譲渡損益が繰り延べられます（法法61の2⑫、所令116）。

Q II-22【完全子法人となる法人の株主の課税関係】

完全子法人となる各法人の株主が取得する株式の取得価額について教えてください。

A 個人株主の場合

個人株主が有する株式（旧株）について、株式移転により完全親法人株式のみの交付を受けた場合には、株式移転が適格また非適格であるかにかかわらず、その旧株の譲渡はなかったものとみなして、譲渡所得等の課税を繰り延べます（所法57の4②）。この特例の適用を受けた個人株主が、株式交換により取得した完全親法人株式をその後譲渡した場合の事業所得の金額、譲渡所得の金額または雑所得の金額の計算において収入金額から控除する取得費の計算の基礎となる完全親法人株式の取得価額は、その株式移転により完全親法人へ株式を譲渡した旧株の取得価額（完全親法人株式の取得に要した費用がある場合には、その費用を加算した金額）となります（所令167の7④）。また、課税繰延べの特例の適用を受けない場合の完全親法人株式の取得価額は株式移転時におけるその有価証券の取得のために通常要する価額（時価）となります（所令

109①五)。

法人株主の場合

　法人の有する株式（旧株）について、株式移転により完全親法人株式のみの交付を受けた場合には、株式移転が適格また非適格であるかにかかわらず、その旧株式の帳簿価額により譲渡したものとして譲渡損益を認識せず、課税が繰り延べられることになります（法法61の2⑪）。この規定の適用を受けた場合には内国法人が有する完全親法人株式の帳簿価額は、株式移転直前の完全子法人株式の帳簿価額に相当する金額（完全親法人株式の取得に要した費用がある場合には、その費用を加算した金額）となります（法令119①十）。また、課税が繰り延べられないときの完全親法人株式の取得価額は株式移転時におけるその有価証券の取得のために通常要する価額（時価）となります（法令119①二十五）。

Q II-23【株式移転における消費税の取扱い】

　完全子法人株式を株式移転により譲渡する場合の消費税について教えてください。

A　株式の譲渡には消費税を課さないこととしていますが、株式を譲渡した場合には、譲渡した課税期間の課税売上割合の計算において、分母に譲渡対価の5％を含める必要があります。株式移転によって完全子法人となる各法人の株式と引き替えに完全親法人株式の交付を受ける取引は資産の譲渡に該当するため、株式移転が行われた課税期間の課税売上割合の計算において、その分母に株式移転により取得する完全親法人株式の価額と交付金銭等の価額の合計額を譲渡対価として、当該譲渡対価の5％を分母に算入する必要があります。

課税売上割合について

　課税売上割合とは、課税事業者がその課税期間中に国内において行った資産の譲渡等の対価の額の合計額のうち、その課税期間中の国内において行った課税資産の譲渡等の対価の額の合計額を占める割合をいいます。資産の譲渡等の対価の額及び課税資産の譲渡等の対価の額は、いずれも税抜金額であり、それぞれ売上げに係る対価の返還等の金額（輸出取引に係る対価の返還等の金額を含む）を控除した金額により計算します（消法30⑥、消令48①、消基通11－5－5）。

$$課税売上割合 = \frac{その課税期間中に国内において行った課税資産の譲渡等の対価の額の合計額（売上に係る対価の返還等の金額を控除した金額）（税抜）}{その課税期間中に国内において行った資産の譲渡等の対価の額の合計額（売上に係る対価の返還等の金額を控除した金額）（税抜）}$$

仕入税額控除について

　上記算式で計算した課税売上割合が95％以上の場合には課税売上割合による仕入税額控除の調整計算は不要ですが、95％未満の場合には仕入税額控除の計算は個別対応方式または一括比例配分方式のいずれかによって仕入税額控除を計算することになります。従って、通常の課税期間中の課税売上割合が95％程度の場合には、株式移転が行われた課税期間については、課税売上割合が95％未満になる可能性があります。一括比例配分方式を適用した事業者については、一括比例配分方式を2年間以上継続した後でなければ、個別対応方式に変更できません（消法30⑤）。なお、一括比例配分方式を適用した課税期間の翌課税期間以後の課税期間における課税売上割合が95％以上となり、課税仕入れ等の税額の全額が仕入税額控除の対象とされる場合も、一括比例配分方式を継続適用したものとして取り扱われます（消基通11-2-21）。

4──完全親法人の税務

Q II-24【完全子法人株式の取得価額】

完全子法人株式の取得価額について教えてください。

A　完全親法人となる法人が株式移転により取得する各完全子法人株式の税務上の取得価額は、適格株式移転の場合には完全子法人となる各法人の移転直前の株主数が50人未満であるか50人以上であるかによって異なります。また、非適格株式移転の場合には、株式移転時の完全子法人株式の時価が税務上の取得価額となります。

適格株式移転の場合

完全子法人の株主が50人未満

　完全子法人となる各法人の株主の適格株式移転の直前の帳簿価額（株主が個人である場合には適格株式移転の直前の取得価額）の合計額にその株式を取得するために要した費用の額を加算した金額が完全子法人株式の税務上の取得価額となります（法令119①十一イ）。つまり、完全子法人となる各法人の株主の税務上の取得価額を完全親法人となる法人は承継することになるため、含み損益がある場合には、その含み損益も承継することになります。

完全子法人の株主が50人以上

　完全子法人となる法人の適格株式移転直前の税務上の資産の帳簿価額から負債の帳簿価額を減算した金額（以下「簿価純資産」という）に株式を取得するために要した費用を加算した金額が完全子法人株式の税務上の取得価額となります（法令119①十一ロ）。この直前の資産の帳簿価額には、適格株式移転に基因して連結子法人株式の帳簿価額の修正[17]を行う場合のその修正額が含まれます。

非適格株式移転の場合

非適格株式移転の場合には、各完全子法人株式を取得するために通常要する価額(時価)が各完全子法人株式の取得価額となります(法令119①25)。

Q II-25【完全親法人の資本金等の額の計算】

株式移転によって増加する完全親法人の資本金等の額の計算について教えてください。

A 完全親法人となる法人の株式移転によって増加する資本金等の額は、株式移転により取得した各完全子法人の株式の取得価額から各完全子法人の株主に交付した当該法人の株式以外の資産の価額と適格株式交換または非適格株式交換に応じてそれぞれに下記に掲げる調整を行った後の額の合計額を減算した金額となります(法令8①十一)。また、増加する資本金等の額の計算において、完全親法人が取得した完全子法人株式の取得価額に適格株式移転により株式を取得するために要した費用(法令119①九)が加算されている場合には、除いた金額により計算します。この取扱いは、平成20年度の税制改正で明確化され、平成20年4月30日以降に行う株式移転から適用されています(平成20年改正法令附則5①)。

適格株式移転の場合

完全親法人となる法人の株式移転によって増加する資本金等の額は、株式移転により取得した完全子法人の株式の取得価額から完全子法人の株主に交付した当該法人の株式以外の資産の価額並びに次の金額(A−B)の合計額を減算

---

[17] 適格株式交換に基因して連結子法人株式の帳簿価額修正が行われる場合とは、完全親法人が連結親法人でない場合で株式交換直後に完全親法人と連結親法人との間に連結完全支配関係がなくなる場合をいう。

した金額となります。

　　　A：完全子法人の消滅した新株予約権に代えて完全親法人が新株予約権を交付した場合には、完全子法人のその消滅した新株予約権の帳簿価額

　　　B：債権債務関係を認識すべき契約を締結した場合などで完全親法人が取得したAに対応する債権の価額

　なお、上記の（A－B）の計算は平成19年4月1日以後に行う株式移転で完全子法人となる各法人の新株予約権に対する債権を取得したときは、その債権の価額を控除した金額（新株予約権の帳簿価額より債権の価額が大きいときは、零となる）となり、平成20年4月30日以降に行う株式移転では、減算した金額（マイナスの数値が生じる場合にはマイナスとなる）になります（平成20年度の税制改正）。平成20年度の税制改正は、平成19年11月15日に企業会計基準委員会から公表された「企業結合会計基準及び事業分離等会計基準に関する適用指針」の改正において企業結合に際して旧新株予約権者に交付する新株予約権が取得の対価に準じて処理することとされたことなどを踏まえて、株式移転は完全子法人の株主及び新株予約権者の双方から完全子法人を取得するものであるという考え方を徹底したものと解説されています[18]。

【例】増加資本金等の額の計算（旧株主が50人未満）
① 完全子法人株式の取得価額（旧株主の取得価額の合計）　301（付随費用1を含む）
② 株式交換により増加した資本金　　50
③ 完全子法人の新株予約権の帳簿価額　　20
④ 完全子法人から取得する上記③に対応する債権　　10
増加資本金等の額＝300（301－1）（うち50は資本金）

（税務上の仕訳）
　完全子法人株式　　301　　／　現金　　　　　　　　1
　未収金　　　　　　 10　　／　増加資本金等の額　　300（うち増加資本金50）

---

[18] 財団法人大蔵財務協会「平成20年　改正税法のすべて」p.345

|　前払費用　　　　　10　／新株予約権　　　　20

非適格株式移転の場合

　完全親法人となる法人の株式移転によって増加する資本金等の額は、株式移転により取得した完全子法人の株式の取得価額から完全子法人の株主に交付した当該法人の株式以外の資産（剰余金の配当として交付した金銭その他の資産を除く）の価額並びに次の金額（A－B）の合計額を減算した金額となります。

　　A：完全子法人の消滅をした新株予約権に代えて完全親法人の新株予約権を交付した場合には、当該新株予約権に価額に相当する金額
　　B：債権債務関係を認識すべき契約を締結した場合などで完全親法人が取得した上記Aに対応する債権の価額

【例】増加資本金等の額の計算
　①　完全子法人株式の取得価額（時価）　　600
　②　株式交換により増加した資本金　　50
　③　完全子法人の新株予約権の時価　　20
　④　完全子法人から取得する上記③に対応する債権　　10
　増加資本金等の額＝600（うち50は資本金）

（税務上の仕訳）
　完全子法人株式　　　600　／増加資本金等の額　　600（うち増加資本金50）
　未収金　　　　　　　10　／新株予約権　　　　　20
　前払費用　　　　　　10／

QII-26【適格ストックオプションの承継について】

完全子会社から承継した適格ストックオプションの取扱いについて教えてください。

A　旧商法または会社法の規定により、株式移転により各完全子法人が付与していた税制適格ストックオプションに係る義務を完全親法人へ承継させた場合には、法律上は明確ではありませんが、そのストックオプションの付与株数及び権利行使価額について適正な調整が行われる限り、完全親法人への承継後も引き続き適格ストックオプションとして取り扱えるものと考えます。ただし、株式譲渡請求権[19]及び新株引受権[20]については、会社法上、完全親法人へ承継できないとの法律解釈がとられているため、通常は適格ストックオプションは承継されないものと考えますが、いずれも法律上、明確な規定はありません。

株式移転における新株予約権の取扱い

会社法上、1または2以上の株式会社が株式移転をする場合には、株式移転計画において、新株予約権に関し、次の事項を定める必要があります（会773①九、十）。完全親法人の成立の日に株式移転計画新株予約権は消滅し、その株式移転計画新株予約権の新株予約権者は、株式移転計画の定めに従い完全親法人の新株予約権者となります（会774④）。

①　株式移転設立完全親会社が株式移転に際して株式移転完全子会社の新株予約権の新株予約権者に対して当該新株予約権に代わる当該株式移転設立完全親会社の新株予約権を交付するときは、当該新株予約権についての次に掲げる事項

　　イ　当該株式移転設立完全親会社の新株予約権の交付を受ける株式移転

---

[19] 平成13年旧商法第210条の2第2項第3号に規定する権利
[20] 旧商法第280の19第2項に規定する新株の引受権

完全子会社の新株予約権の新株予約権者の有する新株予約権（以下この編において「株式移転計画新株予約権」という）の内容
　ロ　株式移転計画新株予約権の新株予約権者に対して交付する株式移転設立完全親会社の新株予約権の内容及び数またはその算定方法
　ハ　株式移転計画新株予約権が新株予約権付社債に付された新株予約権であるときは、株式移転設立完全親会社が当該新株予約権付社債についての社債に係る債務を承継する旨並びにその承継に係る社債の種類及び種類ごとの各社債の金額の合計額またはその算定方法
②　前号に規定する場合には、株式移転計画新株予約権の新株予約権者に対する同号の株式移転設立完全親会社の新株予約権の割当てに関する事項

　また、旧商法では、株式移転が行われるとき、完全子会社となる会社が発行している新株予約権については、一定の要件の下に、当該新株予約権に係る義務を完全親会社となる会社に承継させることができました（旧商法364③）。この一定の要件とは、完全子会社となる会社がその新株予約権についての発行決議（旧商法280の20②）において以下に掲げる決議を行うこととされていました。

①　完全子会社となる会社が発行する新株予約権に係る義務を完全親会社となる会社に承継させること（旧商法364③一）
②　上記①の場合における(イ)新株予約権の目的たる完全親会社となる会社の株式の種類及び数、(ロ)新株予約権の行使に際して払込みをすべき金額、(ハ)新株予約権を行使することができる期間、(ニ)新株予約権の行使の条件、(ホ)完全親会社がその新株予約権を消却することができる事由及びその消却の条件、(ヘ)新株予約権の譲渡につき取締役会の承認を要するものとするときはその旨についての決定の方針（旧商法364③二）

　また、完全親会社が完全子会社の発行した新株予約権に係る義務を承継するときは、株式移転計画に上記②の(イ)から(ヘ)の事項を記載しなければならず、これらの記載は完全子会社が新株予約権の発行決議で定めた上記②の決定の方針に沿うものでなければなりません（旧商法364③二）。

　上記のとおり、株式移転により完全子会社の新株予約権の消滅及び完全親会

社の新株予約権の交付が行われたとしても、完全親会社において新たに交付する新株予約権に係る株主総会の決議（会238②）が行われるものではなく、完全子会社とその使用人等の間で締結された付与契約に基づく新株予約権の内容に従って完全親会社の新株予約権が交付されるものですので、その新株予約権の権利行使は、当初の付与契約に従って行使するものと考えられます。従って、旧商法及び会社法の規定に基づく株式移転によって完全親会社の新株予約権が交付されたときは、付与株数及び権利行使価額について適正な調整が行われる限り、法律上は明確ではありませんが、租税特別措置法第29条の2（特定の取締役等が受ける新株予約権等の行使による株式の取得に係る経済的利益の非課税等）を引き続き適用することができるものと考えます。なお、合併の場合の取扱いについては、国税庁の質疑応答事例において、その取扱いが明確化されています。内容については株式交換のQ&A（QⅠ-**50**）を参照ください。

Q II-27 【完全子法人からの配当金の益金不算入と所得税額控除の取扱い】

完全子法人から配当金を受ける場合の課税関係について教えてください。

A 連結納税制度を適用している完全親法人が株式移転後に完全子法人から配当を受ける場合には、連結法人株式等の配当として、その全額が益金不算入として取り扱われます。また、完全子法人株式が関係法人株式等に該当するときは、その事業年度における負債利子の支払額を差し引いた残額が、益金不算入として取り扱われることになります。完全子法人株式がいずれにも該当しない場合には、益金不算入割合が50％となりますので、配当金の一部が課税所得に算入されます。また、配当の支払いを受ける際には課税される所得税については、完全親法人の法人税の確定申告書において、法人税額から控除され、または還付を受けることになります。

受取配当金の益金不算入制度

受取配当金の益金不算入制度とは、内国法人が受ける配当等の額のうち、連結法人株式等及び関係法人株式等に係るものはその全額が、それ以外の法人の株式等に係るものはその50％相当額が、益金の額に算入されないという制度です（法法23①、②）。ただし、連結法人株式等以外の株式等については、負債利子額がある場合には、これを控除した残額が益金不算入となります（法法23④）。

連結法人株式等

連結法人株式等とは、完全親法人であった法人が連結親法人の場合は、株式移転後に連結親法人と完全子法人である連結子法人との間に、配当等の額の計算対象期間の開始の日からその期間の末日まで、継続してその連結完全支配関係がある場合の連結子法人の株式をいいます（法法81の4④、法令155の9①）。この計算対象期間は、前回の配当等の額の支払いに係る基準日の翌日から今回

の配当等の額の支払いに係る基準日までの期間をいいますが、前回の配当等の基準日の翌日が1年以上前であるときには、今回の配当の1年前の日の翌日となります。また、設立の日以後最初に支払われる配当については、その設立の日が計算対象期間の初日となります（法令155の9①）。従って、連結納税を開始した最初の年度においては、配当等の額の計算対象期間中において、連結完全支配関係が存在していることを確認する必要があります。なお、連結法人株式等に該当しない場合でも関係法人株式等に該当する場合には負債利子控除後の残額が益金不算入として取り扱われます。

関係法人株式等

　関係法人株式等とは、次に掲げる法人の株式等で連結法人株式等に該当しないものをいいます。株式移転によって完全親法人となる法人が株式移転直後に各完全子法人から配当を受ける場合で下記②に該当するときは関係法人株式等に該当することになり（法法23⑤、81の4⑤、法令22の2①、155の10）、配当の額から負債利子を控除後の残額が益金不算入として取り扱われます（法法23④、81の4③）。連結納税を開始した最初の年度における連結法人からの配当が、連結法人株式等に該当しないときでも、関係法人株式等には該当します。

① 内国法人が他の内国法人の発行済株式等（自己株式を除く）の総数または総額の25％以上に相当する数または金額の株式等を配当等の額の支払いに係る効力が生じる日（その配当等の額がみなし配当に該当する場合には同日の前日）以前6月以上（効力が生じる日以前6月以内に設立された法人である場合にはその設立の日からその効力が生じる日まで）引き続き有している場合

② 株式移転完全親法人であった内国法人が、株式移転に係る株式移転完全子法人であった他の内国法人の発行済株式（自己株式を除く）の総数の25％以上に相当する数の株式を株式移転によるその内国法人の設立の日から同日以後最初にその株式に係る剰余金の配当の額の支払いに係る効力が生じる日まで引き続き有している場合

所得税額控除

　完全親法人が完全子法人から配当を受ける際には、支払配当金に対して20％の税率で所得税が源泉徴収されます。所得税額控除の規定は、法人が受け取る利子等、配当等、給付ほてん金、利息、利益、差益、利益の分配または賞金について、所得税法第174条各号の規定によって課された所得税額を法人税の課税上調整するものです（法法68）。通常は、法人から受けた配当に対して課された所得税の控除については、その法人の株式を所有していた期間に対応する部分についてのみ控除が認められる所有期間案分方式となっていますが、株式移転の場合には、株式移転により設立された完全親法人が完全子法人から設立の日後最初に受ける配当（初回配当）に対して課された所得税の控除については、その株式移転後の完全子法人の初回配当の計算の基礎となった期間の開始日から完全親法人設立の日の前日までの期間は、完全親法人が全元本を所有していたものとみなすことになっています（法令140の2②）。従って、配当の計算対象期間中において元本を所有しているものとして取り扱われることから、配当に対して課税された所得税の全額が完全親法人の確定申告書において税額控除の対象となります。

QⅡ-28【親法人の登録免許税】

　完全親法人の設立時の登録免許税と産業活力再生特別措置法の認定による登録免許税の軽減措置について教えてください。

A　株式移転により設立される完全親法人については、設立時の資本金の額に対して7／1000の税率で登録免許税が課税されます（登免法別表24(1)）。登録免許税の税率は株式移転が適格株式移転であるか、非適格株式移転であるかに関係なく課税されます。ただし、産業活力再生特別措置法（以下「産活法」という）に基づく事業再構築計画などの認定を受けることで、完

全親法人の設立登記時の税率が3.5／1000へ軽減されることになります（措法80①一）。

産活法の概要

　産活法は平成11年に制定された法律で、平成15年及び平成19年に改正されています。特に平成19年の改正では、これまでの過剰供給構造と過剰債務の問題やそれに伴う生産性の低下の一因となっていた設備投資の低迷の解消を図る目的から、イノベーションによる産業の生産性向上を目的として以下の4分野についての支援措置へ改正されています。

①　生産性向上を目指す事業者の認定計画

②　中小企業の資金調達支援

③　事業再生の円滑化

④　知財の活用促進

　上記措置により多様化する生産性向上を目指した企業経営や組織再編等、事業再生の実態に合わせた政策支援が可能とされていますが産活法の計画認定を受けるためには、生産性及び財務健全性について、わが国産業の活力の再生に関する基本的な指針で定められる基準を満たす必要があります。計画認定の流れとしては、①事業者が生産性向上のための計画を策定（計画類型としては、事業再構築計画・共同事業再編計画・経営資源再活用計画・事業革新設備導入計画・技術活用事業革新計画・経営資源融合計画がある）、②基本指針等に規定する認定基準等に基づき、主務大臣[21]が計画を認定、③認定事業社を税制特例、会社法の特例、金融支援等の観点から支援します。詳細については経済産業省のホームページをご確認ください（http://www.meti.go.jp/policy/business_infra/index.html）。

---

[21] 主務大臣とは、事業所管8省庁で経済産業省、金融庁、警察庁、総務省、財務省、厚生労働省、農水省、国土交通省をいう。

税制上の政策支援

　税制上に関する政策支援としては、以下のものがありますが、株式移転に直接関係する政策支援としては、株式移転により設立される完全親法人の設立登記に係る登録免許税があります。そのほか、共同事業による持株会社を設立した後に合併等で子会社を再編する場合にも活用できるものと考えます。なお、下記の政策支援は租税特別措置法に規定されているものであるため、いずれも時限立法である点に留意してください。

① 事業革新設備の特別償却（措法11の3、44の3、68の21）
② 資産評価損の損金算入（法法33②[22]）
③ 登録免許税の軽減措置（措法80）
④ 不動産所得税の軽減措置（地法附則11の4⑤）

---

[22] 平成15年4月9日付で経済産業省から国税庁へなされた文書照会（産業再生法において債権放棄を含む計画が認定された場合の資産の評価損の計上に係る税務上の取扱いについて）に対する回答及び、平成16年3月30日に経済産業省から公表された「債権放棄を含む計画Q&A」において明らかにされている。

5 — 株式移転と連結納税制度

Q II-29 【連結納税制度と株式移転 —連結納税制度の適用開始時】

連結納税制度開始時の株式移転税制との課税関係について教えてください。

A これから連結納税制度の適用を申請する法人が株式移転により設立された完全親法人の場合には、その連結親法人事業年度開始の日の5年前の日からその開始の日まで行われた株式移転の完全子法人については、その株式移転が適格株式移転であるか非適格株式移転であるかに関係なく、時価評価課税は免除されます。また、完全子法人が100％子法人を有している場合には、その株式移転が適格株式移転であるか、非適格株式移転であるかによって、連結親法人における保有期間の通算の仕方が異なります。

時価評価と欠損金の取扱い

連結納税制度及び連結納税制度開始時の時価評価と繰越欠損金の切捨ての概要については、株式交換と連結納税制度において記載している内容と同様ですのでQ I -52を参照ください。

株式移転完全子法人の場合
時価評価について

株式移転によって完全親法人を設立して完全子法人となった法人は、完全子法人となって以後、完全支配関係が一度も崩れていない場合にはその完全子法人は完全親法人と実質的に同じであるため、最初の連結親法人事業年度開始の日の5年前の日からその開始の日までの間に行われた株式移転によって設立さ

れた完全親法人が連結親法人となり、その株式移転に係る完全子法人の発行済株式の全部をその株式移転の日から継続して直接または間接に保有している場合には、その完全子法人であった法人については資産の時価評価は適用されません（法法61の11①一）。この時価評価の判定は、株式移転が適格株式移転によるものか、非適格株式移転によるものかは関係なく適用されます。

欠損金または連結欠損金個別帰属額の取扱い

　最初連結親法人事業年度開始の日の5年前の日からその開始の日までに行われた株式移転であり、かつ、その株式移転の完全親法人であった連結親法人が株式移転の日から最初の連結納税事業年度開始の日まで、株式移転完全子法人であった連結子法人の株式の全部を保有している場合には、その連結子法人の欠損金額または連結欠損金額の個別帰属額は連結欠損金とみなします（法法81の9②二）。これは、株式移転における完全子法人であった連結子法人の欠損金は、事実上、連結親法人の欠損金額と同視できるため連結納税グループに持ち込むことが認められているものです。従って、その完全子法人であった法人が株式移転の直前において究極の親法人でなく、他グループの子法人であった場合には、連結欠損金とみなされないことになります。具体的には、株式移転の直前においてその発行済株式（自己株式を除く）の総数の50％超の株式を一の法人[23]によって、直接または間接に保有されている法人については除かれます（法令155の19⑤）この直接または間接に保有される関係の判定は、適格合併等による欠損金額の引き継ぎ等の規定（法令112⑤）の規定を準用します。

連結欠損金とみなされる欠損金または連結欠損金個別帰属額の範囲

　連結欠損金とみなされる欠損金または連結欠損金個別帰属額の範囲は次のとおりです（法法81の9②二）。
　① 　最初連結親法人事業年度開始の日前7年以内に開始した連結子法人の各

---

[23] なお、株主が一の個人の場合には株式移転前から親会社であるため該当しない。

事業年度(適格株式移転に該当しない場合には、その株式移転の日の属する事業年度前の事業年度を除く)において生じた青色欠損金額または災害損失欠損金額

② 最初連結親法人事業年度開始の日前7年以内に開始した連結子法人(最初連結親法人事業年度開始の日に適格株式移転が行われたことにより、その株式移転の前に受けていた連結納税の承認を取り消された連結親法人であった法人に限る)の旧連結事業年度(その適格株式移転の前の連結納税における連結事業年度をいう)において生じたその連結子法人の連結欠損金個別帰属額

上記②は、最初連結親法人事業年度開始の日に株式移転が行われ、その株式移転前に連結納税を行っていた場合には、従前の連結納税の承認の取消しと新たな連結納税の承認(設立事業年度等の承認申請特例(法法4の3⑥の適用を受ける場合)が、単体納税を経ることなく連続することになりますが、このような場合であっても、その株式移転が適格株式移転である場合には、従前の連結納税における連結親法人であった法人の連結欠損金個別帰属額が、新たな連結納税における連結欠損金額とみなされるという取扱いです。

完全子法人の100%子法人
時価評価について

その完全子法人が直接または間接にその発行済株式の全部を保有していた法人については、適格株式移転の場合には適格株式移転の日以前の完全子法人による所有期間と適格株式移転の日以後の完全親法人の所有期間を通算して、時価評価の有無を判定することになります。通算した期間が最初の連結親法人事業年度開始の日から5年前の日(最初の連結親法人事業年度開始の日の5年前の日から適格株式移転までの日に完全子法人が設立した法人の場合にはその設立の日)から開始の日まで継続しているときは、その法人については時価評価課税は適用されません(法法61の11①五)。なお、この時価評価の判定は、平成18年10月1日以降に行われた適格株式移転の取扱いに限定されています(旧租税特別措置法の株式移転の場合には、完全子法人が100%子法人を連結納税開始日前5年

超保有もしくは、設立日から連結納税開始日まで継続して保有している法人であれば時価評価は免除される）（平成18年改正法附則36②）。

繰越欠損金の取扱い

連結納税制度適用開始前に生じていた繰越欠損金については、連結納税制度上は繰越控除が認められません。

QⅡ-30【連結納税制度と株式移転─みなし欠損金の引き継ぎ】

完全子法人の欠損金のうち連結欠損金とみなされた場合の取扱いについて教えてください。

A 株式移転完全子法人の有する欠損金が連結欠損金とみなされた場合には、その欠損金は連結親法人の事業年度に対応させた連結事業年度に発生した連結欠損金額とみなします。

連結欠損金が生じたとされる連結事業年度

株式移転が、最初連結親法人事業年度開始の日の5年前の日からその開始の日までに行われた株式移転であり、かつ、その株式移転の完全親法人であった連結親法人が株式移転の日から最初の連結納税事業年度開始の日まで、株式移転完全子法人であった連結子法人の株式の全部を保有している場合には、その連結子法人の欠損金額または連結欠損金額の個別帰属額は連結欠損金とみなします（法法81の9②二）。この連結欠損金とみなされた金額は、連結親法人の事業年度と完全子法人であった連結子法人の事業年度が同じ場合には、連結親法人の連結事業年度に対応する事業年度に従って引き継がれることになります。また、連結親法人は株式移転により設立された法人であるため、対応させる事業年度がない場合が考えられますが、その場合には、完全子法人の事業年度に

より連結欠損金を引き継ぐことになります。

【例1：事業年度が同じ場合】
・連結親法人の事業年度：4月1日～3月31日
・連結子法人の事業年度：4月1日～3月31日
・最初連結親法人事業年度の開始の日：X7年4月1日
・適格株式移転の日：X4年4月1日

連結親法人 （完全親法人）	連結子法人 （完全子法人）	完全子法人の 欠損金	みなし連結欠損金
設立前事業年度	X1年3月31日	△100	△100
	X2年3月31日	△300	△300
	X3年3月31日	△200	△200
	X4年3月31日	△400	△400
X5年3月31日	X5年3月31日	△600	△600
X6年3月31日	X6年3月31日	△400	△400

　つまり、連結親法人に事業年度がある場合には、各連結親法人事業年度に応じて完全子法人であった連結子法人の繰越欠損金をそのまま引き継ぎ、連結親法人の事業年度がない場合には、完全子法人の事業年度に応じて引き継ぎます。

【例2：事業年度が異なる場合】
・連結親法人の事業年度：4月1日～3月31日
・連結子法人の事業年度：1月1日～12月31日
・最初連結親法人事業年度の開始の日：X7年4月1日
・適格株式移転の日：X4年4月1日

連結親法人 （完全親法人）	連結子法人 （完全子法人）	完全子法人の 欠損金	みなし連結欠損金	連結欠損金の帰 属事業年度
設立前事業年度	X1年12月31日	△100	△100	X1年12月31日
	X2年12月31日	△300	△300	X2年12月31日
	X3年12月31日	△200	△200	X3年12月31日
	X4年12月31日	△300	△300	X4年3月31日

| X5年3月31日 | X5年12月31日 | △600 | △600 | X5年3月31日 |
| X6年3月31日 | X6年12月31日 | △400 | △400 | X6年3月31日 |

　連結子法人の欠損金の帰属は、連結子法人となる法人の欠損金が生じた事業年度の開始の日の属する連結親法人の事業年度ですので、例えば、X6年12月31日に生じている連結子法人の欠損金△400の事業年度開始の日は、X6年1月1日となり、連結親法人のX6年3月31日（X5年4月1日～X6年3月31日）に帰属することになり、この事業年度において発生した連結欠損金として取り扱われます。また、X4年12月31日に発生している連結子法人の欠損金△300の事業年度開始の日は、X4年1月1日ですが、連結親法人はX4年4月1日に株式移転によって設立された法人のため、帰属させる事業年度がないことになりますが、この場合には連結子法人の欠損金が発生した事業年度開始の日から連結親法人となる完全親法人の最初の事業年度開始の日の前日までの事業年度の欠損金とみなします。

　なお、連結欠損金とみなされる金額は、最初連結親法人事業年度開始の日前7年以内に開始した連結子法人の各事業年度において生じた青色欠損金額または災害損失欠損金額とされていますので、最初連結親法人事業年度開始の日前7年以内に開始した事業年度はX年4月1日以降となりX年12月31日に発生した欠損金は引き継げません。

著者紹介

遠藤　敏史（えんどう　としふみ）

税理士法人トーマツ M&Aトランザクションサービス　パートナー　税理士
国内外のクライエント（ストラテジック及びファイナンシャルバイヤー）に対してインバウンド及びアウトバウンドM&Aにおける税務デューデリジェンスの実施、買収または売却ストラクチャーの税務アドバイス業務を行う。ポストM&AにおけるPMIサポート業務として、買収や統合後のグループ内組織再編成に関するプランニングとその実行支援、企業再生におけるスポンサー企業や再生企業に対して税務アドバイス業務を提供している。Deloitte Tax LLP M&A Servicesニューヨーク事務所を経て現在に至る。
著書・論文・セミナー：「M&Aを成功に導く税務デューデリジェンスの実務」（共著・中央経済社）、「企業再編」（共著：清文社）。「合併等対価の柔軟化の税務」他（ターンアラウンドマネージャー：銀行研修社）、MBOなどM&Aを取り巻く税務問題（金融ファクシミリ新聞社）、三角合併の税務（金融財務研究会）他講演多数。

株式交換・株式移転の税務 Q&A

2009年3月10日　発行

著　者　遠藤敏史 ©

発行者　小泉定裕

発行所　株式会社　清文社

東京都千代田区神田司町2—8—4 吹田屋ビル5F
〒101-0048　電話03(5289)9931　FAX03(5289)9917
大阪市北区天神橋2丁目北2—6（大和南森町ビル）
〒530-0041　電話06(6135)4050　FAX06(6135)4059

URL：http://www.skattsei.co.jp/

■本書の内容に関するご質問はファクシミリ（03(5289)9887）でお願いします。　　亜細亜印刷株式会社
■著作権法により無断複写複製は禁止されています。落丁本・乱丁本はお取り替えいたします。

ISBN978-4-433-32008-9